U0921726

写给老板的法律课

梁俊景 —— 著

浙江人民出版社

图书在版编目（CIP）数据

写给老板的法律课 / 梁俊景著. — 杭州：浙江人民出版社，2021.9

ISBN 978-7-213-10270-7

Ⅰ. ①写… Ⅱ. ①梁… Ⅲ. ①法律—基本知识—中国 Ⅳ. ①D920.5

中国版本图书馆CIP数据核字（2021）第169827号

写给老板的法律课

梁俊景　著

出版发行：浙江人民出版社（杭州市体育场路 347 号　邮编：310006）

市场部电话：（0571）85061682　85176516

责任编辑：王　燕　潘海林　何英娇

营销编辑：陈雯怡　陈芊如　赵　娜

责任校对：杨　帆

责任印务：刘彭年

封面设计：智点江山（北京）文化有限公司

电脑制版：济南唐尧文化传播有限公司

印　　刷：杭州丰源印刷有限公司

开　　本：670 毫米 ×960 毫米　1/16　　印　　张：21

字　　数：273 千字　　插　　页：1

版　　次：2021 年 9 月第 1 版　　印　　次：2021 年 9 月第 1 次印刷

书　　号：ISBN 978-7-213-10270-7

定　　价：78.00 元

如发现印装质量问题，影响阅读，请与市场部联系调换。

目　录

第一章

老板的法律思维

老板的法律地位与法律角色

◎老板的法律地位

从法律的角度来说，其实“老板”并非法律意义上的概念，“老板”只是对公司法定代表人的称呼。《中华人民共和国公司法》（简称《公司法》）第13条规定：“公司法定代表人依照公司章程的规定，由董事长、执行董事或者总经理担任，并依法登记。公司法定代表人变更，应当办理变更登记。”可以担任公司法定代表人的有董事长、总经理、执行董事。可以说，“老板”指的是公司的法定代表人，“老板”的说法实际上并不具备法律规范性。“法定代表人”与“老板”是两种语境下的概念。在本书中，老板的定义实指公司法定代表人。为表达方便，本书采纳了“老板”的称呼。

老板还有其他一些称谓，如企业家、董事长、总裁、CEO、总经理、副总经理、店长等。

在现代企业中，老板大体分为两类：一类是企业所有者，作为所有者他们仍从事企业的经营管理工作，如民营企业老板，从法律上来说，他们是企业的所有者、投资者；另一类是受雇于所有者的总经理、职业经理人。更多的情况下，老板只是指第一种，我们一般把第二种称作职业经理人。

◎老板是行事缜密、严谨的管理者

企业是一个有规则的组织，老板要具备法律思维，老板是否具备法律思维是判断一家企业成熟与否的重要标志。

不少老板患有一种顽症，即总是当“差不多先生”，口头禅经常是“可能是”“大约行”“或许有”。法律思维是“差不多先生”的克星。法律思维执着追求工作的严谨性和确定性，在工作中进行敏锐深刻的反思和检讨，致力于排除一切意外和臆断，杜绝自以为是的想当然。

老板应当培养法律思维的严谨性习惯，追求确定性，把企业经营管理中的一切事务，尽量从“可能”“可行”提升到可控。老板必须在日常经营中追究每一件事情的不确定性，预测和评估可能出现的意外，老板应当以这样缜密的法律思维方式对待每一项管理事务。企业大多数的法律风险都是老板欠缺法律思维导致的。缜密严谨的老板是企业可持续发展最宝贵的财富，而缜密严谨与法律思维几乎可以画上等号。

对大多数风险来说，事先控制的成本是较低廉的，风险发生后的损失很大，弥补和救济成本也很大。法律思维可以赋予老板缜密思考的习惯，保证事情尽量在可控制的范围内。

◎老板是敏锐识别风险的对接人

老板不是专业的法律人，这意味着老板没必要负责具体事务的整个处理流程，也不需要对法律实务做出准确的专业分析，但多数法律问题都发生在企业经营管理的第一线，所以，在经营管理一线和法务部或法律顾问之间，老板充当着重要的衔接角色。老板必须及时识别出可能存在的法律风险，或者在征询法律专业工作者的意见之后，才能将工作转接到企业法律顾问的手里。

企业大多数法律问题都发生在“不能有效衔接”这一环节，老板对法律风险一无所知或视而不见，很容易造成微小的问题被无限放大，以致不可收拾。为了有效识别法律风险，及时对接法律人，老板需要具备一定的法律思维。

老板法律思维的培养，需要从态度、知识、技能三个方面进行。首先要有正确的态度，具备法律意识和敏感性，然后以一定程度的法律知识为基础，建立法律思维模式，便可以有效地对法律问题进行识别和判断，并及时对接。

老板是法律筹划的战略家

法律是市场规则和管理规则最主要的部分，拥有较为成熟的法律思维的老板，能够在理解法律、识别风险的基础上，利用法律规定筹划出对企业有利的商业局面。这种法律筹划能力是卓越老板共有的素质。

我们经常可以看到一些老板法律筹划的精彩案例。比如，跨国企业集团常采用的专利布局战略，就属于典型的法律筹划。这种法律筹划是企业基业长青的重要战略决策。这些企业对主营产品会持续研发和生产，并将其分阶段投入市场。通常情况下，任何产品都存在替代品或替代技术方案。如果主营产品存在替代技术方案，就意味着即使企业在自己的技术路线上申请了专利保护，竞争企业仍可采用替代技术方案生产类似的产品，从而与本企业形成竞争，这必然会影响到企业的市场地位和利润空间。所以，很多企业老板不但会持续研发自己采用的技术方案，而且还会对替代技术方案的关键技术节点进行研发，并申请专利权。

企业老板的法律筹划在于，申请替代技术路线上的技术专利权，这种专利权的价值不在于使用这项技术，而在于替代技术路线上为竞争者设置障碍，这被称为“法律阻击”。专利布局使得大企业主营产品形成攻守均衡的法律支持，保障其产品的市场垄断地位。这种专利布局的法律筹划是大型企业集团经常采用的战略方式，体现了老板的成熟法律思维。

老板是企业内部的立法者

“员工全年的绩效奖金统一在 12 月底发放，发放日之前的离职者，全年绩效奖金均不予支付。”这是很多企业中常见的“内部立法”。这种规章的出现，是老板法律思维缺失的表现，用法律思维方式思考就可以判断出这种规定的违法性。

法律思维的核心是公平，用人单位制定“离职者不能获得全年奖金”这种内部规定，实际上是利用交易地位的优势，排除自己的义务，侵害对方的权利，使用的是“双重标准”。

身为老板必须修炼法律思维，因为老板扮演着企业内部立法者的角色，是企业管理秩序和管理规则的制定者。如果老板缺失法律思维，就无法保证企业规章制度的质量和企业管理的秩序。管理越规范，企业越成熟，老板的法律思维能力就越强，企业的内部立法工作也就越完善、越科学。跨国集团的老板不可能认识每一位员工，企业管理依靠的是内部规则，这些立法是组织秩序的根本保障，否则企业无法生存。

企业内部立法的质量影响着企业经营管理水平，按照法律思维的严谨性、秩序性制定的销售管理制度、财务流程规范、安全生产责任制度、车间现场操作规范、员工手册、汇款与提成奖金管理办法、董事会议事规则等法律文件，对企业的经营和管理具有决定性意义。这些内部立法中的一部分可以由法务部或法律顾问完成，有的则是直接由有关部门的经理来完成，但它们都需要老板们根据管理实际情况提出修正建议。只有具备法律思维的老板，才能制定出既符合法律规范要求又符合企业经营需要的企业内部管理规范。

老板必须修炼法律

老板的法商

老板的法商同其智商和情商一样，是决定其是否能持续成功的重要因素。道德上的直觉并不能与法律上的判断相契合。法律的重要性与老板法商的落后之间的反差，反映出老板提升法商的重要意义。

老板不必要求自己成为精通法律的专家，老板如果希望具有法律专家的专业高度，也是自身定位的错误。遇到复杂的法律问题，老板要请企业内的法律人员或外部的律师来帮助解决，事事亲力亲为的老板不一定是高明的。老板要与法律专家合作，起码要做到以下两点：

（1）意识到什么情况下可能存在法律风险，只有意识到了法律问题的存在，才有可能考虑到引入法律专家。

（2）具备基本的法律规则和分析思路，才能有效地与法律专家沟通。律师要学习经济管理知识才能更好地为企业客户服务，同样，老板学习点法律知识才能更有效地理解和运用法律专家提供的服务，因为沟通是一个双向的过程，身为老板，不能只懂企业经营和管理。

具备法律意识，拥有法律知识基础，老板不必要求自己穷尽细节地学习和掌握法律规则，而应通过系统且简明扼要的学习，提高法商，即具备法律意识并形成法律思路。

◎老板应具备法律思维

如今，互联网思维成为创业者们热烈讨论的话题。互联网全方位地改变着人们的生活方式、产业发展趋势和社会经济结构。企业创业和经营就像走在一条长长的道路上，往往只有少数人才能到达目的地。创业者从申请企业注册登记开始，需要处理各种各样的法律事务，比如注册企业、雇佣员工、购买设备材料、销售产品、分红、招商引资、解散清算等。在法治社会里，一个老板不仅需要互联网思维，还需要法律思维。

所谓法律思维，就是像律师一样思考，是依循法治精神，运用法律原则、法律规范和法律逻辑分析和解决问题的思维方式，是一种理性思维。简言之，法律思维就是依据法律进行思考。

法律思维不是简单地背诵法律条文，法律条文随着社会的发展而变动，老板只有具备了法律思维，才能够应付各种复杂和新型的法律问题。对企业而言，法律不仅是经济行为规范，还是一种经营资源、一种博弈工具、一种竞争武器。具备法律思维，可以充分利用法律资源，提高自身的核心竞争力。

市场经济是法治经济。无数成功和失败的案例告诉我们，依法经营是事业长盛不衰的基础。每个老板都必须坚持法律思维，走正道。一个坚持运用法律思维、走正道的企业管理者，必将赢得企业的长治久安，赢得信誉，赢得市场。

◎身为老板应着重了解的法律

我国法律法规繁多，经营者没有时间也没必要全部学习，但有必要重点了解一些业务活动中常用的法律法规。以下法律身为老板不可不看：

1.《公司法》。

作为经营者，《公司法》是必读的法律之一。2018年，我国对《公司法》进行了较大程度的修订，但主要集中在出资问题方面，将注册资本实缴登记制改为认缴登记制，删除了部分出资限额和出资要求。

2.《中华人民共和国民法典》（简称《民法典》）。

《民法典》的施行，一举取代了《中华人民共和国婚姻法》（简称《婚姻法》）、《中华人民共和国继承法》（简称《继承法》）、《中华人民共和国民法总则》（简称《民法总则》）、《中华人民共和国民法通则》（简称《民法通则》）、《中华人民共和国收养法》（简称《收养法》）、《中华人民共和国担保法》（简称《担保法》）、《中华人民共和国合同法》（简称《合同法》）、《中华人民共和国物权法》（简称《物权法》）、《中华人民共和国侵权责任法》（简称《侵权责任法》）九部大法，是我国民事立法的集大成之作，是保障市场体制正常运行的有效法律形式，对企业经营管理产生了重要意义。身为老板不可不了解《民法典》。

3.税法。

“税法”是一个大的概念，这其中包括《中华人民共和国企业所得税暂行条例》（简称《企业所得税暂行条例》）、《中华人民共和国个人所得税法》（简称《个人所得税法》）、《中华人民共和国进出口关税条例》(简称《进出口关税条例》)、《中华人民共和国税收征收管理法》(简称《税收征收管理法》)等。只要这些法律和工作有关，老板就要对其有所了解。

4.《中华人民共和国票据法》(简称《票据法》)。

经济现代化使票据成为老板经常接触的东西，为了能够熟练、合法地运用票据和维护自身权益，老板要熟悉《票据法》的有关内容。

5.《中华人民共和国证券法》(简称《证券法》)。

《证券法》对证券的发行制度、建立多层次资本市场、维护公众投资者权益等内容都作了具体的规定，老板在同证券打交道时，不妨先了解一下《证券法》的有关规定。

6.《中华人民共和国劳动法》(简称《劳动法》)。

任何企业单位都存在着劳动关系，而老板必须处理好这些关系，因此，了解《劳动法》对老板的工作将大有裨益。

7.《中华人民共和国消费者权益保护法》(简称《消费者权益保护法》)。

消费者权益保护工作要符合维护社会经济秩序、促进社会主义市场经济健康发展的原则。老板有必要了解有关规定。

8.《中华人民共和国刑法》(简称《刑法》)。

《刑法》是关于犯罪和刑罚的法律。为了预防犯罪，也为了保护自己的合法权益，老板应该了解《刑法》。

9.《中华人民共和国民事诉讼法》(简称《民事诉讼法》)。

经济交往中难免发生纠纷，打官司或许是不可避免的。要打官司，老板就必须要了解《民事诉讼法》的有关内容。

这些常用的法律是老板们首先要了解的。这并不是说其他法律不重要，只要是与业务相关的法律法规，老板都应该有所了解。

法律创造财富

◎用积极的法律思维为企业创造财富

法律创造财富，更多的是从权益保障上而言的。例如，最新的《公司法》取消了实缴注册资本一项，使压在老板头上的抽逃注册资本罪得以消失。诸如此类在市场经济的推动下得以调整修订的法律法规举不胜举，对企业发展也越来越有利。

而今出现的P2P模式、众筹模式、民间借贷等，都是与时俱进的商业模式创新，但是其发展往往缺少法律保障，游走在法律边缘。这就迫切需要每个老板以法律思维、法律逻辑来提升企业管理水平。

（1）经营者要具有法律思维，改变以往的“关系思维”，在遇到问题时，首先要想到拿起法律武器维护自己的合法权益。

（2）用法律逻辑来处理企业管理中遇到的问题。在法律思维下，用法律逻辑重新考量官商关系时，老板和政府官员的关系不能搞特殊化，应站在法律公平、公正的逻辑下配置资源。企业在发展过程中要有新常态的思维和逻辑，即崇尚法律，用法律的思维和逻辑促进企业健康成长。

（3）在企业上市活动中，应该配备相应的法律顾问或法律专业人才为企业服务。在企业的经营过程中，法律工作人员要做好全方位的风险防范和法律审查，诸如合同审查、人事管理、产品研发等一系列涉及法律方面的问题。企业要做到不违法，合乎法律规范，在依法治国的大环境下，享受法律红利。

法律创造财富，从学术上来概括就是，《物权法》创造静态财富，《合同法》创造动态财富，《担保法》创造担保物权财富，《公司法》创造股权财富，《中华人民共和国专利法》（简称《专利法》）、《中华人民共和国商标法》（简称《商标法》）、《中华人民共和国著作权法》（简称《著作权法》）、《中华人民共和国计算机保护管理条例》（简称《计算机保护管理条例》）、《中华人民共和国反不正当竞争法》（简称《反不正当竞争法》）创造知识产权财富。总之，法律创造财富，老板应该利用好法律来创设、保护、保障企业的财富。

法律的正向引导作用

法律并非就是打官司，打官司只是法律的消极功能。法律不仅帮助企业防范风险，其更积极的导向指引作用也不容小觑。

（1）法律可以创造财富、护佑价值。法律是为经济服务的，通过法条的指引作用鼓励公民、法人创造财富、增加就业。《民法典》《公司法》《中华人民共和国知识产权法》（简称《知识产权法》）等实体法都具有这方面的功能。例如，原来创业开办公司，注册都需要大笔的资金，现在则不需要了，实物、知识产权、土地使用权等都可以作价入股，这些规定旨在鼓励人们利用手头的各种资源创造财富。

（2）对法律的敏锐嗅觉和感知力是创造财富的前提。老板要培养对法律的敏锐嗅觉和感知力。例如，原《担保法》第 34 条、《最高人民法院关于适用〈担保法〉若干问题的解释》第 47 条规定，就造就了无数千万富翁、亿万富翁。

（3）老板的高度决定企业的高度，而老板的高度取决于老板对法律规则的认知程度。法律创造财富，从财富的表现形式看有物权、债权、股权和知识产权。物权是财富的基石。《民法典》物权编通过确认和保护财产来间接创造财富。只有对财产予以确认和保护的完整规则，才能确定人们对财产权利的实现和利益的享有，才能形成所谓的恒产，使人们产生投资的信心、创业的动力。合同是财富的一半。由合同而设立的债权是财富的重要表现形式。股权是财富增值的重要杠杆。出资的多样性，资本聚合的放大效应，均使股权投资成为财富增长的重要工具。股权投资在财富的创造里面扮演着重要的角色。知识产权是财富创造的源泉。知识产权可以作价入股成立公司，且无比例的限制。

重视企业经营中的法律风险

企业法律环境分析

法律环境是制约企业经营的重要外部条件，企业既要受到法律的保护，又要受到法律的制约，企业应在法律规定的指导下开展经营活动。企业需要法律具有权威性、强制性、公平性。企业的法律环境主要包括三种要素。

一、国家的法律规范

同企业及其活动相关的法律规范体系由不同效力等级的一系列法律所组成，它们构成了企业法律环境中最基本的内容。

企业活动不仅要靠《中华人民共和国经济法》(简称《经济法》)，还要靠《中华人民共和国民商法》(简称《民商法》)、《中华人民共和国行政法》(简称《行政法》)、《刑法》、《中华人民共和国诉讼法》(简称《诉讼法》)等进行综合调整。这就要求每个经营企业的老板都要学会遵守和运用《经济法》，并学会综合运用其他法律系列规定的各种法律手段，做到依法经营，维护企业的合法权益。

二、国家司法、执法机关

国家司法、执法机关指国家设立的法律监督、法律审判和法律执行机关，主要有法院、检察院、公安机关及各种行政执法机关。与企业关系较密切的行政执法机关有工商行政管理机关、税务机关、物价机关、计量管理机关、技术质量监督机关、知识产权机关、环境保护管理机关、政府审计机关等。

三、老板的法律意识

法律意识是法律观、法律感和法律思想的总称，是企业对法律制度的认识和评价。任何企业都要同与其生产经营活动相关的企事业单位发生经济、技术、贸易关系，这些关系都具有社会经济法律关系的性质。企业的法律意识最终都会物化为一定性质的法律行为，并造成一定的行为后果，从而构成企业现实的法律环境。

可见，法律规范是企业法律环境赖以存在的基础，国家司法、执法机关及其活动是企业法律环境健康成长的保证，老板的法律意识是企业参与和感受法律环境的重要媒介。

法律环境对企业的影响具有刚性约束的特征。法律环境状况对企业发展方向产生了巨大影响，法律环境自身所表现的不同情况不仅为企业提供完全不同的生存和发展条件，还可以引导或迫使企业走上方向完全不同的道路，具有环境导向性能。

企业经营中应综合运用各种法律

许多立法都与企业经营息息相关，只有综合运用才能取得最佳经营效果。

一、企业应将各类法律进行分解掌握和运用

企业根据业务需要设定了不同的管理部门，老板可以指定各个职能部门负责与该部门有直接关系的法律的掌握和运用。

公司行政部门应掌握和运用《公司法》，私营企业厂办应掌握和运用《中华人民共和国私营企业暂行条例》（简称《私营企业暂行条例》），个人合伙企业的行政部门应掌握和运用《中华人民共和国合伙企业法》（简称《合伙企业法》）。人事劳资管理部门应掌握和运用《中华人民共和国劳动合同法》（简称《劳动合同法》）。企业的财务部门必须遵循《中华人民共和国会计法》（简称《会计法》）的规定来完成本职任务，学会掌握运用《会计法》《中华人民共和国价格法》（简称《价格法》）、《中华人民共和国审计法》（简称《审计法》）、《中华人民共和国统计法》（简称《统计法》）、《票据法》、《证券法》等相关经济法，使国家对企业的经济监督得到具体贯彻落实。供销部门要掌握和运用《民法典》《中华人民共和国广告法》（简称《广告法》）等。

二、企业运用法律法规应注意的事项

（1）设置专门的企业法律顾问及部门，便于企业同司法机关、行政机关相配合，解决企业纠纷，维护企业的权益。

（2）加强全员综合法律知识教育，提高员工运用法律的能力，学会将法律知识运用到企业经营中。

（3）收集和运用各系列法律文件。比如，购买一套最新出版的法律、法规、规章、司法解释大全，遇到法律问题可参考阅读。

建立企业依法管理机制

在经营和交易中，企业常常因缺乏法律常识而陷于高风险的法律隐患中，这种法律上的安全隐患会给企业经营带来致命的损害和惨痛的教训。企业经营中常见的法律安全隐患包括：投资前不做法律可行性论证；合同诈骗；应收账款拖欠；债务纠纷；盲目担保；轻率抵押；不能识别保险单和票据真伪；疏于防范信用风险；不注意保护企业商标、专利、商业秘密等工业产权；劳动纠纷中败诉；不正当竞争中败诉等。

在考虑和追求利润的同时，老板不应忘记防范交易风险、追求交易安全对企业经营管理有着举足轻重的意义。否则，上述法律安全隐患给企业造成的经济纠纷、债务拖欠会给企业经营带来致命一击，一笔债务、一场官司断送一个蒸蒸日上的企业并非危言耸听。

企业依法管理机制的建立，以其是否真正依法进行经营决策、理顺管理层次和环节、维护企业的合法权益为标志。

《民法典》对企业运营的影响与企业守法运营

◎《民法典》对企业经营管理的影响

《民法典》不仅与公民的日常生活密切相关，它同时也是一部市场经济基本法，为中国市场经济的运行提供基础性规则，重在保护私权利。企业所有的经营活动，大到公司设立、合同签订、物业收费，小到涉及电子商务和数字经济发展中的电子合同、网络电商交易运行等，都能在其中找到依据。《民法典》的颁布，对企业的经营管理活动有着重要作用和意义。

一、《民法典》为健全社会主义市场经济体制奠定了坚实的制度基础

《民法典》是保障市场体制正常运行的有效法律形式。《民法典》的主体制度使得商品生产者、经营者能够作为独立平等的主体进入市场，遵循平等、公平、诚实、信用四项原则，有助于协调商品交换者的利益冲突，引导他们开展正当竞争。《民法典》不仅有效稳定市场秩序，还推动市场的培育和发展，促进市场交换的高速运行。《民法典》注重保护产权、维护契约、统一市场，捍卫平等交换与公平竞争，对充分激发人们创造社会财富的积极性、主动性和持续性发挥了重要作用。

二、企业经营管理必须遵守《民法典》确定的民事法律活动的基本原则

《民法典》总则编中规定了民事活动的基本原则，企业一般的经营管理活动就是正常的民事行为，企业所有经营管理活动在执行中都必须贯彻《民法典》确定的民事活动原则。

（1）民事权益受法律保护原则。民事主体的人身权利、财产权利以及其他合法权益均受法律保护，任何组织或者个人不得侵犯。

（2）平等原则。民事主体在民事活动中的法律地位一律平等。

（3）自愿原则。民事主体从事民事活动，应当遵循自愿原则，按照自己的意思设立、变更、终止民事法律关系。

（4）公平原则。民事主体从事民事活动，应当遵循公平原则，合理确定各方的权利和义务。

（5）诚信原则。民事主体从事民事活动，应当遵循诚信原则，秉持诚实，恪守承诺。

（6）守法与公序良俗原则。民事主体从事民事活动，不得违反法律，不得违背公序良俗。

（7）绿色原则。民事主体从事民事活动，应当有利于节约资源、保护生态环境。

三、根据《民法典》新的规定依法经营管理

《民法典》是在九部法律基础上编订纂修的。这些法律与企业密切相关，企业必须高度重视这些修改内容，依据新的法律规范执行，尤其是物权编和合同编中的内容。比如，企业担保责任的认定、电子合同、保理合同、生态环境侵权的惩罚性赔偿、环境修复责任及赔偿制度、侵害知识产权将承担惩罚性赔偿等内容。这些内容有的是根据市场经济发展的需要增加的，有的做了颠覆性的修改，需要老板认真学习、理解和掌握。

四、重视《民法典》合同编中的新规范运用

《民法典》合同编在《民法典》中具有重要地位，其中涉及合同的条款共 647 条，占据了《民法典》总条款数量的 51.3%。合同编还增设了“准合同”一章，将无因管理、不当得利等全部纳入了管辖范围。《民法典》合同编紧跟新时代步伐，积极回应社会生活的热点问题，对合同的履行、变更、解除、转让、终止、纠纷解决等一系列法律行为都进行了新的规范。企业必须根据相关规定，建立必要的合同管理机构和管理制度，严把合同签订、履行相关环节，有效防范和降低企业法律风险，防范合同陷阱给企业带来的损失。

五、以人为本，维护职工人格权并尊重职工隐私权

《民法典》中对尊重人格权和保护隐私权的突出，对老板的经营管理提出了新的要求，即不论是什么性质的企业都应该尊重职工的人格权。每一个职工都享有《民法典》规定的各项民事权利，享有人格尊严、人身自由、生命权、名誉权、隐私权、婚姻自主权及各种各样的财产权利等。这些权利，保障了每一个职工在企业中的地位和尊严，受《民法典》的保护。

经营者尤其要关注的《民法典》亮点

一、《民法典》为企业签署电子合同提供更完善的指导

《民法典》第 469 条明确规定：“当事人订立合同，可以采用书面形式、口头形式或者其他形式。书面形式是合同书、信件、电报、电传、传真等可以有形地表现所载内容的形式。以电子数据交换、电子邮件等方式能够有形地表现所载内容，并可以随时调取查用的数据电文，视为书面形式。”《民法典》切合当下网络交易日渐成为主流的需要，对电子合同规定的完善为企业发展提供了有力的保障。

二、因国家需要向企业下达的订货任务或指令应按规定签订合同

《民法典》第 494 条规定：“国家根据抢险救灾、疫情防控或者其他需要下达国家订货任务、指令性任务的，有关民事主体之间应当依照有关法律、行政法规规定的权利和义务订立合同。依照法律、行政法规的规定负有发出要约义务的当事人，应当及时发出合理的要约。依照法律、行政法规的规定负有作出承诺义务的当事人，不得拒绝对方合理的订立合同要求。”《民法典》首次对国家订货合同的订立进行了明确的规定，是对抗击新冠肺炎疫情经验的总结，也体现了《民法典》的时代性。

三、代位权规定更加完善，对企业债权保护更有力度

《民法典》第536条规定：“债权人的债权到期前，债务人的债权或者与该债权有关的从权利存在诉讼时效期间即将届满或者未及时申报破产债权等情形，影响债权人的债权实现的，债权人可以代位向债务人的相对人请求其向债务人履行、向破产管理人申报或者作出其他必要的行为。”该规定有利于企业债权的实现。

四、企业或个人借贷利息的借贷利率应严格遵守国家标准

《民法典》第680条规定：“禁止高利放贷，借款的利率不得违反国家有关规定。借款合同对支付利息没有约定的，视为没有利息。借款合同对支付利息约定不明确，当事人不能达成补充协议的，按照当地或者当事人的交易方式、交易习惯、市场利率等因素确定利息；自然人之间借款的，视为没有利息。”该规定可以有效降低企业融资成本，保障企业良性发展。

五、企业签订合同需第三方担保时，应明确担保方式

《民法典》第686条规定：“保证的方式包括一般保证和连带责任保证。当事人在保证合同中对保证方式没有约定或者约定不明确的，按照一般保证承担保证责任。”这与《中华人民共和国担保法》（已废止）第19条规定的内容完全不同，如果担保方承担连带责任保证的，一定要明确写在担保合同内。

六、企业作为房屋承租方时享有优先承租权

《民法典》第734条规定：“租赁期限届满，承租人继续使用租赁物，出租人没有提出异议的，原租赁合同继续有效，但是租赁期限为不定期。租赁期限届满，房屋承租人享有以同等条件优先承租的权利。”该规定相比原《合同法》增加了优先承租的权利，更有利于保障企业经营场所的稳定性。

◎《民法典》中经营者应重视却易忽视的内容

《民法典》是企业从事经济活动、参与市场竞争的准绳。企业经营者在学习《民法典》过程中，有几点特别需要重视但通常却容易忽视。

一、《民法典》总则编对民事主体的规定

除营利法人及其出资人、董事、监事、高管的规定是为企业和其投资人、经营者量身定做之外，《民法典》对非营利法人、特别法人、非法人组织等民事主体作出了规定，这些规定对企业具有重要意义。不少民营企业对拖欠方、被拖欠方主体辨认不清，经常将地方政府下属机构、关联性事业单位和基层群众自治组织混淆在一起，将被拖欠工程款的企业和被拖欠工资的施工队混淆在一起，这些混淆或误认，很可能导致诉讼主体不适格而被法院不予受理或驳回起诉。

二、《民法典》物权编对营利法人章程地位的强调

《民法典》第 269 条规定："营利法人对其不动产和动产依照法律、行政法规以及章程享有占有、使用、收益和处分的权利。"章程在保护企业财产权利和规范企业经营活动上承担着与法律法规相似的功能，经营者应加倍重视。依法治企，不仅要求经营者遵守外部法律法规，也要遵守企业内部章程，以免做出伤害企业整体利益或利益相关方合法权益的行为。不少企业在创立初期忽视公司章程的制定和遵守，有的照搬网上的章程范本，随意更改和废弃章程内容，日常经营管理中视章程如无物，为企业财产界限不清、权利受损和日后产生大量纠纷埋下隐患。

三、《民法典》对法人或非法人组织名称权的规定

不少商家为吸引客户或在竞争中打开局面，擅自使用他人的企业名称。这种情形在性质上属于不正当竞争行为，需要承担相应的法律责任。《民法典》第 1013 条、第 1014 条规定:“法人、非法人组织享有名称权,有权依法决定、使用、变更、转让或者许可他人使用自己的名称。任何组织或者个人不得以干涉、盗用、假冒等方式侵害他人的姓名权或者名称权。”可见,《民法典》进一步明确了企业行使和处分其名称的各项权利,拓宽了构成企业名称权侵权行为的范围。

四、《民法典》物权编中的担保物权

担保物权制度和《担保法》相关内容的融合,克服了过去只能用法律技术来解决《物权法》与《担保法》的冲突,并使保证责任承担更加合理化,这对在融资活动中寻求担保和提供担保的企业来说具有重要意义。对那些可能因不慎担保行为而陷入债务泥潭的企业有着强烈的警示作用。

在实践中,许多老板为了维持商业合作关系,甚至仅凭个人之间的友谊,就轻易为对方借贷提供担保,忽视其中的财务和法律风险,没有对其进行评估、防控,结果卷入债务纠纷而使企业陷入危机之中,甚至濒临破产。老板要谨慎提供担保,积极通过尽职调查和反担保措施控制担保风险。

五、《民法典》对职场性骚扰问题的规定

《民法典》第 1010 条第二款规定:“机关、企业、学校等单位应当采取合理的预防、受理投诉、调查处置等措施,防止和制止利用职权、从属关系等实施性骚扰。”据此,企业管理者对员工实施性骚扰应当承担民事责任,企业管理者负有防范性骚扰发生的义务。企业管理者如果没有履行防范制止性骚扰的义务,也应承担相应民事责任。

◎用《民法典》推进企业规范化运营

《民法典》对企业的合规性提出了更高的要求。作为私法性质的

《民法典》，内容上更加注重保护个体的平等。例如，《民法典》新增规定，明确物业公司不得采取停止供电、供水、供热、供燃气等方式催交物业费。物业公司应当先与业主协商，协商不成再通过起诉等途径解决，这也符合民法的基本原则。再如，《民法典》要求企业收集涉及个人信息的数据应取得相关权利人的明确同意，这也促使企业运作更加规范化，防止侵犯个体隐私，减少社会矛盾。《民法典》进一步细化了企业权利义务方面的规定，推进企业运作规范化，这样可以帮助企业降低风险，防止企业出现因前期操作不规范而后期深陷诉讼泥淖的情况。

第二章

企业的法律风险

企业法律风险概述

企业法律风险分类

企业法律风险是指企业因违法违规、违反合同约定、侵犯他人合法权益、怠于行使自身权利等造成的风险。

企业法律风险按照不同的分类标准可分为不同的类别：

（1）按照企业运营中发生法律风险的业务或管理活动类型来划分，可分为企业设立中的法律风险、合同法律风险、企业并购法律风险、企业改制法律风险、招标投标法律风险、知识产权法律风险、人力资源管理法律风险、企业税收法律风险、安全事故法律风险、诉讼仲裁法律风险等。

（2）按照法律风险与企业的密切程度来划分，可分为直接法律风险与间接法律风险。直接法律风险是指由于企业自身的行为或企业直接参与的法律关系相对人的行为直接产生的法律风险。例如，企业管理体系中因合同管理欠缺导致的管理风险等。间接法律风险则是指企业由于受到其他法律关系的牵连而引起的法律风险，如因担保产生的法律风险。

（3）按照法律风险产生来源划分，可分为内部法律风险和外部法律风险。内部法律风险是指完全由于企业员工违反相关法律法规规定或者约定造成的法律风险。外部法律风险是指由于外部法律环境或其变化带来的法律风险。

（4）按照法律风险产生的原因来划分，可分为客观类法律风险和主观类法律风险。客观类法律风险是指不以企业的意志为转移的客观事件引起的法律风险。例如，意外作业伤害引起的企业对工伤职工的民事赔偿。主观类法律风险是指通过企业有意识的行为引起的法律风险。

（5）按照企业运营整个价值链条的参与主体来划分，可分为来自监管机构、业主、竞争者、供货商、企业内部管理的风险等。

（6）按照从法律风险导致承担风险责任的角度来划分，可分为由企业承担责任和由个人（老板等）承担责任的法律风险。

（7）按照企业应对法律风险的态度来划分，可以分为作为的法律风险和不作为的法律风险。前者是指企业主动实施一定行为造成的法律风险。后者是指企业不采取必要或必需的行为而造成的法律风险，如企业因未及时注册自己的商标而遭他人抢注。

企业法律风险特征

企业法律风险具有以下特征：

（1）企业法律风险的发生必然与法律规定或者合同约定有关。

（2）企业法律风险通常情况下会导致企业承担相应的民事责任、行政责任甚至刑事责任等法律责任，发生的结果具有强制性，企业必须被动承受。

（3）企业法律风险存在于企业生产经营各个环节和各项业务活动之中，存在于企业从设立到终止的全过程中。

（4）企业法律风险具有可预见性。即可通过对法律规定或合同约定的解读，预先判断出哪些行为可能会给企业带来法律风险，风险发生后会给企业带来什么样的后果。

（5）企业法律风险可通过相应的有效措施予以防范和控制。

老板个人法律风险

一、老板个人的法律风险

老板和企业是两个主体，有两个法律上的人格，二者承担的法律风险是有差别的。老板的法律风险的构成要素主要有三个：

（1）前提：法律、企业章程、企业制度对他们的行为、责任、义务等有规定，或者有合同约定他们具有相应的行为、责任、义务。

（2）被引发的直接原因：企业的外部环境发生变化或者企业、企业的其他当事人做出某种不应做出的行为或没有做出某种应当做出的行为。

（3）法律风险发生后会给经营者带来负面的法律责任或后果。

如果一个风险具备了以上三个要素，即可认为这是老板个人的法律风险。

二、老板个人的法律风险的分类

（1）依据法律风险的产生方式可以分为两类：老板的行为引发的法律风险，如违反忠实勤勉义务引发的风险；外部环境变化引发的风险，如法律政策变化将灰色地带变成法律的禁区引发的风险。

（2）依据经营者的行动可以分为三类：利用职务行为造成的风险，如侵吞公司财产，挪用公司财产等风险；滥用职务行为造成的风险，如虚报注册资本，走私等风险；疏于履行职务行为造成的风险，如疏于审查合同以致被合同以欺诈等风险。

（3）依据法律风险来自经营者所在企业运营的整个价值链条的参与主体来看，可以分为来自监管机构、投资者、竞争者、用户、渠道商、供应商等的风险。

（4）依据法律风险与经营者个人的密切程度来看，可以分为直接法律风险与间接法律风险。前者是经营者个人的行为产生的法律风险，如决策缺乏论证引发的决策风险，违反竞业禁止义务的风险等；后者是因为下属、其他股东等相关人的行为所引发的法律风险，如作为发起人的董事长、总经理需要承担其他发起人出资不足的补足责任等。

（5）依据经营者法律风险导致法律责任的承担方式来看，可以分为民事法律风险、行政法律风险、刑事法律风险。

三、老板个人的法律风险与企业法律风险的差异

老板是企业的核心人物，但并不能完全代表企业，且老板为自然人，企业为法人，二者的本质差别导致他们的法律风险具有天然的差异。这种差异体现在：

（1）法律责任的承担方式不同。企业违法只能被处以罚款，责令停产停业，暂扣或吊销许可证、暂扣或吊销执照等行政处罚，在刑事处罚上只有罚金一种形式。对老板个人可处以行政拘留等行政处罚，以及拘役、管制、有期徒刑等刑事处罚，这种对个人自由的处罚只适用于自然人。

（2）即使同一种责任方式，企业与老板的承担数额也不同。例如，刑法上对企业犯罪常常使用双罚制，对企业处以罚金，对直接责任人和其他直接责任人员也常会处以罚金，但是其罚金的金额往往有很大的差别。又如，在侵权、违约等民事责任的承担中，老板以其在企业中的出资为限承担有限责任，而企业则需以其全部资产承担无限责任。

四、老板的法律风险与企业的法律风险的高关联性

老板在企业中具有双重角色，其法律风险与他在企业中的角色息息相关。

老板是企业的负责人，需要对具体工作中上报而来的事务进行处理，且作为下级很多事务的直接审查人和决策人，下级工作中的法律风险也会传递到老板身上，从而形成一种自下而上的法律风险来源。这种两头连通的状态导致老板的法律风险与企业的法律风险牢牢关联。

老板的法律风险只有和企业的法律风险牢牢拴在一起，才能保证老板对其他股东的利益负责，注意并防范企业的法律风险；企业无时无刻存在的风险也需要老板的全心投入，老板要与企业同呼吸共命运，同舟共济，从这点来看，老板的法律风险对其他股东来说是件幸事。

老板的法律风险的高发性、全面性、破坏性

一、老板的法律风险的高发性

老板的法律风险具有高发的特征，这就需要老板充分认识法律风险，在面对法律风险时能进行较为准确的自我评估。

老板是法律风险高发职业，其法律风险伴随着企业从设立、管理经营到终止清算的各个阶段；伴随于他在企业中的各种行为，从普通的董事会会议的程序，到企业重大决策的制定，老板都承担着形式不同的法律风险。老板涉案后的法律风险往往无法由他人分担，其高发性意味着对老板的极大危害。企业的高级管理人员的法律风险基本上都集中在老板身上。

企业犯罪老板往往难以独善其身。一般来说，上市公司所有人与管理人的分离，企业内层次分明，有些高管的犯罪往往不会牵涉老板，但在所有人和管理人距离更近的非上市公司，老板被牵涉进企业犯罪中的概率更大。

二、老板的法律风险的全面性

老板是掌管企业全局的一号人物，企业的重大决策都由老板拍板。在这种背景之下，企业的董事会、股东会、监事会不能发挥理想的公司治理中的“分权制衡”功能，老板会一言堂。一言堂之下

的老板往往集控制、执行、监督权于一身，权力越大，法律风险也就越大，因此，老板可能触犯的法律非常广泛。

在现行法律中，老板可能触犯的刑事法律风险涉及贪污罪、受贿罪、挪用公款罪、行贿罪、向单位行贿罪、滥用职权罪、欺诈发行股票、债券罪、虚报注册资本罪、提供虚假财务会计报告罪、操纵证券交易价格罪、诈骗罪、合同诈骗罪、职务侵占罪、挪用资金罪、走私普通货物罪、巨额财产来源不明罪、非法占用农用地罪和伪造金融票证罪共 19 个罪名。

实际上，老板可能触犯的刑事法律风险还远不止这 19 个，刑法中计有 120 个罪名都是老板可能会触犯的，可以说稍有不慎就会落入法网。这还不算老板可能面临的民事法律风险和行政法律风险。可以说，老板的法律风险是所有企业内部人员中最多、最全面的。

三、老板的法律风险的破坏性

俗话说，“法律风险无小事”。老板的法律风险的高破坏性体现在它对企业、社会、个人的高破坏性上。

1. 老板的法律风险对企业的破坏力。

老板的法律风险除了会影响自己的切身利益，还会影响企业的命运。其一举一动轻则关系企业的业绩表现，重则决定企业的生死存亡。老板往往是企业的发起人、自始至终的企业管理人，在这种情况下，老板的个人风险无可避免地会传递给企业，老板是企业的主管者，缺少老板的企业不是土崩瓦解，就是伤筋动骨。更何况老板涉案会引起企业信任危机爆发，通过企业传导到社会公众、企业的上游供应商、下游销售商和公司债权人，由此导致企业信任度迅速降低，从而引发资金链断裂等连锁反应。

老板在遭受行政法律风险、民事法律风险时也可能会对企业造成极大的伤害。因为企业已经和老板融为一体了。老板的民事风险也可能会带来企业声誉的降低等损失。

2. 老板的法律风险对社会的破坏力。

老板掌握着大量的社会资源。其个人法律风险不仅是他个人的损失，也是社会的损失。老板锒铛入狱，不但会引起企业的动荡，还可能会引起企业的覆灭。一家企业牵涉从上下游的经销商、供货商，到企业的忠实顾客，再到企业的员工等利益各方。同时，老板的法律风险还会影响到公众对整个企业运行的商业环境的忧虑和对未来经济发展的预期。

3. 老板的法律风险对个人的破坏力。

老板是社会精英，一名社会精英不能在他最能发挥作用的岗位上，是一种巨大的社会损失。老板的轻度法律风险，会使自己财产减损，重度法律风险会使其身陷囹圄。老板特殊的身份与地位意味着老板经常从事关系重大的行为和决策，这种行为和决策的重要性决定了老板承担着严重的法律风险。

其他风险与法律风险的关系

了解各方面的风险能为法律风险防范提供启示，也是进行全面风险防范所必需的。

一、对外经营的风险

对外经营的风险包括政治风险、市场风险、信用风险、商业风险等。

老板的政治风险不仅发生在其与公权力打交道时，还有可能发生在其与企业相关的群体集体行动时，在维护稳定的大局势之下，老板和企业的行为如果引起群体性事件，很可能会带来政治风险。

市场风险是由市场中的各种价格、利率、费率的变化造成的风险。所有企业都面临着某种形式的市场风险。市场风险包括三种类型：利率、汇率、股价、原材料价格的变动引起的投资和贸易组合上的交易风险；企业资产负债对利率的敏感性不同引发的资产/负债不匹配风险；金融债务到期后，公司不能通过低成本的融资来满足偿还要求的流动性风险。市场风险涉及企业经营命运，往往会引起企业的各种连锁变化，处理不善会触发各种法律风险。

信用风险是由于借款人或交易对方违约造成的经济损失。信用风险并不只是来源于对方的物理偿还，也不只是对方破产，只要是对方没有及时履行合约都是信用风险。欺诈是信用风险的主要来源之一。

商业风险主要指因为市场原因导致的风险，与市场风险相似。

二、对内管理的风险

对内管理的风险包括营运风险、道德风险、合规风险。

营运风险指不健全或失败的内部流程、员工、系统和外部事件所导致的直接损失或间接损失的风险。这些风险都会因为老板是主要负责人而转化为其领导风险。

老板的道德风险即使不会在明处表现，但在决策过程中会形成一种心理暗示，需要老板自身注意。

合规风险比法律风险更复杂，更偏向于行政责任和道德责任，其损失不一定体现为直接的财产损失，但对老板及其所在企业会造成声誉这一无形财产的损失。

三、法律风险与其他风险的可转化性

法律风险和其他风险存在着千丝万缕的联系，也存在相应的不同，二者有其内在的逻辑。

法律风险贯穿于其他风险始终，成为任何一种风险的重要组成部分。例如，政治风险涉及风险发生后法律程序的救济；市场风险涉及合同的订立、解除、变更的方法；道德风险涉及劳动合同的签订等。可见，任何风险都是与其他风险相伴而生的，法律风险尤甚。

法律风险是其他风险的表现形式。任何一种风险控制不当，都可能由于涉及行为的合法性问题，尤其是是否构成违约侵权等，从而导致受到行政处罚、民事责任甚至刑事责任。例如，运营风险涉及产品是否符合行业标准；信用风险涉及老板个人信用与企业信用是否被滥用；等等。这些风险控制不当都会变成法律风险。如果对法律风险广泛思考，还会发现其他风险的延伸其实都是法律风险。

法律风险是其他风险的最终解决路径。司法解决是争议解决的最后渠道，也是风险协商解决、调解解决的依据。在思考各种风险带来的不利后果时，需要运用法律思维方式，即运用事实和法律来考虑其解决方案及其解决方案的后续方案。在思考这些争端解决时需要综合把握法律，很多情况下是多部法律都会规定，规则的选择非常重要。由于法律和其他风险紧密联系，对老板来说，任何风险都会转化为法律风险，都会影响到老板的行为。因此，对老板的法律风险必须给予足够的关注。

老板个人法律风险的形态

◎民事法律风险

我国实体法律体系被分为民事法律、行政法律、刑事法律三类，老板违反这三类法律会产生三种法律责任：民事法律责任、行政法律责任、刑事法律责任。

从老板法律风险的不利后果的程度来说，刑事责任重于行政责任，而行政责任的危害重于民事责任。从老板法律风险的发生概率上看，行政责任、刑事责任、民事责任的高发频度难以预测，不能确定何者更加高发，民事责任、行政责任的消长更大程度上与老板及其企业所在地的相关因素紧密联系。

老板承担民事法律风险的前提是基于其对其他民事主体的义务的违反。老板日常履行职务的过程中接触的民事主体主要有公司、公司股东、公司债权人，老板对这些主体承担着不同的民事法律风险。

民事法律风险主要分为违约责任和侵权责任。因为违反合同义务或其他特定义务而承担的责任为违约责任，因违反法律规定的不得侵犯他人人身和财产的一般性义务而承担的责任为侵权责任。违约责任调整的是积极的有作为的义务的违反，侵权责任调整的则是当事人之间不作为的义务。

民事法律责任的基本类型应包括违约责任、侵权责任和缔约过失责任。只有清楚地知道可能要承担的责任的性质才能更好地把握承担责任的风险的大小。

《民法典》中规定了承担民事责任的方式主要有 11 种，即老板的民事法律风险的 11 种具体形态：停止侵害，排除妨碍，消除危险，返还财产，恢复原状，修理、重作、更换，继续履行，赔偿损失，支付违约金，消除影响、恢复名誉，赔礼道歉。

行政法律风险

行政责任是指行政法律关系主体由于违反了行政法律规范规定的义务，构成行政违法以及部分行政不当而依法承担的法律上的消极后果。行政责任具有以下几个特征：

（1）行政责任因行政违法行为而产生，行政违法行为侵犯的是社会公共秩序。

（2）行政责任具有惩罚性，但其不同于施加于犯罪行为的刑事责任的惩罚性。行政责任所追究的只是一般的违法行为，其惩罚性后果不如刑罚严厉。

（3）行政责任的追究机关多是行政机关，如工商登记部门、证券监督管理委员会等。老板的行政责任和民事责任具有一定的联系。行政责任是行政机关代表国家对老板进行行政处罚。老板的特定行为有时不仅会给相关人造成损失从而承担民事责任，还会侵害一定的公共利益，需要承担一定的行政责任。例如，在证券投资领域，虚假陈述行为不仅会引起证券民事赔偿责任，还会受到证监会的行政处罚。

老板在企业中享有广泛的职权，同时对公司、股东和第三人都承担一定的义务，从《公司法》《证券法》《中华人民共和国企业破产法》（简称《企业破产法》）到《劳动法》和《中华人民共和国招投标法》（简称《招投标法》），法律都对其设置了一定的监管措施，并对其违反监管措施设定了一定的行政责任。

《中华人民共和国行政处罚法》（简称《行政处罚法》）规定的行

政处罚有6种形式：警告、通报批评；罚款、没收违法所得、没收非法财物；暂扣许可证件、降低资质等级、吊销许可证件；限制开展生产经营活动、责令停产停业、责令关闭、限制从业；行政拘留；法律、行政法规规定的其他行政处罚。这6种形式对老板来说是很致命的：警告损害声誉；罚款、没收损害老板的财产；停产停业、暂扣吊销直接会伤害乃至终结一家企业；行政拘留会导致老板丧失人身自由。对老板来说，严重的行政处罚不一定会比刑事风险的危害更小。

刑事法律风险

刑事法律风险是每个老板最不愿承受的法律风险，其原因除了刑事法律风险最严厉，有剥夺老板的人身自由乃至生命的可能性之外，还因为企业如果触犯刑事法律风险，依据双罚制，这种风险很大概率都会落到老板的身上。

这是因为老板的刑事法律风险与企业行为的刑事法律风险紧密相关。同时，老板个人的行为也可能会造成法律风险，导致老板在企业行动中可能触发的刑事罪名多达120多项，包括企业出资、融资、税收、诉讼、上市、生产流通、上市、知识产权、企业财产等各个领域。

这种法律风险对老板来说是触目惊心的。王荣利发布的《企业家犯罪报告》展现了中国社会中那些中上层的企业家的刑事法律风险分布，虽然这些企业家中并非都是董事长、总经理，但二者在其中占有很大的分量，其触犯刑律的现象十分普遍。

民事法律风险与行政、刑事法律风险之间的转化

民事、行政、刑事法律风险对应的是民事、行政、刑事法律规

范。这三种法律规范本身具有很大的差别，同时又具有很大的联系。三种法律风险虽然各有差别，却可以互相转化。

三种法律规范之间的转化联系是基于不同法律规范之间的位阶关系，对老板的行为而言，有四种规范需要遵守，分别是非法律规范、民事法律规范、行政规范和刑事法律规范。其中，非法律规范主要是指还没有被法律规范吸收的商业伦理、行会纪律、商事习惯等；民事法律规范主要是民法、商法等民商事规范；行政规范包括税务、工商、公安、劳动社保等机关制定的规范；刑事法律规范主要是刑法上有关企业的规定。这四种规范构成一套反应体系，犹如一个堤坝，底层是非法律规范和民事、行政法律规范组成的基础性制度，顶层是刑罚反应或刑法制度。依据老板的行为是否违法，多大程度上违法，对其行为给予不同的判断，从合法自由到中间灰色地带，再到需要民事赔偿、行政处罚，乃至刑事制裁，这一套体系是连续的。这种可转化性最直接的体现就是拒不支付劳动报酬罪。

不支付劳动报酬首先触发的是民事责任，劳动者可以要求企业支付劳动报酬和合理的利息等损失。如果劳动者的民事请求被拒绝，那么行政机关就需要介入了，《劳动合同法》规定劳动行政部门应该责令限期支付劳动报酬、加班费或者经济补偿；逾期不支付的，责令用人单位按应付金额 50% 以上 100% 以下的标准向劳动者加付赔偿金。如果经过行政程序，企业有能力仍然不支付或者通过转移财产等手段逃避支付，则老板作为直接责任人，需要承担刑事责任。需要注意的是，恶意欠薪的民事责任、行政责任往往由企业承担，但刑事责任往往由老板承担，对这种法律风险的突变老板不可不察。

这种可转化性可能会在一定程度上引起法律争议，主要是是否涉及犯罪的争议。从民事法律风险到行政法律风险再到刑事法律风险，三者的边界在很大程度上是模糊的，这种模糊的边界展现了企业法律风险防控的重要作用。

树立正确的法律风险观

◎老板要以身作则，率先垂范

法律如同悬在老板头上的达摩克利斯之剑，提醒着老板时刻保持警醒，加强对自身法律意识的培养，树立科学合理的风险价值观。法律风险意识决定了一个人对待法律风险的态度。于老板而言，对待法律风险的态度也决定了企业的命运。

法律风险的防范意识是法律风险意识中不可分割的重要组成部分。每年都有大量企业破产倒闭，造成其“短命现象”的原因之一就在于老板没有正确树立对待法律风险的防范意识，不注重日常法律风险防范机制的构建，没有将风险扼杀于摇篮中，错失了对风险的最佳控制时机。有的老板依然处于“头痛医头，脚痛医脚”的固有模式，待风险来时再予以应对。结局则是“医”好了，企业继续经营；“医”不好，企业破产关门。因此，对法律风险的防范应从树立正确的法律风险观开始，使自己的企业在变革与竞争中立于不败之地。

改变行为，意识先行。法律风险的发生有偶然性因素，但在许多情况下有其必然原因。态度决定一切。老板应从自身做起，重视法律风险的防范，树立正确的法律风险观。

在树立企业整体防范意识的过程中，老板的参与至关重要。《企业内部控制基本规范》指出：董事长（或者法定代表人、代表企业行使职权的主要负责人）对本企业内部控制的建立健全和有效实施负责。在实践中，树立风险防范意识的关键是企业领导层的态度，只有领导层充分意识到风险防范的重要性，并愿意为此付出一定的精力和财力，才会降低风险发生的概率，即使风险发生，其所产生的影响也能得到有效控制。

法律风险一旦发生，对企业所产生的影响是致命的。无论什么样的企业，法律风险都无处不在，随时会找上门来。且法律风险往往是人为导致的，包括故意和因过失或疏漏导致的。因此，对风险的防范要从老板自身做起，老板要率先垂范。

树立危机意识

随着企业的发展阶段不同，一些老板的风险警觉性程度有所不同。在创业阶段，资本较少，许多风险都可能随时导致企业破产倒闭，一些老板往往对风险具有高度警觉性；随着企业日益壮大，当来到守业阶段后，企业长时间的平稳发展和成功经营使资本变得丰厚，自负心理和经验主义会使有的老板放松对风险的警觉，或者难以察觉到风险的存在。这恰恰是最大的风险。对老板而言，法律风险虽只是风险的一种，却比经营中的风险更难察觉。

造成企业危机的许多因素早已潜伏在经营管理之中，只是由于老板缺乏危机防范意识，放松警惕，从而导致了严重的后果。看起来不起眼的小事，基于蝴蝶效应，有可能演变成摧毁企业的大危机。所以，企业要时刻“居安思危，未雨绸缪”，防范日常经营管理中的危机因素，将对法律风险的防范贯彻于企业经营的方方面面，在企业中牢固树立法律风险防范意识，让其融入企业的经营文化，达到人人有风险意识，时时事事防范风险。

加强法律知识的学习

◎加强法律知识学习的必要性

对老板而言，发展是目标，安全是底线。很多老板因为不知法而犯法，最终身陷囹圄的案例比比皆是。惨痛的教训令人沉思反省——老板应该加强对法律知识的学习。

在法治进程不断完善的今天，法律知识的欠缺，导致一些老板习惯按照自己的惯有思维和市场经验行使自身生产经营管理的职权，无法意识到其中存在的法律风险，稍有不慎，就会与法律风险不期而遇。有些老板因为分不清“合法与非法”“罪与非罪”，越法律之雷池，所付出的代价不仅是财产，还可能断送自己的大好前程和美好人生。

尽管术业有专攻，老板无须像法律人那般精通于法律，但在法治化社会的背景下，老板理应培养自身的法律素养，构建自身的法律知识框架体系，这样才能处理好各种法律事务，避免违法行为的出现，最大程度地遏制法律风险的爆发。

在全民普法的大环境下，越来越多的老板开始逐步认识到法律学习的重要意义，主动加入法律学习的队伍中来，使法律常识成为老板的一门“必修课”。法律已经成为老板的一项必备常识，融入了老板的个人素养之中。只有具备法律知识、培养法律思维、提高法律素养，才能洞穿合同中的“步步惊心”，以防落入竞争对手的圈套，步入法律法规的禁区。法律知识可以帮助老板悄无声息地化解一次次的法律危机，它也是用以评判老板的成败得失的一把标尺。

以科学合理的方式学习法律知识

老板明确了法律学习的必要性，构建了应具备的法律知识框架体系，接下来，就需要静下心沉住气开始法律知识的学习。老板的法律学习应当在其所应具备的法律知识框架体系下，结合自身特点和公司形式，对症下药，抓住重点，了解与其个人生活和职务履行密切相关的法律。

一、结合实际，有取有舍

前文中我们已对老板所需具备的法律知识框架体系做了一个大致的梳理，但在具体学习时，有些共性的内容需要所有老板予以了解，而有些个性的内容则需要老板们结合实际情况，对号入座，将法律知识进行有效筛选。在进行筛选时，需要考虑两大要素：

（1）个人情况。包括个人的家庭状况和财产状况。例如，已婚的老板需要对《民法典》婚姻编的相关法律条文有所了解，而未婚的老板对此可以忽略；又如，大型企业老板更需关注财产信托、个人所得税等法律内容，中小企业老板则应着眼于财产保险等法律内容。

（2）公司的类型。例如，有限责任公司的老板应更多地关注公司章程、股权转让、公司治理等内容，而股份有限公司，尤其是上市公司的老板应更多地关注股权募集、股权激励、关联交易、证券上市等内容；家族企业的老板应更多地关注遗产继承、公司控制权移转等内容；非家族企业的老板应更多地着眼于股东会和董事会权利的分配，忠实勤勉义务等内容。

二、专注法条，了解立法

法律知识的学习和法律素养的养成对老板有着极其重要的意义，

但老板专注于法条研读，并非拿一本法律条文，走马观花地读一遍，而应平心静气，以法条为基础，构建起自己的法律框架体系，这主要包括三个层次：

（1）把握现有法律体系的整体框架，注意各法律之间的相互关系。比如，新法优于旧法，特殊法优于普通法。

（2）把握每部法律自身的结构体系，对主要几部部门法的法律条文框架有一个大致的了解。比如，每部法律规定了哪些内容。

（3）把握每个法律条文的结构体系，大致了解法律条文的行为模式和行为后果。对过于概括的法律条文，可以借助立法解释和司法解释对条文进行更深入的理解。

三、研读案例，以史为镜

法条的研读能够帮助老板了解现有的立法规定和立法体系。老板在研读法条的同时，还要注重案例的学习，这能够让自己对法条形成形象、直观的认识。

在目前已有的资料中，有关老板的法律案例资料比较丰富，老板可以从多种途径获得。例如，每年发布的《企业家犯罪报告》；律师个人写的企业家案例短评，都可以成为老板阅读的范本。老板在研读这些案例时，应设身处地地分析案例中的法律风险所在，思考如果自己发生类似的情况应当如何处理。尤其对那些与自己经历类似、企业发展模式相近、企业经营领域相同的老板的法律案例要予以重点关注。如此，通过案例学习，将理论与实践相结合，提高自己的法律素养。空闲之时，也可关注普法讲座，了解最新的法律动态。

法律学习看似枯燥无味，但若找对方法，就能够将其融入自己的工作生活中，将法律学习化为自身兴趣，高效、愉悦地构建自己的法律框架体系。

第三章

法律风险识别与防范

法律风险防范概述

法律风险防范的重要性

法律风险在经营活动中是不可避免的，所以为兼顾企业的利益最大化与法律风险最小化的平衡，事前的法律风险防范就显得至关重要。老板必须树立和强化风险防范意识，预防法律风险并降低其发生率，减轻或避免法律风险对企业和本人的不利影响。但无论从老板自身还是企业内部风险防范意识树立角度出发，老板的参与都必不可少。

法律风险具有不确定性和难以预见性。法律风险是否爆发和造成实际损失的大小取决于法律风险的各相关因素的共同作用。而在诸多的法律风险要素中，既存在着诸如环境、政策等主观意志无法控制或不可避免的外部因素，也存在诸如老板个人忽视法律风险管理、内控制度不健全等内在因素。

法律风险防范的意义在于防患于未然，帮助老板在经济活动中通过主动预防，回避和降低各种不确定因素带来的各种损失或不利后果，并避免风险突然出现而可能带来的震荡，从而维护老板自身权益与企业的利益。

对法律风险的事前防范不仅可以降低其不确定性带来的不利后果，还有助于企业日常经营活动。比如，对企业交易证明的合同管理，就是企业按照合法、规范、科学的要求，对企业合同的拟定、修改、审查、签订、履行、合同纠纷处理以及合同保管、归档等进行的规范化管理，以达到防控企业法律风险、维护企业合法权益的目的。

◎法律风险的成因

对法律风险的防范根本在于对风险成因的防范控制，只有对风险成因加以控制才能从根源上降低风险的发生概率和损害结果。法律风险的成因，既有政治、经济、法律、自然、军事等外在因素，也有老板的法律意识、法律知识、企业文化、风险管理水平、应对策略等内在因素。而法律风险的发生往往是多种因素共同造成的，因此，需对具体法律风险成因的防控进行具体分析。

法律风险的成因主要有以下几个方面：

（1）政策调控、法律修改。法律的制定与修改、政治经济政策的变动对某一行业的调控，都可能为企业带来某些法律风险。但法律和政策的出台有其过程，有一些前兆，只要密切关注和科学预测，可以防范其为老板个人带来的风险。

（2）意外事件的发生。在经营活动中，总会发生一些不可抗力或其他意外事件导致的法律风险。这类法律风险虽不可避免且难以预测，但也并非完全不可控，老板可以建立应急机制，尽力将风险带来的损失降到最低。

（3）老板个人的决策失误和违法行为。老板在决策或行动之前向律师、专家等专业人士咨询常常能降低自身决策的法律风险。

从法律风险成因的分析可知，法律风险是可以防范的，其防范具有可行性。

◎企业法律风险防控的指导思想与主要原则

企业法律风险防控体系要具备完整性、科学性和有效性，切实为企业的经营发展服务。其主要原则体现在以下几点：

（1）全员参与、全方位防控原则。开展和实施企业法律风险的防范工作必须要从源头起步，全员参与其中，所涉及的工作领域必须覆盖、贯穿企业经营管理的各个方面，贯穿于企业发展的整个过程中，进行全面监控、全过程管理。

（2）规范运作、有效监管原则。企业的法律风险防范要以具体的监管流程或明确的制度为保障依据，包含风险信息的收集评估、对应的防控措施或应急预案等，都必须要具备明确的控制制度。

（3）切合实际、动态调整原则。企业法律环境不断发生变化，诞生了许多新的法律风险类型，企业的法律风险强度及其影响范围也在不断变化，这都要求对企业风险防控体系做相应的调整。

◎防范企业法律风险的措施

一、全面强化法律风险意识

法律风险存在于企业运行管理的方方面面，因此必须在企业内部全面强化法律风险意识，确保全员树立科学、全面的法律风险理念，真正做到防微杜渐，为法律风险防范工作的良好开展奠定基础。这意味着企业老板必须发挥领导和示范作用，积极了解法律风险，强化自身法律风险防范意识和理念，并由上及下地展开教育，提升全员的相应意识，促使全员自觉、主动落实法律风险防范工作，不给法律风险的产生留任何机会。

二、构建企业法律风险防控机制

构建企业法律风险防控机制是有效减轻法律风险对企业造成危害的关键保障。对此，企业需要积极落实风控、法务部门建设工作，培养企业法律人才，编制适合企业实际情况的法律风险防控指引手册，通过风险查找、识别、评估、规划、应对、固化业务流程等，引导全员学习和掌握相应内容。明确各岗位职责，固化企业业务流程和规范化处理，对业务流程中常见的风险加以分析和识别。必要时对法律风险进行补救。对因员工违反法律法规等引发的法律风险按规惩处，将风险防范工作落到实处。

三、提高企业规范化经营管理水平

企业规范化经营管理能够为法律风险防范的落实提供良好环境，强化企业在法律风险防范方面的作用。对企业规章制度进行科学构建、严格实施以及不断优化，以规章制度作为规范化管理的依据与保障，并结合新的发展需要进行创新，也要针对存在纰漏和不足的制度进行完善。同步落实规章制度的宣贯工作，有效降低法律风险发生概率。

四、加强知识产权保护

知识产权作为现代企业的重要无形资产，围绕其引发的法律风险很多，因此有必要全面加强知识产权保护。企业需要充分利用法律武器，合法保护自身知识产权，以免被其他企业、组织、人员等不法侵占、泄露；在运行管理中加强对知识产权侵权的研究和防范，避免侵犯知识产权而引致法律风险。

企业必须高度重视法律风险防范工作的开展，从多个方面采取有效措施，切实减少法律风险对企业的危害。

建立企业法律风险防范制度

法律风险防范制度的基本内容

制度构建是法律风险防范的最佳路径，唯有在企业内部全面构建法律风险防范制度，并真正贯彻落实，才能真正做到对法律风险的事前控制，为企业创造一个良好的法律环境。

制度、流程、文本被称为法律风险防范制度中的“三驾马车”，三者构成了完整的法律风险防范制度。

（1）制度。制度的构建要依据行业的共性和企业的个性对其进行整合，制定一套逻辑清晰、用语精准、体例完整、可操作性强的管理制度，将法律风险的防范嵌入企业的日常经营管理中，形成完整的企业法律风险防范体系。制度的制定要严格依据法律，例如，根据《民法典》及其相关规定，制定和完善企业的《合同管理制度》，规范合同签署程序，强化合同管理；根据《劳动合同法》及相关规定，制定和完善企业《员工守则》《人力资源管理制度》，建立科学合理的用人机制等。

（2）流程。要将繁杂的规章制度简化为清晰明确、生动形象的工作流程图，使所有企业员工都能掌握企业的工作方式，避免员工因为操作失误带来的法律风险。

（3）文本。对企业内部的工作文本，包括会议记录、人事档案等，需要及时归档，妥善保管；对外部的工作文本，包括与他人签订的合同，需要认真审查，及时备案。

◎法律风险防范的流程

法律风险防范的流程主要包括法律风险的识别、法律风险的评估以及法律风险应急预案的制订三个环节。

（1）法律风险的识别。老板基于对企业现有资料的全面了解，依据自身的经验和专业知识，要对企业潜在的法律风险进行一个初步的预判，为风险评估的下一阶段奠定基础。

（2）法律风险的评估。老板在专业人士的协助下，对特定法律风险的严重程度、发生频率和不利影响进行综合性的评估，从而决策面对不同法律风险优先预防、重点预防的过程。

（3）法律风险应急预案的制订。老板根据企业法律风险评估的结果，针对可能爆发的法律风险提前做出应对安排的过程。其主要内容包括应急小组的组成人员、应急资金的运用以及风险应急组织的运作等。

◎法律风险防范制度的完善

法律风险防范制度的构建需要多个部门的协作和多方面人才的配合，特别是需要具有法律、经济方面知识的专业人士。对老板而言，很难做到滴水不漏，一旦在风险防范的过程中有某个细节被疏漏，便会成为一颗隐藏于企业内部的定时炸弹，一旦爆发，便会使整座企业大厦于瞬间倾塌。因而，在企业自身构建法律风险防范基本制度的基础上，还需要专业人士对其进行加工和完善。

目前，律师对大多数企业的作用仅存在于风险爆发后的诉讼代理环节，殊不知，其在法律风险防范制度的制定和完善中也能发挥举足轻重的作用。因此，有必要全面建立企业总法律顾问制度，由专业律师对企业法律风险防范制度的构建提出专业意见，并针对企业内部存在的违法违规行为及时提出整改意见。

企业法律风险的识别

◎企业法律风险识别的意义

法律风险识别是在法律风险收集的基础上，查找企业各业务单元、各项重要经营活动、重要业务流程中存在的法律风险，然后对查找出的法律风险进行描述、分类、分析、归纳，最终形成企业的法律风险清单的过程。老板可以从法律风险识别的普遍性问题出发，引进先进的科学理念和管理方法，系统地优化法律风险识别机制，完善法律风险防范体系建设。

开展法律风险的识别对企业具有重要意义。

（1）法律风险的识别建立于法律风险防范体系的基础上，也是体系得以持续改进的前提。只有敏锐而及时地发现、识别企业活动中产生的各种法律风险，才能给风险的分析、评估及风险控制措施的制定和实施奠定基础。

（2）法律风险的识别是企业应对复杂法律风险，减少或避免损失的客观需要。只有及时地识别、分析广泛分布于企业科研、生产、经营、管理各个领域和环节的法律风险，才能使企业对其所处法律风险环境有一个清醒的认识，有效帮助企业避害趋利，化解风险，减少不必要的损失。

（3）法律风险识别是促进企业依法治理的有效措施，法律风险识别有助于企业认识到违反法律的后果，从而克服人治危险，抵御利润追求动机对企业行为的扭曲。

法律风险的识别方法

法律风险的防范是一个从识别风险到评估风险，最后到应对风险的过程。法律风险的识别是法律风险防控活动的基础，也是整个法律风险防范体系的第一阶段。

识别法律风险就如同体检，任何未被识别的法律风险都可能带来重大后果。行业、企业、管理者、业务的不同，企业所面临的法律风险也就不同。面对多样化的法律风险，关键在于对具体法律风险类型的识别及风险识别的途径和过程。

一、通过以往经验识别风险

企业经验是反映现实风险最好的镜子。此种经验是指对来源于企业日常法律事务处理方式、方法的总结，是最直接、最原始的资料。对企业最常见、最直接的法律风险而言，根据这些经验予以识别十分有效，能更快、更好地识别并应对风险。但以经验识别法律风险有明显的局限性。法律风险在不断地发展和变化，而经验永远是“过去时”。完全依靠过去经验仅能对一些较为简单的法律风险进行识别，或仅能识别风险的某一方面、某一时点。复杂多变的法律风险仅靠经验难以全面客观识别。在法律风险的识别中，经验若与其他途径相结合，能更深刻全面地识别风险。

二、通过法律风险类型识别风险

一般可将法律风险分为民事法律风险、刑事法律风险和行政法律风险来进行具体识别。在法律风险识别中，要注意常常被忽视的某个阶段对某行业或某种行为的阶段性扶持或限制政策，以及政府放出的相关行业信息。对特殊行业的政策更新一定要随时关注，一个引导性政策的颁布，可能会给企业带来机会，也可能带来灾难。

所以，把握政府的风向标，对新政策进行关注与分析，对法律风险的提前识别与防范非常重要。

三、通过企业生长周期识别风险

企业的发展具有生长周期。在对法律风险的识别中通常将企业的生长周期分为：企业的设立阶段、发展阶段、稳定经营阶段、变更阶段及企业的终止五种阶段，即企业从产生到消亡的抽象过程。不同的生长周期有不同的特点，不同阶段的企业所面临的法律风险也有其不同特点。例如，许多特殊的法律风险仅存在于企业的设立阶段：如企业形态的选择，是公司还是合伙，是内资还是合资；特殊行业的准入许可；设立协议或公司章程的制定不当等，这些选择或行为中的瑕疵会给企业的经营行为带来风险。到了企业的经营发展阶段，法律风险多来自企业的日常经营活动，比如租赁、融资、借贷、知识产权、技术开发等行为。

为更好地识别法律风险，仅借助经验和类型进行横向区分是不够的，还要结合企业的生长周期进行纵向的识别，这才是最有益的识别途径。

企业还可以根据其他路径达到识别企业法律风险的目的，例如，通过对企业主要的经营管理活动的梳理，发现每一项经营管理活动可能存在的法律风险；根据各管理职能部门的业务管理范围和工作职责的梳理，发现各部门内可能存在的法律风险；通过对企业利益相关者的梳理，发现与之相关的法律风险；通过对本行业发生的案例的梳理，发现企业存在的法律风险。

法律风险的评估

法律风险评估的内容

经过法律风险识别，仅能对法律风险有一个初步认识。还需进行进一步的评估才能确定风险大小及其影响范围，从而最终制定合理的防范策略，应对并与之博弈。

法律风险的评估建立在风险识别的基础上，根据法律风险后果的严重程度、发生概率以及对企业的影响程度，评估出各个法律风险点的重要程度和分批应对时的应有顺序，为是否采取应对措施或采取何种应对措施提供依据。法律风险评估实质是对企业经营中风险与利益的评估，它能够为企业指明哪些是需要彻底解决的法律问题，哪些是需要有限解决的法律问题，使企业能够在法律风险防范中抓住重点，提高效率，并制订高效合理的应急预案。

法律风险评估的内容主要是指在对法律风险进行评估时需要考虑的因素，主要包括以下三个方面：

一、法律风险后果的严重程度

根据法律风险的内容，法律风险的后果主要有民事责任、行政责任、刑事责任和单方利益丧失四种。

民事责任包括违约责任、侵权责任和缔约过失责任。对老板而言，其带来的后果主要是财产的流失或投资机会的丧失，一般不会关乎企业的存亡。但在特殊民事责任领域内，如公司僵局等某些法定条件下，公司也有可能被法院依法解散，这是民事责任中较为严重的法律后果。

行政责任主要包括警告、通报批评，罚款、没收违法所得、没收非法财物，限制开展生产经营活动、责令停产停业、责令关闭、限制从业，暂扣许可证件、降低资质等级、吊销许可证件，行政拘留，其他行政处罚几种方式。对企业而言，最为严重的后果当属吊销营业执照，而对老板而言，影响较大的当属行政拘留。总体而言，行政责任带来的不利后果轻于刑事责任，但如果处理不当，行政责任有可能转换为刑事责任。

刑事责任带来的不利后果是几种风险后果中最为严重的。《刑法》对企业犯罪行为的处罚一般实行双罚制，对单位主要采取罚金刑，对直接负责的主管人员和其他直接负责人处以自由刑和附加刑（主要为罚金和没收财产）。刑事责任带来的不利后果不仅涉及老板个人的财产，也涉及老板的人身自由，刑事责任较其他风险后果更为严重。

单方利益丧失给企业带来的不利后果表现为延缓了企业的发展速度，但并不会产生直接的不利影响。因此，较其他三种后果，严重程度较轻。

二、法律风险发生率

法律风险发生率是指企业中潜在的法律风险爆发的可能性。它决定了企业对各项法律风险进行处理的缓急程度。一般而言，发生概率越高的法律风险越需要优先处理。

评估法律风险发生概率要进行横向和纵向两方面的考量，既要基于企业的历史信息，也要基于行业的整体情况。

三、法律风险不利后果的影响程度

法律风险不利后果的影响程度是指在法律风险发生后的一段时期内，该风险对企业的生产状况、社会信誉等关乎企业生存与发展的事项的影响。企业风险不利后果的影响程度主要取决于企业自身的承受能力，而企业自身的承受能力又与风险的类型、企业资产状况、企业运作能力有着密切的关系。

大型企业一般资金充裕，因而法律风险带来的损失往往只是企业资产的一小部分，因而，在法律风险严重程度相等的情况下，其不利后果要远远小于那些资金链脆弱、现金流紧张的中小企业。

法律风险评估的方法

一、法律风险评估信息的采集

对基础信息的采集是进行法律风险评估的首要步骤。基础信息的采集需要全面、客观，从横向、纵向两个方面入手。在横向上，要搜集企业所涉行业的官方统计信息及法律环境信息；纵向上，要搜集企业在发展过程中的历史信息。因而，老板在经营管理过程中需要注重对企业改进风险管理措施有益的基本信息进行分析并加以管理。

二、法律风险评估的具体方式

（1）法律风险评估工具的运用。法律风险评估工具是指用以评估法律风险的特定方法。通常分为两类：一是图表，主要包括柱状图、饼状图、排列图、因果图等；二是软件，主要是面向企业开发的风险测评软件。法律评估工具将法律风险维度的各方面以科学、直观的方式展现在评估者面前，使风险的评估结果更加合理、可靠。

（2）定量分析和定性分析。定量分析是把法律风险评估的三个维度量化的过程。定量分析最重要的是做到数据的客观和准确，其对象通常是已经发生的事实，面向过去，只能作为法律风险评估的参考。定性分析往往应用于基础信息采集不完全的情况下。

（3）法律风险点的赋值。法律风险点的赋值是对法律风险的量化分析，其方法是将法律风险的维度具体化、细致化，并对维度的各个方面进行打分。它能够将主观分析和客观分析结合起来，通过公式化的计算方法，对法律风险的各个维度进行量化的评估，使其更具科学性。企业可根据企业自身情况和行业特点，针对不同维度中的特定问题制作风险赋值表。老板可以从中观察出法律风险评估三个维度给企业造成的影响，从而理性地决策哪一项法律风险是企业亟待着手防范的。

建立企业法律风险应急预案

◎制订法律风险应急预案需遵循的原则

一、法律风险应急预案的概念

老板对法律风险的防范，既要在日常经营管理中做好对法律风险的识别、评估等预防工作，尽量避免法律风险的出现，又要为风险的来临做好准备，制订一份详细完备的法律风险应急预案，使老板即便在风险发生之时，也能从容面对，将企业和个人的损失降到最低。

法律风险应急预案是针对突发法律风险制订的防控、部署、减损及后续处理的计划，主要由三大部分构成：企业内部控制、对外公关和法律救济。整个风险应急机制就建立在这三部分的全方位的防范规划上。

企业法律风险应急预案存在于企业经营、企业管理、企业制度等每一个企业日常经营管理的环节中，尤其与企业风险管理制度和识别机制联系密切。

二、企业内部的风险分散原则

投资学中有一句名言：“不要把鸡蛋放在一个篮子里。”这句话是对风险分散理论的经典阐释。而在制订法律风险应急预案时，也应当将风险分散原则贯穿其中。

法律风险应急预案中的风险分散原则主要是指“岗位控制”，即在识别、量化法律风险之后，通过优化岗位职责将法律风险分散到各个岗位，将法律风险管理变成一种全员参与的管理。风险分散原则一方面使企业内部各司其职，具有针对性地进行风险防范；另一方面，一旦法律风险出现，可以迅速找到问题部门和责任人，对症下药，从而不会使风险波及整个企业，以维护企业的正常经营秩序。

三、老板与亲友之间的风险切割原则

不少老板遵沿着“任人唯亲”的传统，尤其在一些家族企业中，几乎家族内的所有成员都在企业内部任职，这对法律风险的应对极其不利。

现代企业风险防控理念认为，经由对风险进行切割才能最大限度地进行风险的防范，更好地应对风险。对老板而言，一旦遭遇风险，自己很可能就会被限制行动自由，致使指令无法传出。此时亲友就成为老板维护企业话语权地位的重要角色。但在所有亲友均有任职的家族企业中，老板面临法律风险时，往往亲友也自身难保，无法抽身，此时，企业领导层就会发生大的动荡，最终导致企业内部“政变”。因而，对老板来说，遵循风险切割原则就显得尤为重要。

老板与亲友之间的风险切割原则，是指老板在履职时，要在企业管理层外部留有一定数量的亲友，他们与企业的经营管理决策无关，也绝不插手与过问任何有可能触犯法律底线的行为。如此，一旦法律风险出现，这些人便成为应急预案的启动人员和应急小组的领导核心，代为维护失位的老板的利益及其在企业的话语权，防止竞争对手、夺权者在企业群龙无首、陷于混乱之时乘虚而入。

法律风险应急预案的组织架构

法律风险预案是企业对潜在法律风险进行识别和分析后，采取的先期应对措施。针对不同风险，应从以下几个方面进行组织构架：

一、法律风险应急小组的组成人员及其职责

法律风险的应急小组是指在法律风险出现、老板失位的情况下，维持企业内部秩序和外部声誉，并对危机应对做出决策的人员，一般由老板亲信以及其他企业核心人员构成。可以说，法律风险应急小组的组成成员平时看似“潜伏”于管理层之外，但只要法律风险一出现，便迅速集结，成为整个风险应急预案的“大脑”。

事实上，不少大型企业在企业制度的构建中都明确了应急小组的人员和运作。一般而言，应急小组的组成人员主要包括老板的亲信、律师、专家、公关团队。法律风险凸显之时，应急小组的存在至关重要，其人员组成和运作也是应急预案需要解决的主要内容。

二、法律风险应急预案的专项基金

任何经营行为都离不开资金，在法律风险的应对中，亦是如此。无论是聘请律师还是进行危机公关，都需要一定的资金使得应急预案得以正常运作。因此，在企业的日常经营中，有必要专门划拨出风险应对专项基金，专款专用，以备不时之需。

关于法律风险应急预案的专项基金，有两点需要特别指出：

（1）风险应对专项基金的存放方式。首先，法律风险应对专项基金理应与企业日常经营管理资金分离开来，单独存放。其次，法律风险应对专项基金应当以一种安全灵活的方式进行存储。再次，法律风险应对专项基金应当由专业机构进行保管且在家中要留有一定数量的现金。在危机出现时，失位的老板的家人将急需现金启动应急预案。

（2）风险应对专项基金的使用方式。在危机之中，资金是一把“双刃剑”：合理利用，它能帮助老板和企业化解危机；但若以其行违法之事，则会加重风险，后果适得其反。许多老板对“关系”偏爱有加。一旦法律风险爆发，风险应对基金在他们眼中便成为打通上下关系的专项基金。“关系”也存在着不可回避的局限性，一旦企业陷入法律风险之中，需要“雪中送炭”时，鲜有人愿意出手相助。

因为对证据确凿的违法行为，其他人也“爱莫能助”。老板在法律风险爆发时，应利用风险应对专项基金，调动各方面力量，尽可能地化解危机。

三、法律风险应急预案中各相关方的运作方式

（1）寻找有利资源。法律风险一旦爆发，处于危机之中的老板往往如无头苍蝇，毫无章法。因而，有必要在应急预案中点明关于寻找应对法律风险有利资源的方案，即一旦法律风险爆发，应当寻求谁的帮助，如何寻求帮助，被寻求者应当如何做等。对有利资源的寻找需要老板事先与亲信详细商议，并将应对方式告知应急小组成员，一旦风险爆发，应急预案启动，需要按照实现计划，迅速找到所有的有利资源，由其出面主导危机的化解计划。搜寻所有有利资源过后，需要立即召集应急小组的组成成员，安排应急预案的专用基金，积极部署应对计划，着手于危机的化解。

（2）制衡竞争对手。对企业而言，最担心的莫过于竞争对手在此时落井下石，扩大自己的风险。企业应当在日常经营管理之中掌握竞争对手的“致命伤”，在企业遭遇法律风险而对手极有可能乘虚而入之时，将其作为谈判的“筹码”。这个筹码及其运用方式应当在应急预案中加以说明，保证应急小组的核心成员对此熟知。

建设企业法律风险防控体系

建立健全法律风险防范机制的必要性

一、建立健全法律风险防范机制的必要性

企业法律风险防控是在企业法律风险的总指导思想下，围绕企业法律事务部门，由企业各个部门工作人员共同参与，在此期间针对企业一些潜在的风险识别以及风险评估等确定一系列有效的防控策略，同时进行企业风险的防范、转移、降低或者消除的整个过程。

1. 提高企业依法经营管理能力的需要。

市场经济的本质是法制经济，企业的所有经营活动都离不开法律的调整和规范。企业作为国家经济活动的主体，受国家法律、法规的约束。伴随现代企业经济活动的复杂性，随之而来的是法律风险的日益复杂化。它与其他所有企业风险具有交叉性，尽管引起风险发生的原因各不相同，但所有企业风险最终都有可能表现为法律风险，因而建立健全企业法律风险防控体系对企业来说意义重大。

2. 经济全球化环境下企业做大做强的需要。

随着经济全球化的加剧，企业面临的法律风险也日益加剧并复杂化，在企业进行外部经济活动时，其法律风险在国际层面、国家层面和企业层面上都有所体现。

（1）现代企业从国内市场的竞争到国际舞台的角逐，企业业务活动涉及的法律越来越复杂，面临的法律环境范围也从本国扩大到海外，法律风险日益复杂。

（2）科学技术和规模经济高速发展的同时，现代企业必定要涉及融资、投资、收并购等金融资本运作。

（3）法人治理结构与资本运作的规范化也对企业依法经营管理提出了更高的要求。

市场竞争中企业面临的复杂外部环境对企业的法律风险防控管理提出了不断增长的需求，法律风险控制成为迈入全球市场的现代企业步入世界舞台与同行业竞争者一较高下的必备素养。

二、企业法律风险防范机制的建立

企业法律风险防范机制的建立主要结合以下几个方面的工作来做：

1. 建立企业法务部门，确定企业法律顾问的核心作用。

企业内部法律风险防控的核心人物是企业法律顾问，他们在企业法律风险防范机制当中发挥着很重要的主导以及监督作用，其主要职责是对企业内部管理层以及关键部门和岗位在法律风险防范工作中发挥的作用予以确定，并承担着企业法律风险防范机制建设、推动和落实的责任与义务。

2. 规范企业法律风险防控流程。

企业法律风险的防控核心在于事前预防，该环节可以划分为风险评估、风险控制以及风险监控更新三个阶段。

（1）风险评估。针对企业内部在具体经营管理中存在的部分法律风险或来自企业外部的宏观经济政策进行评估分类和排序，最后要确定风险源以及其中存在的重要风险。

（2）风险控制。在风险评估的基础上，针对企业当中具体存在的各项法律风险制定出一系列有效方案和措施，同时结合不同的手段和途径对其风险予以转移、降低和消除，做到事前防范、事中化解、事后补救。

（3）风险监控更新。企业的风险影响程度随着企业的经济变化发生改变，这就需要对企业进行管理当中新生的一些风险或对一些已经发生变化的风险进行重新评估，并制定一系列防范措施，使企业的风险管理符合企业的实际发展情况。

3. 实现企业经营管理全过程控制，重点监控。

老板必须要融入日常经营管理工作中，除了要实施项目和防控一些关键过程，还要从整体上控制法律风险。

4. 增强全员法律意识，加强法律风险管理培训。

在企业发展过程中，通过法律风险的防控工作有效避免再度发生企业法律风险，是企业在发展过程中不断提升企业核心竞争力的重要途径，倘若想要将企业引向正轨，必须首先提高企业对法律风险的预见能力和防范能力，从而构建起完备的企业风险防控管理体系。

企业法律风险防控体系的构建

一、事前的法律风险防范

风险防范是指对各种不规范的行为可能导致的风险，在其发生之前即采取防范措施所形成的机制。法律风险防范包括企业成员法律防范意识的培养，法律风险的识别以及遵章操作自我约束机制的形成等。

强化法律风险意识是识别风险、化解风险的前提，也是建立健全法律风险防范机制的思想基础；法律风险识别是运用法律知识对企业生产经营各环节中可能存在的风险予以甄别，并制定有针对性的防控措施；自我约束机制则是建立在前两者的基础上的企业内化管理，往往通过一系列管理制度来实现。

二、事中的法律风险控制

（1）建立法律风险全周期闭环防控机制。法律风险管理工作涵盖法律风险环境信息收集、风险识别、风险评估、风险应对、风险监控预警和检查考核全流程，通过检查发现问题和新风险点，再返回信息收集环节，形成一个完整的闭环。

（2）建立法律风险动态持续改进机制。根据内外部法律风险环境变化，适时调整法律风险数据库，更新具体法律风险行为所表述、涉及的法律法规。

（3）建立法律风险监控预警机制。结合重大决策审核合同、诉讼等法律业务管理情况，许可项目经营证照取证、安全环保依法合规等企业经营管理情况，确定并发布法律风险监控预警指标。

三、同步推进先进技术手段在法律风险防控中的应用

大力提升法律风险管理信息化，不仅有助于体系建设成果的共享和多维度查询，还实现了整个法律风险管理工作的信息化。

四、形成合力，实现内部管理一体化推进

法律风险防控要始终服从于企业发展目标，在具体建设过程中，将法律风险防控与全面风险管理融为一体，用法律风险防控辅助专项风险管理，从各自不同的职能范围内开展工作，形成一体化的运作模式，往往能体现事半功倍的效果。可以主动与全面风险管理理念、方法保持一致，确定法律风险点编号规则、法律风险级别、法律风险点描述等具体内容，建立法律风险防控体系，成为全面风险防控体系的坚实基础和有力支撑。

五、建立诉讼风险管理组织，确立诉讼风险预警和事后追责监督体系

体制的有效运作最终要落到主体，建立由老板统一负责、企业总法律顾问分工组织、法务部具体实施、有关业务机构相互配合的法律纠纷案件管理工作体系。法务部需及时向老板汇报企业出现的法律问题，研究确定法律对策，实施法律风险分析，使老板及时、准确地了解企业法律风险防控情况，详尽洞察企业经营和风险管理情况。

第四章

企业组织运营的法律风险与控制

公司的创立

◎如何选择不同法律形态的企业

老板创业之后，就要为自己所创办的企业选择一种企业模式，为此，要了解不同企业法律形态的特点。老板要遵守国家法律法规登记注册，才能受到国家相关法律、法规的保护，享受国家相关政策、制度的支持。

一说到企业，许多人就想到公司，事实上，公司是企业的范畴。企业不一定是公司，企业是一个大概念，除了公司，还有独资企业和合伙企业。公司只是企业众多组织形式当中的一种，是按照一定组织形式形成的经济实体，一般以营利为主要目的从事商业经营活动，以实现投资人利益最大化为使命，通过提供产品或服务换取收入。自主创业的组织形式可以是个体户、个人独资企业、合伙公司、公司（包括有限责任公司和股份有限责任公司）等。

（1）公司。公司是依据《公司法》设立的企业法人，分为有限责任公司和股份有限责任公司。有独立的法人财产，享有法人财产权。公司以其全部财产对公司的债务承担责任，公司的投资人（股东）对公司承担有限责任。有限责任公司的股东以其认缴的出资额为限对公司承担责任，股份有限公司的股东以其认购的股份为限对公司承担责任。

（2）个体工商户。个体工商户是创业者以个人财产（或家庭财产）作为资本，依法经核准登记从事工商业经营的经营体。公民在法律允许的范围内依法经核准登记从事工商经营的，为个体工商户。

（3）个人独资企业。依据《中华人民共和国个人独资企业法》（简称《个人独资企业法》），由一个创业者投资设立的经营实体，财产为投资人个人所有，创业者个人以其个人财产对企业债务承担无限责任。

（4）合伙企业。合伙企业是两个以上的投资人（包括自然人、法人、其他组织）依据《合伙企业法》，通过订立合伙协议，共同投资设立的普通合伙企业和有限合伙企业。合伙人按照企业的性质和合伙协议的约定处理合伙事务、承担企业债务的经营实体，分为普通合伙和有限合伙企业两大类。普通合伙企业由普通合伙人组成，合伙人对合伙企业债务承担无限连带责任，本法对普通合伙人承担责任的形式有特别规定的，从其规定。有限合伙企业由普通合伙人和有限合伙人组成，普通合伙人对合伙企业债务承担无限连带责任，有限合伙人以其认缴的出资额为限对合伙企业债务承担责任。

选择企业注册地的法律意义

公司成立时，需将自己的主要办事机构的地址进行登记，作为企业的注册地。根据《公司法》第 10 条的规定："公司以其主要办事机构所在地为住所。"因此，公司的注册地又称公司的住所。《中华人民共和国公司登记管理条例》（简称《公司登记管理条例》）第 12 条规定："公司的住所是公司主要办事机构的所在地。经公司登记机关登记的公司的住所只能有一个。公司的住所应当在其公司登记机关辖区内。"

在法律意义上，住所有以下三点需要注意：

（1）确认诉讼中的管辖。《民事诉讼法》中的一般诉讼原则是

“原告就被告”，当被告为公司时，被告所在地即为公司的住所地。法律的诉讼文书都会送达工商登记中所显示的公司住所处。例如，在公司设立、确认股东资格、分配利润、解散等诉讼中，由公司住所地的法院管辖。

（2）合同的债务履行问题。《民法典》第 511 条第三款规定：“履行地点不明确，给付货币的，在接受货币一方所在地履行；交付不动产的，在不动产所在地履行；其他标的，在履行义务一方所在地履行。”因此，公司若为接受货币一方或者非货币及不动产标的的履行义务的一方，其住所就是法律义务的履行地。

（3）公司的住所决定了公司所属的行政管辖区域。公司受到当地政府的管理，同时也有可能享受当地行政区域的优惠政策。例如，公司的住所在当地的经济技术开发区，则有可能享有开发区税收减免、税收技术补贴等专项优惠政策，公司也需要向所属行政区政府缴纳税费及接受管理。

虚报注册资本的行政法律风险

注册资本是指公司成立时注册登记的资本总额。《公司法》实行法定资本制，所有公司在成立时必须在章程中对公司的资本总额作出明确规定，一次性发行并由股东全部认足或募足。在此基础上，允许一般有限责任公司和发起设立的股份有限公司分期缴纳注册资本，注册资本为公司登记时的认缴资本而非实缴资本，对一人公司和募集设立的股份有限公司实行严格一次性缴纳制，注册资本即为实缴资本。

《公司法》第 26 条规定：“有限责任公司的注册资本为在公司登记机关登记的全体股东认缴的出资额。”

第 59 条规定：“一人有限责任公司应当在公司登记中注明自然人

出资或者法人独资，并在公司营业执照中载明。”

第 80 条规定，股份有限公司采取发起设立方式设立的，注册资本为在公司登记机关登记的全体发起人认购的股本总额；在发起人认购的股份缴足前，不得向他人募集股份。股份有限公司采取募集方式设立的，注册资本为在公司登记机关登记的实收股本总额。法律、行政法规对股份有限公司注册资本的最低限额有较高规定的，从其规定。

公司在向工商管理机关申请设立登记时，必须依法如实登记公司的注册资本和实收资本等情况，如有违反，则需承担相应的行政责任。《公司法》第 198 条规定，违反本法规定，虚报注册资本、提交虚假材料或者采取其他欺诈手段隐瞒重要事实取得公司登记的，由公司登记机关责令改正，对虚报注册资本的公司，处以虚报注册资本金额 5% 以上 15% 以下的罚款；对提交虚假材料或者采取其他欺诈手段隐瞒重要事实的公司，处以 5 万元以上 50 万元以下的罚款；情节严重的，撤销公司登记或者吊销营业执照。

注册资本认缴制的特征及其法律问题

2018 年修正的《公司法》将股东成立有限公司的注册资本从实缴制改为认缴制。股东在设立公司时，无须马上实际缴纳注册资本，只需要在工商登记部门提出自己公司的注册资本数额，承诺缴纳的期限并办理相关登记手续即可。

有的老板陷入了一个误区，习惯以一家公司的注册资本数额来判断公司的实力，认为在开设公司时反正不用马上出钱，注册资本报得越多越好，甚至扬言：“我要注册一个亿！”《公司法》第 3 条第 2 款规定：“有限责任公司的股东以其认缴的出资额为限对公司承担责任；股份有限公司的股东以其认购的股份为限对公司承担责任。”

根据该规定，股东的责任范围是根据自己认缴的注册资本比例来认定的，与是否实际缴纳出资无关。如果一家公司认缴注册资本为1000万元，虽然没有实际缴纳注册资本，该公司仍然要承担1000万元的责任，股东也要在认缴的比例内承担责任。如果一家未足额缴纳注册资本的公司拖欠债务无法清偿，债权人可以要求公司股东缴纳出资，以用于清偿公司债务。

在注册资本认缴制下，由于公司股东在登记时承诺会在一定时间内缴纳注册资本，这种承诺可以理解为是对社会公众包括债权人所作的一种承诺，相对人会产生一定的预期，对股东就会有一定的约束作用。

任何承诺、预期都有前提条件，这样的条件有可能会因为复杂多变的现实情况而产生重大变化。在条件足以改变相对预期时，如果再坚持股东到认缴期限届满时才缴纳出资义务，只会让资本认缴制成为个别股东逃避法律责任的借口，不符合认缴制的初衷，不符合现代商法的精神。

为了平衡保护债权人和公司股东利益这样的立法目的，在认缴制下，在公司发生重大变化、不能偿还债务时，股东的出资缴纳义务有加速到期的可能性。且对实行认缴制的公司来说，股东个人尚未缴纳的注册资本与一般的债务并无区别，可以看作是公司股东对公司所负的债务。从《公司法》的司法解释来看，也可以得出公司债权人可以要求公司股东履行出资义务的结论。

由于注册资金无须实缴，股东只要申报而无须实缴，没有经济实力的股东也可以向行政机关任意申报注册资金额。在公司未足额缴纳注册资金的情况下，当出现法律纠纷需要公司承担责任时，股东往往不会将资本实际补足。基于此，创业者的风险便大大增加，创业者便会感到不踏实。因此，签订合同时不能只看某公司的高额注册资本，更需要关心公司的真正实力。

公司章程的制定及其法律效力

◎公司章程的设计

一、公司章程是公司经营的灵魂

公司章程是股东共同一致的意思表示，载明了公司组织和活动的基本准则，是公司的宪章。它具有法定性、真实性、自治性和公开性的基本特征。

公司章程与《公司法》一样，共同肩负调整公司活动的责任。作为公司组织与行为的基本准则，公司章程对公司的成立及运营具有十分重要的意义，是公司成立的基础和公司赖以生存的灵魂。

公司的设立程序以订立公司章程开始，以设立登记结束。《公司法》明确规定，订立公司章程是设立公司的条件之一。审批机关和登记机关要对公司章程进行审查，以决定是否给予批准或者给予登记。公司没有公司章程，不能获得批准，也不能获得登记。

公司章程的制定、内容和修改程序都是由法律明确规定的。根据《公司法》，公司在设立初期需要制定公司章程，《公司法》对公司章程应当记载的事项有明确的规定，尤其是绝对必要记载事项的欠缺可能会导致章程的无效，妨碍公司的成立。

公司章程内容的法定性是对意思自治原则的限制，章程中意思自治原则受到限制的深层背景是公司自治实质的演变，体现为公司章程条款必须遵循《公司法》的强制性规范的规定，不得改变或违背。

公司章程的修改必须依据法律规定，由具有修改权限的机关依据法定的程序修改并经登记机关的登记才能生效。

二、公司章程的设计

公司章程的设计，应当体现资本多数决制度下的股东意志，并且最终实现当初的设计目的。董事会的职权、监事会的职权，股权中部分权利的限制、股权转让的时间限制和价格限制，股权转让过程中通知其他股东的时间和通知方式限制等细节，只要是法律没有强制性规定的地方，都是公司章程中可以灵活设计的领域。所谓的公司设计，最重要的设计，就是公司章程的设计。

章程是公司的“法律”，章程本身设计的艺术性，最终体现为章程的合法性和实用性的完美结合，按照章程办事，不但必然实现设计章程的目的，而且应当得到法律的支持。然而，很多章程是在公司设立时由一揽子办证的机构制作的。后来，老板逐渐意识到，应当用“公司的法律”——公司章程来实现自己的意思。正因为如此，公司章程的设计已经成了一个非讼领域的法律服务项目。

公司章程的法律效力

一、公司章程自身的效力

法律具有普遍的约束力，《公司法》对公司的调整只能是针对公司的一般问题，不可能而且也无意对公司的调整面面俱到，以下这些规定成为公司章程的准据：

（1）绝对必要记载事项。是指根据一国经济制度和市场规范程度，法律明文规定的在章程中必须予以记载的事项，属于强制性规定，是公司对政府和公众的宣言。

（2）相对必要记载事项。是指地位和效力略于绝对必要记载事项，但对公司比较重大，《公司法》为了统一调整明示开列，只有在公司章程中进行记载才能生效的法定事项。

（3）任意记载事项。是指由股东针对公司发展前景和现实需要自己来决定记载的合法事项。这些记载事项贯彻《公司法》中意思自治理念。

二、公司章程对内的效力

（1）公司章程对公司的法律效力。章程与公司相辅相成，公司的发展也就是章程的发展，公司成立是发起人的目的，章程作为公司的至上规则，对公司产生约束力。基于章程对公司人格的导向性和管理的原则性，先于公司诞生并指导设立公司，公司解体时必须是因为出现章程规定的事由或记载的营业期限届满，按照章程确立的办法进行清算。

（2）公司章程对股东的效力。发起人以某一盈利为目的设立公司，不管是原始和继受股东，还是后来加入的新股东，他们共同组成公司和盈利的享有者。在设立公司的过程中，章程由全体股东共同意愿制定，表现为一种契约，公司成立后则转变为自治法规，作用于初始股东和后加入的股东。

（3）公司章程对董、监、高的法律效力。董事、监事、高级管理人员是公司的领导者，在公司日常生活中，负责经营、决策，以及决定公司的命运，统称为公司的负责人。然而，正如孟德斯鸠说的："一切有权力的人都容易滥用权力。"章程是公司负责人的权力宣言书，这些人员的产生必须依照章程规定的办法，在章程的范围内行使权力，违反章程规定给公司造成损失的，应当承担赔偿责任。

三、公司章程对外的效力

章程的对外效力，是对外部主体，包括债权债务人、交易者甚至社会大众产生的法律效力，直接表现为对外部法律关系的调整。章程虽然是公司内部的自治规则，原则上只在公司内部产生约束力，没有对外效力，但章程的记载事项，尤其是有关强行性规定的必要记载事项，具有明显的涉他性。章程对善意的第三人没有约束力，所谓善意，即“知道或应当知道”。

公司章程缺少个性化条款的法律风险

有些投资人过于依赖工商机关公布的示范文本，简单摘抄《公司法》条款，没有对格式章程予以个性化，未能事先在章程条款中预防公司运营中可能出现的风险和纠纷，公司出现僵局后无法求助公司章程化解，致使公司无法运营，只能申请强制清算。

《公司法》尊重企业的经营自主权，删掉了很多强行性规定条款，公司经营活动中的诸多重要事项，如公司经营范围、法定代表人的任命、股东权利的限制、股东会决议的合法性、股东出资份额的确定、股东会会议召开和表决程序，以及董事会、监事会的议事规则、股权转让程序、董监高的义务和责任等，都可以在公司章程中作出约定，即使章程的规定和《公司法》规定相冲突，也承认章程的优先效力，尽可能保证公司的私法自治，为公司章程制定的个性化提供了法律依据。

结合《公司法》有关公司章程规定，股东设立公司不对本公司章程予以个性化，没有根据公司具体情况在公司章程中拟定各项制度，可能产生如下法律风险：

（1）公司对外投资和担保是对公司影响重大的现金流活动，上述活动的决定权限必须在公司章程中作出明确规定，否则掌握公司控制权的一方任意进行对外投资或提供担保，将不利于公司的稳定及发展。

（2）股东会是公司最高权力机构，因此股东的权力没有明确的界限且接受股东会和监事的监督，如果公司章程没有预防性约定，股东很容易滥用权力损害公司、其他股东或者债权人利益，甚至导致股东和公司人格的混同。

（3）《公司法》明确股东会或董事会的会议召集程序、表决方式和决议内容违反公司章程规定，股东有权请求法院予以撤销，如何落实这项规定，需要在章程中对该等事项作出尽可能详尽的规定，否则，股东不能依据章程行使撤销权，公司或者小股东的利益会受到根据多数决原则作出的股东会或董事会决议的侵害。

（4）法律规定股东不履行出资义务需对其他股东或发起人承担违约责任，但是违约责任的承担应以公司章程中明确了违约责任金额和责任方式为基础，否则违约责任请求权无法真正得到实现。

（5）《公司法》对董事会和监事会的构成、选任、任期、职责、议事方式和表决程序仅仅作了简单的示范性规定，如果公司章程未对上述事项予以细化，则公司组织结构的设置、权限和运作将很难满足公司的具体经营管理需要，对可能出现的公司僵局不能起到事先防范作用。

（6）股权转让时，有关转让通知的时间、内容，转让条件的设定和范围，部分股东不行使优先购买权的剩余转让股权如何分配等内容，都需要有明确的约定。如果公司章程未对此进行细化，部分股东转让公司股权时没有可供执行的运行规则，容易引发争议，甚至无法完成股权转让程序。

（7）公司具有资合和人合的特征，股东之间的信任关系是公司存续的基础，但若某位股东死亡，其继承人有权继承其股东资格，这势必会影响最初的合作关系，如果公司章程不对股东资格的继承作出明确约定，则会留下日后争议的隐患。

（8）股东例会通常每年一次，公司主要经营事项须由临时股东大会作出决议。《公司法》并未规定临时股东大会的召集程序，如果公司章程对此没有细化规定，就可能会导致临时股东会不能召开或不能顺利讨论提交事项的情况出现，影响公司经营发展。

（9）董事选举累计投票制度在于防止一股独大，保证小股东的代表进入董事会，这是一项行之有效的制度。公司章程应对累积投票制度的运行细则作出具体规定，以便在实务中有效运作，达到制度建立的初衷。

（10）公司章程应对高级管理人员的职责作出具体约定，否则，发生高级别员工作自我交易、抢夺公司商业机会、经营与公司相同业务等不当行为时，对该员工是否属于高级管理人员、能否追究其法律责任会存在争议。

（11）由于市场风险的存在，公司随时都有可能面临清算注销的风险，但是法律仅规定几种可以解散公司的情形，其余事项作为兜底条款交由公司章程完成。如果章程不详细规定可预见的解散事由，在无股东会特别决议的情况下公司将无法解散，持续经营只能扩大公司损失。

基于股东不重视公司章程条款可能存在的诸多风险，投资人在投资前，聘请专业律师根据股东制定的经营计划、业务发展规划、公司的组织架构安排等信息详细拟定个性化的公司章程，对法律规定比较原则且公司经营过程中可能涉及的事项详细规定。在公司章程拟定过程中加强股东和专业律师的沟通交流，以尽可能满足股东的所有要求。

股权设计与股权比例的分配

◌ 合理的股权结构设计促进企业良性发展

股权结构是指公司总股本中不同性质的股份所占的比例及其相互关系，如果公司的股权结构不合理，很可能会引发内部纷争。那么，股权的“蛋糕”该如何分？

一、设计股权架构的原因

股权代表了一种财富，股权分配实际上是对财富进行分配。设计股权架构的原因在于：

（1）影响公司的控制权。股权结构设计不当，会使公司权力和利益分配不均，如果公司的股权结构不能形成核心的控制权，股东会争议不断，公司控制权很可能被他人夺取。

（2）明确股东的权、责、力。股权是股东利益的体现，设计股权架构可以明确各股东的权利和责任，同时，公司的管理也基于股权或股权授予的权力。

（3）股权结构有助于公司发展。不好的股权结构常常会导致公司分崩离析，相反，好的股权结构有助于公司的稳定发展。

（4）影响公司融资。公司对外融资时，投资者会关注公司的股权结构，如果投资者认为公司的股权结构不合理，很可能会放弃投资。

（5）进入资本市场的要求。公司要进入证券市场，股权分布必须符合要求和条件，结构要清晰合理。

二、股权结构的含义

股权结构具有两层含义，一是指股权的集中度（即股东的持股比例），二是指股权的构成（不同股东的持股比例）。从股权的集中度来看，又可分为三种股权结构：

（1）股权高度集中。公司绝对控股股东的持股比例在50%及以上，该股东对公司拥有绝对的控制权。

（2）股权高度分散。公司没有实际上的大股东，单个股东的持股比例在10%及以下，公司的所有权和经营权基本完全分离。

（3）有较大股东。公司拥有较大的控股股东，与其他股东相比，该股东的持股比例在10%—50%之间。

科学合理设计股权比例

企业在设计股权架构时，如何设计才能满足所有合伙人的需求，并让他们乐意为企业提供尽可能多的资源，这需要从投资者、创始人、合伙人等多个角度科学合理地设置股权架构。

一、从投资者角度设置股权架构

投资者愿意投资初创企业，除了看好企业本身以及创始人的能力，最关注的是企业的股权。一般投资者对初创企业的股权结构分配有以下几个要求或者喜好：

（1）反对平均制股权架构。尤其是对刚成立的规模较小的企业，投资者更喜欢让企业的核心人物掌控大股，例如66%、51%的股权比例。原因在于核心人物如果对企业有绝对或相对控制权，企业的决策就不会受到外在因素影响，从而降低投资者的风险。

（2）注重股权调整预留空间。投资人都注重初创企业在创业初期是否为股权调整预留足够的空间。如果没有预留足够的股权调整空间，就要稀释早期投资者的股权，这是多数投资者不愿意看到的。

（3）倾向于有明显梯度的股权架构。一般的投资者都比较喜欢样一个股权架构：创始人持股 50%—60% 以上，联合创始人持股 20%—30% 以上，预留股权池 10%—20%。这是一种有明显梯度的股权架构，是被投资人认可的一种股权比例分配架构模式。

二、从创始人角度设置股权架构

对创始人来说，有三点股权设计的方式：

1. 加强创始人对企业的控制权。

拥有企业控制权的最好方式只有股权控制。很多时候，创始人也无法在股权份额上占据绝对优势。那么，创始人如何保证自己对企业的控制权？

方法一：让创始人拥有更多具有高表决权的股票，进而实现创始人对企业的控制。

方法二：通过投票权委托、一致行动人，或者通过设置持股实体来持有小股东所持有的股权，来实现对企业的控制权。

方法三：可通过授予创始人对一些重大事项的否决权，例如企业合并、分立、解散、融资、上市、年度预算结算、重大资产出售、重要人士任免、董事会变更等来实现对企业的控制权。创始人拥有了否决权，即使股权低于 50%，在股东会决策中也可以拥有主动权。

2. 细分股权时，谁带给企业的资源多，谁就能多得股权。

对于创始人而言，哪些合伙人、哪些员工能分得股权非常重要。在细分股权时，决定是否分和分多少的关键因素在于，他们能给企业带来多少有用的资源。

三、从合伙人角度设置股权架构

（1）要明确怎样的人是初创企业的合伙人，最好的合伙人是能为初创企业实现资源互补的。

（2）挑选出合伙人之后，为保证合伙人能倾尽自己的资源为企业作贡献，需要设置一个股权机制，让合伙人通过付出来获得相应的股权，即股权成熟机制。

（3）合伙人可能因其他原因无法履职，如因故意和重大过失被解雇、离婚、死亡继承、犯罪等离开企业，所以应考虑设置合伙人股权回购机制，或考虑使用限制性股权。

公司股权设计的法律风险

股权设置和比例分配是出资人根据其出资比例确定的，股权比例的分配影响着股东所享有的股东权利以及公司的经营、发展乃至存续。股权比例分配不合理容易造成股东会或董事会难以通过可执行的决议，出现公司僵局。公司僵局会使公司经营停滞、股东之间的信任基础不复存在，给公司、股东、债权人造成严重损失。当公司僵局无法打破时，股东只能向法院提起解散公司之诉。这就使得股权设置的过程中存在很多法律风险。

一、平衡股权结构引起的法律风险

所谓平衡股权结构，是指公司的大股东之间的股权比例相当接近，没有其他小股东或者其他小股东的股权比例极低的情况。在设立公司的过程中，如果不是一方具有绝对的强势，往往能够对抗的各方会为了争夺公司的控制权，设置出双方均衡的股权比例。如果这种能够对抗的投资人超过两个，所形成的股权结构就较为科学；但是如果这种能够对抗的投资人只有两个，那么将形成平衡股权结构，导致公司控制权与利益索取权的失衡。

公司股东所持的股权比例非常接近甚至相同，比如两大股东或一股东与其他一致行动人各持 50% 股权，两大股东要形成决议意见一致，否则一方只能妥协，若双方相持不下，则无法作出决议。

如果三个股东持股比例分别为 45%、45% 和 10%，当决议事项只需要过半数表决权即可通过时，持股 10% 的股东虽然持股比例最少，但对决议事项起关键作用，这就造成表决权与处置权的不平衡。

当决议事项需2/3以上表决权通过，持股较多的两位股东意见相左时，无论持股10%股东作何决定，都无法达成决议。

此外，公司有三个股东时还应当避免出现33.3%、33.3%、33.4%的股权分配。因为当表决事项需2/3以上表决权通过时，持股33.4%的股东相当于具有一票否决权。

股东所占股份的百分比并不意味着每个股东对公司的运营能产生影响，尤其是一些零散的决策权掌握在某一个股东手里。零散决策权必将带来某些私人收益。股东从公司能够获得的收益是根据其所占股份确定的，股份越高，其收益索取权越大，就应当有对应的控制权。收益索取权很少的股东必然会想办法利用自己的控制权扩大自己的额外利益。这种滥用控制权的法律风险是巨大的，对公司和其他股东利益都有严重的损害，也容易形成股东僵局。

二、股权设置过于集中引起的法律风险

很多公司有一个主要的出资人，为了规避法律对一人公司的较高限制，会寻找其他小股东共同设立公司。在这种情况下，由于大股东一股独大，很容易出现公司股权过分集中的情况。一股独大，在创业初期可以帮助公司快速决策，大胆冒险，通过风险决策获得经营上的成功；但公司进入规模化、多元化经营后，缺乏制衡机制，决策失误的可能性就会增大，公司承担的风险也会随着公司实力的增强而增大。一股独大还会导致企业的任何经营决策都必须通过大股东的决策进行，会使其他小股东逐渐丧失参与公司经营管理的热情。一旦大股东出现状况，如大股东被刑事关押等，就会直接导致企业无法正常经营决策。

股权过分集中，对大股东自身也不利。由于绝对控股，企业行为很容易与大股东个人行为混同，在一些情况下，大股东将承担更多的企业行为产生的不利后果；在大股东因特殊情况暂时无法处理公司事务时，将会产生小股东争夺控制权的不利局面，给企业造成无法估量的损害。

三、股权过于分散

在股份分散的情况下，股东如何实现对公司的控制权尤为重要。一些公司的多数股东平均持有低额股权，形成了“股份人人有份、股权相对平均”的畸形格局。由于缺乏具有相对控制力的股东，各小股东在公司的利益索取权有限，参与管理热情不高，公司的实际经营管理通过老板或管理层完成，公司管理环节缺失股东的有效监督。而在股东会中，大量的小股东相互制约，要想通过决议，必须通过复杂的投票和相互的争吵，使得公司大量的精力和能量消耗在股东之间的博弈中。

四、夫妻股东

许多企业属于“夫妻店”，在创业之初夫妻共同打天下，公司注册为夫妻两人所有；有的为了满足《公司法》规定的“公司股东必须为两人以上”的强制性要求，因信不过别人而将公司注册为夫妻两人所有，实质上仍由一人出资经营。《公司法》并未明确禁止夫妻公司，夫妻公司也并不具有任何法律上的瑕疵，其实质与家庭无分别，财产混为一体，极易出现一方操纵公司，损害公司法人人格的独立性，招致公司人格的丧失，失去“有限责任”的保护，将家庭与公司混同。夫妻公司经营管理活动不规范还存在法人人格被否定的法律风险。因夫妻公司引发的法人资格否定的纠纷，常体现在公司债权人要求偿还债务和夫妻离婚诉讼中。

公司出资的风险与纠纷

出资形式的法律风险

公司出资形式多种多样，有货币出资、实物出资和知识产权、土地使用权等非货币财产权利出资。对于非货币财产权利的范围，只要可以用货币估价并可以依法转让，就符合出资形式的要求。但一些特殊形式的非货币财产权利，如劳务、信用、自然人姓名、商誉、特许经营权或者设定担保的财产等作价出资等，不在法律允许的范围之内。

如果股东出资形式选择不当，公司的设立申请将不被受理和批准。股东在出资前，应对有关公司设立的法律规定进行全面了解，或借助专业机构对出资资产进行严格的审核。

出资并不代表法定股东资格的确认

根据《公司法》的规定，成立公司注册资本无最低要求，也不需要强制实缴注册资本，但股东仍然需要按照约定认缴注册资本，且需要根据自己的认缴额承担相应的责任。新加入公司做股东，也需要向公司缴纳投资款项。但这并不意味着足额出资了，就必然成了公司的股东。《公司法》第 32 条规定："记载于股东名册的股东，可以依股东名册主张行使股东权利。”因而，只有登记在股东名册上的人，才是法律意义上的股东。股东对外的体现，是工商局打印的企业注册基本资料中所出现的投资人名称。若在公司股东名册上没有作出登记，且在工商局打印的企业注册基本资料中也没有自己的名字，即使已经向公司注资，也并不必然就成为法律上的股东。

因此，没有登记的投资人并不具有股东的身份，不享有完全的股东权利。一些公司的投资人、管理者在公司经营过程中自称是公司的股东，公司内部也承认其身份地位，他们对公司的经营决策也有发言权、决定权，但实际上，在工商部门的股东资料中并未将其作为股东身份进行登记，这类投资人实际上并非股东。基于此，这里要给老板三点提醒：

（1）投资人作为发起人缴纳注册资本，必须在投资协议中约定自己是公司股东，确定自己的名字记录在股东名册上；办理公司登记注册时，股东信息中也应该录入自己的身份资料。

（2）投资人向公司注资后，必须要求公司出具相关资料证明自己具有股东身份，并及时办理股东变更登记。否则，只能算是借钱给人开公司而已。

（3）在诉讼中，若要确认自己是股东或享有股东资格，需要向法庭提交证据予以证明。公司设立协议、公司章程、出资证明书、股东名册以及工商登记档案中的记载是最直接、最有效的证据。参与公司的经营决策、收取公司盈余的证据，也可作为有效证明。

公司增资与减资

有限责任公司增加注册资本时，股东认缴新增资本的出资，依照《公司法》设立有限责任公司缴纳出资的有关规定执行。股份有限公司为增加注册资本发行新股时，股东认购新股，依照《公司法》

设立股份有限公司缴纳股款的有关规定执行。公司增加注册资本，应当依法向公司登记机关办理变更登记。

公司需要减少注册资本时，必须编制资产负债表及财产清单。公司应当自作出减少注册资本决议之日起 10 日内通知债权人，并于 30 日内在报纸上公告。债权人自接到通知书之日起 30 日内，未接到通知书的，自公告之日起 45 日内，有权要求公司清偿债务或者提供相应的担保。公司减少注册资本，应当依法向公司登记机关办理变更登记。

出资资产比例结构设置的法律风险

出资比例结构是指发起人出资总额中各种出资所占的比例情况。这里要注意，股东出资额与股份占有并不必然成正比。股东占有股份份额及盈利分配可以依据股东之间的约定处理而不受实缴出资的影响。在注册资本符合法定要求的情况下，法律并未禁止股东内部对各自的实际出资数额和占有股权比例作出约定，这样的约定并不影响公司资本对公司债权担保等对外功能的呈现，这属于公司股东意思自治的范畴。例如，甲、乙两人各出资 50 万元成立一家公司，并不意味着他们的股份各占 50%，双方可以约定确认各自的持股比例。出资与股份占有额不成正比，要在股东特殊约定下才能实现，为了防止大股东损害小股东的利益，若要针对股东持股比例作出特殊规定的，需要全体股东一致同意方为有效。

为保证公司资产结构的合理性和公司正常经营活动的需要，发起人在确定出资比例结构构成中，应当注意保证公司资产应有的流通性和变现性。

对于出资比例结构，出资人以货币出资的，货币出资金额不得少于公司注册资本的 30%。在出资资产中涉及知识产权等出资形式时，无形资产比例过高，很可能会削弱公司的债务清偿能力，危及公司交易的安全。对出资比例结构的确定，既要控制各种资产形式的具体比例，确保公司正常经营所需的有形资产，又要高度重视无形资产价值的不稳定性和变现上的不确定性。

因此，出资人在签订公司设立协议、办理公司设立登记过程中，要审慎检查出资比例结构的确定问题，以避免由此引发的诸多法律问题，延误公司设立。

出资履行的法律风险

忽视出资履行瑕疵的影响，很可能会引发诸多法律风险，影响公司的正常经营。

一、虚假出资引发的法律风险

所谓虚假出资，是指出资的时间、形式、评估或手续不符合法律或章程规定，出资人未支付相应对价而取得公司股权的不真实出资行为。

假出资指公司发起人、股东违反《公司法》的规定，未交付货币、实物或未转移财产权，通过虚假手段取得验资机构验资证明，从而造成表面上已按章程约定的出资数额出资，但实际上并未出资到位的情形。

出资人虚假出资很可能会阻碍公司资本制度设计的实现。出资人也要为自己的虚假行为承担一系列的法律责任，即向其他出资人承担违约赔偿责任，向公司承担补缴出资责任及赔偿责任，向公司债权人承担无限清偿责任或有限补充清偿责任，情节严重的，还可能受到刑事责任追究。

根据我国法律的规定，虚假出资，最高可被判处 5 年有期徒刑，同时可以并处虚假出资额或者抽逃出资额 10% 的罚金。

二、抽逃出资引发的法律风险

抽逃出资是在公司成立后，股东非法将其已实缴到位的出资全部或部分抽回，但其仍保留股东身份和原有的出资份额的行为。

对抽逃出资的行为判定，有以下几种情形：制作虚假财务报表虚增利润进行分配；通过虚构债权债务关系将其出资转出；利用关联交易将资金转出；其他未尽法定程序将出资抽回的行为。

现行公司法实行认缴制，股东以其出资额为限享有股权并对公司债务承担责任，股东出资总额即为公司资本总额。这就意味着股份对应的出资一旦认缴完结，就变成了公司的财产，未到位的认缴出资或抽逃的出资就变成了公司对股东享有的债权。

出资人抽逃出资，除了要承担相应的赔偿责任、违约责任，也可能会涉及刑事犯罪的问题。根据我国法律规定，抽逃出资，情节严重的，最高可被判处五年有期徒刑，并处虚假出资额或者抽逃出资额 10% 的罚金。

三、不适当履行出资的法律风险

不适当履行是指出资人在履行出资的过程中，出资的时间、形式或手续不符合设立协议的约定或者法律的规定。不按规定的期限交付出资或办理实物等财产权的转移手续引发的法律风险。

（1）出资人履行出资，应当依据设立协议的约定或者我国法律的规定，及时交付货币或者办理非货币财产权利的转移手续。出资人不适当履行出资，可能因此延误公司设立，致使公司错失发展契机，且出资人还要承担一系列的违约责任、出资填补责任和连带赔偿责任；给他人造成损失的，还要承担赔偿责任。

（2）非货币出资财产存在权利瑕疵引发的法律风险。出资人以非货币财产权利出资，但是对这些非货币财产权利并不具有合法的处分权利。出资人交付的非货币财产权利存在权利瑕疵，很可能会阻碍财产权利转移手续、延误出资履行、影响公司成立。不合法使用他人的财产权利还可能因为侵权在先，将公司卷入种种赔偿纠纷旋涡。如果出资人向其他出资人恶意隐瞒资产权利归属，构成犯罪的，出资人还要承担起刑事法律责任。

未履行出资义务或未全面履行出资义务的法律责任

一、民事责任

（1）瑕疵出资股东的补充赔偿责任。股东未履行或者未全面履行出资义务，公司或者其他股东有权请求向公司依法全面履行出资义务。公司债权人有权请求未履行或者未全面履行出资义务的股东在未出资本息范围内对公司债务不能清偿的部分承担补充赔偿责任。瑕疵出资股东不能以出资义务超过诉讼时效为由进行抗辩。

（2）发起人的连带责任。公司或者其他股东、债权人有权请求公司的发起人与未履行或者未全面履行出资义务的股东承担连带责任。公司的发起人承担责任后，可以向被告股东追偿。

（3）董事和高级管理人员的相应责任。股东在公司增资时未履行或未全面履行增资义务，公司或者其他股东、债权人有权请求未尽忠实、勤勉义务而使未缴足资本的董事、高级管理人员承担相应责任。董事、高级管理人员承担责任后，可以向被告股东追偿。

（4）股东权利的限制。股东未履行或者未全面履行出资义务，公司根据公司章程或者股东会决议可以对其利润分配请求权、新股优先认购权、剩余财产分配请求权等作出相应的权利。

（5）违约责任。有限责任公司和发起设立的股份优先公司股东未按期足额缴纳出资的，除应当向公司足额缴纳外，还应当向已按期足额缴纳出资的股东承担违约责任。

（6）解除股东资格。有限责任公司的股东未履行出资义务，经公司催告缴纳，在合理期限内仍未缴纳出资，公司可依照股东会议解除该股东的股东资格。

（7）受让人的连带责任。有限责任公司的股东未履行或未全面履行出资义务即转让股权，受让人对此知道或者应当知道，公司有权请求该股东履行出资义务，受让人对此承担连带责任。受让人承担责任后有权向瑕疵出资股东追偿。

（8）股份有限公司认股人的责任。股份有限公司认股人未按期缴纳所认股份的股款，经公司发起人追缴后在合理期间内仍未缴纳，公司发起人可以对该股份另行募集，认股人延期缴纳股款给公司造成损失，公司有权主张认股人承担赔偿责任。

（9）出资不足的免责。出资人以符合法定条件的非货币资产出资后，因市场变化或者其他客观因素导致财产编制，不需要承担不足出资责任。

二、行政责任

（1）虚报注册资本。对虚报注册资本的公司，处以虚报注册资本金额 5% 以上 15% 以下的罚款；情节严重的，撤销公司登记或者吊销营业执照。

（2）虚假出资。公司的发起人、股东虚假出资，未交付或未按期支付作为出资的货币或者非货币资产的，由公司登记机关责令改正，处理虚报出资金额 5%—15% 的罚款。

三、刑事责任

涉及注册资本的刑事犯罪主要有虚报注册资本罪、虚假出资罪和抽逃出资罪。

1. 虚报注册资本罪。

《刑法》第 158 条规定："申请公司登记使用虚假证明文件或者采取其他欺诈手段虚报注册资本，欺骗公司登记主管部门，取得公司登记，虚报注册资本数额巨大、后果严重或者有其他严重情节的，处三年以下有期徒刑或者拘役，并处或者单处虚报注册资本金额 1% 以上 5% 以下罚金。"

单位犯前款罪的，对单位判处罚金，并对其直接负责的主管人员和其他直接责任人员，处三年以下有期徒刑或者拘役。

2. 虚假出资、抽逃出资罪。

《刑法》第 159 条规定：“公司发起人、股东违反《公司法》的规定未交付货币、实物或者未转移财产权，虚假出资，或者在公司成立后又抽逃其出资，数额巨大、后果严重或者有其他严重情节的，处五年以下有期徒刑或者拘役，并处或者单处虚假出资金额或者抽逃出资金额 2% 以上 10% 以下罚金。”

单位犯前款罪的，对单位判处罚金，并对其直接负责的主管人员和其他直接责任人员，处五年以下有期徒刑或者拘役。

公司的变更与终止

公司合并与分立

一、公司合并的程序

公司合并是指两个以上的公司达成合意，依照法定的程序合并为一家公司的法律行为。公司合并应当由合并各方签订合并协议，并编制资产负债表及财产清单。公司应当自作出合并决议之日起 10 日内通知债权人，并于 30 日内在报纸上公告。债权人自接到通知书之日起 30 日内，未接到通知书的自公告之日起 45 日内，可以要求公司清偿债务或者提供相应的担保。

二、公司合并后的法律责任

公司合并时，合并各方的债权、债务，应当由合并后存续的公司或者新设的公司承继。公司消灭，办理注销登记，无须经过清算程序。存续公司办理变更登记，新设公司办理设立登记。

权利与义务的概括承受是指合同当事人一方将其权利义务一并转移给第三人，而第三人一并接受其转让的权利义务。合同权利义务的概括移转可以根据当事人之间的合同而发生，称为约定概括承受；又可以根据法律规定而发生，称为法定的概括承受。

基于不同原因而发生的概括承受，其差别在于：合同承受中的第三人为任意第三人，法定的概括承受中的第三人为法定第三人。且合同承受需取得承受人以及合同另一方当事人的同意，而法定的概括承受不需征得承受人的同意，并且对合同另一方当事人为通知或公告即发生法律效力。在合并过程中，积极财产（物权、债权、无体财产权）和消极财产（债务）均转移于存续公司。

三、公司的分立

公司分立是指一个公司又设立另一个公司或一个公司分解为两个以上的公司的法律行为。公司分立分为存续分立和新设分立。

1. 公司分立的程序。

公司分立，其财产作相应的分割。公司分立，应当编制资产负债表及财产清单。公司应当自作出分立决议之日起 10 日内通知债权人，并于 30 日内在报纸上公告。

2. 公司分立的法律后果。

公司分立前的债务由分立后的公司承担连带责任。但公司在分立前与债权人就债务清偿达成的书面协议另有约定的除外。公司分立，登记事项发生变更的，应当依法向公司登记机关办理变更登记；公司解散的，应当依法办理公司注销登记；设立新公司的，应当依法办理公司设立登记。

如何终止公司

终止公司是投资人的权利，但需要按照一定的法律程序进行。

一、公司破产

公司不能清偿到期债务，符合我国有关破产法律的规定的，可以依法宣告破产。《企业破产法》仅适用于全民所有制企业，其他企业的破产适用《民事诉讼法》有关破产的规定，同时也可以参照《企业破产法》的有关规定。根据《公司法》的有关规定，公司因不能清偿到期债务，被依法宣告破产的，由人民法院依照有关法律的规定，组织股东、有关机关及有关专业人员成立清算组，对公司进行破产清算。

二、公司解散

公司解散是指已成立的公司因法律或章程规定的事由发生而失去其法人资格。公司一经解散，其法人资格并不立即完全消灭，必须在清算完成之后，法人资格才完全消灭。

根据《公司法》的规定，公司的解散事由包括：

（1）公司章程规定的营业期限届满或者公司章程规定的其他解散事由出现。例如，公司章程规定公司有效期限为20年，20年期限届满，则公司自动解散。

（2）股东会决议解散。公司解散的股东会决议属特别决议，有限责任公司作出解散决议要经2/3以上有表决权的股东通过；股份有限公司作出解散协议，要由出席会议的股东所持表决权的2/3以上通过。

（3）因公司合并或者分立需要解散。在吸收合并中，被吸收的公司解散；在新设合并中，合并各方公司解散。在公司的解散分立中，原公司解散。

（4）公司违反法律、行政法规被依法责令关闭。根据我国有关法律、行政法规规定，很多较严重的违法行为均可导致企业被撤销登记、吊销营业执照，使企业依法被撤销。

三、公司清算

清算是指清理已解散公司尚未了结的事务，使公司归于消灭的程序。公司解散后，即进入清算程序。

公司因公司章程规定的解散事由出现或股东会决议解散的，应当在15日内成立清算组。逾期不成立清算组进行清算的，债权人可以申请人民法院指定有关人员组成清算组进行清算。公司解散后进入清算程序是强制性的法律规定。

公司因违反法律、行政法规被依法责令关闭而解散的，由有关主管机关组织股东、有关机关及有关专业人员成立清算组进行清算。

清算组在清算期间行使的职权包括：清理公司财产，分别编制资产负债表和财产清单；通知或者公告债权人；处理与清算有关的公司未了结的业务；清结所欠税款；清理债权、债务；处理公司清偿债务后的剩余财产；代表公司参与民事诉讼活动等。公司清算结束后，清算组应当制作清算报告，报股东会或有关主管机关确认，并报送公司登记机关，申请注销公司登记。

解散公司的效力与条件

公司有成立，就有解散，正如天下无不散之筵席。一家公司成立后，可能因各种原因而解散，如经济不景气、生意不好做导致公司严重亏损、股东之间合作不愉快，等等。法律允许股东之间依据自己的约定而成立公司，也赋予了公司在一定条件下解散的权利。

一、公司解散的法律效力

（1）公司解散并不意味着公司的终止或者消灭。公司解散不立即导致公司人格消灭，只是导致公司人格消灭的原因。公司解散后，其法人的权利能力受到限制，但法人资格仍然存在。解散的公司与解散事由出现前的公司在法律人格上是同一民事主体，公司解散只是公司清算的前置程序。公司解散后必须进行清算行为。

（2）公司解散仅仅是缩小了公司的民事权利能力的范围。由于公司解散后，其仍然具有民事主体资格，因此也就具有相应的民事权利能力和民事行为能力。但是，解散后与解散前的公司存续的宗旨不同，解散前公司存续的宗旨是实现公司章程规定的经营目的，而解散后公司存续的目的是实现法律所规定的清算目的。因此，由于解散后公司存续目的的变化，其民事权利能力相应地发生了变化，其权利能力限制在清算目的范围内，只能从事以清算为目的的活动。

（3）管理机关丧失。公司原有的法定代表人和业务执行机关丧失权力，由清算组及其负责人取代。

（4）公司解散是一种法律行为。公司解散首先表现为一种事实，即公司处于解散的状态，而该事实的出现与人的意志有关，属于人有意识的活动，所以公司解散属于行为而不是事件。

（5）不得对抗第三人。公司解散的，其与第三人之间订立的合同不因公司解散而受到影响，解散中的公司仍应受该合同的约束。

二、公司解散的条件

《公司法》第 181 条第五款和第 183 条规定了股东可以请求法院强制解散公司的权利。根据《公司法》第 183 条的规定："公司经营管理发生严重困难，继续存续会使股东利益受到重大损失，通过其他途径不能解决的，持有公司全部股东表决权 10% 以上的股东，可以请求人民法院解散公司。"

如何认定公司经营管理发生严重困难？单独或者合计持有公司全部股东表决权 10% 以上的股东，以下列事由之一提起解散公司诉讼，并符合《公司法》第 183 条规定的，人民法院应予受理：

（1）公司持续两年以上无法召开股东会或者股东大会，公司经营管理发生严重困难的。

（2）股东表决时无法达到法定或者公司章程规定的比例，持续两年以上不能作出有效的股东会或者股东大会决议，公司经营管理发生严重困难的。

（3）公司董事长期冲突，且无法通过股东会或者股东大会解决，公司经营管理发生严重困难的。

（4）经营管理发生其他严重困难，公司继续存续会使股东利益受到重大损失的情形。

股东以知情权、利润分配请求权等权益受到损害，或者公司亏损、财产不足以偿还全部债务，以及公司被吊销企业法人营业执照未进行清算等为由，提起解散公司诉讼的，人民法院不予受理。

公司解散纠纷中对公司是否陷入僵局的认定

公司解散有自行解散、行政解散和司法解散三种方式。在司法解散中，由于股东之间立场对立，因此矛盾冲突也最为激烈。考虑到公司解散对员工、其他股东以及社会的影响，《公司法》第 183 条规定，只有通过其他途径不能解决时，才赋予股东请求解散公司的权利。在实践中，法院对通过司法程序解散公司向来都持谨慎的态度，尽可能维持公司的存续。

法院在审查公司是否应当解散时，对《公司法》第 183 条“公司经营管理发生严重困难，继续存续会使股东权益发生重大损失”规定的前置性条件进行的是实体审查。经营管理发生严重困难并非简单地指公司资金缺乏、经常亏损等商业经营能力发生困难，而是着重于公司管理方面的决策机构、治理状态是否已经失灵及陷入僵局。

为防止陷入僵局，公司设立时应尽量避免 50∶50 的股权结构。公司陷入僵局的常见原因之一，就是股权分配不合理，根据《公司法》规定，股东大会对一般事项作出决议须经出席会议的股东所持表决权过半数通过，最常见的不合理股权比例是人均五五分。由于股东会决议的形成需要多数决定，一旦股东间出现 50∶50 的表决权对峙，就会导致决策机制失灵，影响公司的经营管理，从而引发僵局。如果公司实在无法避免，可以同时在公司章程中特别约定表决权比例。

面对未来可能发生的僵局，公司应在公司章程中，预先设置保障小股东权益的条款，同时应对股东出现离婚、死亡等情形进行股权处理的条款设置。公司的存续与否会使股东利益受到重大损失是司法解散过程中审查的重点之一。

此外，公司出现僵局后，解散并非必然出路，法院只有在穷尽了救济途径仍无法打破公司僵局的情况下才会作出司法解散的判定。但由于公司陷入僵局后股东之间无法就股权价格达成一致，因此，公司章程中应预先设定公司僵局的化解办法，设置股东的退出条款，确定好各方认可的强制收购股权的价格计算方法，避免公司无法打破僵局而被解散。一旦公司出现僵局，可通过股权转让、股权回购方式解决。

公司以欺诈手段进行清算的法律风险

公司应当依法清算完毕后办理注销登记，法人终止。未经依法清算，以虚假的清算报告骗取公司登记机关办理法人注销登记，公司清算义务人对公司债务应承担相应的赔偿责任。

依据《公司法》第 184 条，公司因《公司法》第 181 条第（一）项、第（二）项、第（四）项、第（五）项规定而解散的，应当在解散事由出现之日起 15 日内成立清算组，开始清算。有限责任公司的清算组由股东组成，股份有限公司的清算组由董事或者股东大会确定的人员组成。逾期不成立清算组进行清算的，债权人可以申请人民法院指定有关人员组成清算组进行清算。人民法院应当受理该申请，并及时组织清算组进行清算。

公司以欺诈手段进行清算，会导致企业出现以下几种法律风险：

（1）公司在进行清算时，隐匿财产，对资产负债表或者财产清单作虚假记载，由公司登记机关责令改正，对公司处以隐匿财产金额或未清偿债务前分配公司财产金额 5% 以上 10% 以下的罚款；对直接负责的主管人员和其他直接责任人员处以 1 万元以上 10 万元以下罚款的行政处罚。

（2）公司解散后，公司股东或其他清算组成员恶意处置公司财产给债权人造成损失，或者未经依法清算，以虚假的清算报告骗取公司登记机关办理法人注销登记的，应对公司债权人承担赔偿责任。

（3）清算组不依法向公司登记机关报送清算报告，或者报送清算报告隐瞒重要事实或者有重大遗漏的，公司登记机关有权责令改正。

防范公司以欺诈手段进行清算，老板应做到：

（1）规范公司内部财产文件管理制度，实行专人保管、依法使用的原则。

（2）强化股东的清算法律意识，依法组织清算组进行公司清算。

（3）聘请专业律师监督清算工作实施，保证清算程序符合法律规定。

（4）保留清算活动的证据资料。

企业破产清算中的民事法律风险

一、清算组成员的民事法律风险

每年都有数百万家企业因各种原因而倒闭。这些企业如果选择破产，要按破产程序进行，否则必须进行清算才能注销。依照《公司法》规定，有限责任公司的清算组由股东组成，股份有限公司的清算组由董事或股东大会确定的人员组成。逾期不成立清算组进行清算的，债权人可以申请人民法院指定有关人员组成清算组进行清算。因此，老板在公司解散时，很可能成为清算组的成员。清算组成员必须对公司和全体债权人负责，《公司法》第190条规定："清算组成员应当忠于职守，依法履行清算义务。清算组成员不得利用职权收受贿赂或者其他非法收入，不得侵占公司财产。清算组成员因故意或者重大过失给公司或者债权人造成损失的，应当承担赔偿责任。"

二、未尽忠实、勤勉义务致使企业破产的民事法律风险

《企业破产法》第125条规定："企业董事、监事或者高级管理人员违反忠实义务、勤勉义务，致使所在企业破产的，依法承担民

事责任。有前款规定情形的人员，自破产程序终结之日起三年内不得担任任何企业的董事、监事、高级管理人员。”因此，老板应当对企业尽心尽力，忠诚、勤勉经营，杜绝损公肥私、滥用职权等不法行为，对企业的经营管理尽到合理的注意，尽量避免企业因经营不善而破产，防范相应的民事赔偿风险。

三、欺诈破产的民事法律风险

欺诈破产行为是指债务人违反破产法的规定，通过隐瞒真实情况或者制造虚假情况等手段，不正当地减少其财产，或者给予个别债权人偏袒性清偿，妨害公平清偿秩序，从而严重损害债权人利益的行为，包括《企业破产法》规定的破产无效行为和可撤销行为。

《企业破产法》第 31 条规定：“人民法院受理破产申请前一年内，涉及债务人财产的下列行为，管理人有权请求人民法院予以撤销：（一）无偿转让财产的；（二）以明显不合理的价格进行交易的；（三）对没有财产担保的债务提供财产担保的；（四）对未到期的债务提前清偿的；（五）放弃债权的。”

《企业破产法》第 32 条规定：“人民法院受理破产申请前六个月内，债务人有本法第 2 条第 1 款规定的情形，仍对个别债权人进行清偿的，管理人有权请求人民法院予以撤销。但是，个别清偿使债务人财产受益的除外。”

《企业破产法》第 33 条规定：“涉及债务人财产的下列行为无效：（一）为逃避债务而隐匿、转移财产的；（二）虚构债务或者承认不真实的债务的。”

承担欺诈破产赔偿责任的主体不是有欺诈破产行为的债务人，而是该债务人的法定代表人和对欺诈破产行为负有直接责任的人员。《企业破产法》第 128 条规定：“债务人有本法第 31 条、第 32 条、第 33 条规定的行为，损害债权人利益的，债务人的法定代表人和其他直接责任人员依法承担赔偿责任。”因此，老板在企业即将破产时，务必要杜绝上述偏袒性清偿等可撤销的和无效的行为，避免因此损害债权人利益，防范民事赔偿风险。

企业终止未清算的法律风险

公司在申请主体资格注销之前，股东应根据法律规定对公司进行清算，在偿还公司债务后方可分配清算剩余财产，如果清算财产不足以偿付企业债务的，应当向法院申请公司破产程序。如果股东未对公司进行清算及分配公司财产并注销公司登记，股东应对公司持续期间债务承担偿还责任，其不得以该债务系公司债务，公司和股东主体资格相互独立为由予以抗辩。

公司解散事由发生后，未在法定期限内成立清算组的，债权人有权申请法院成立清算组，从而丧失对清算活动的控制权。

如果公司未在法定期限内成立清算组开始清算，导致公司财产贬值、流失、毁损或者灭失的，根据最高人民法院《关于适用〈中华人民共和国公司法〉若干问题的规定（二）》的规定，负责清算人员将在损失范围内对债权人承担赔偿责任；未经清算即办理注销登记，导致公司无法进行清算的，债权人有权要求清算负责人承担赔偿责任；清算负责人怠于履行义务，导致公司主要财产、账册、重要文件等灭失，无法进行清算的，债权人有权要求其对公司债务承担连带责任。

公司出现解散事由需要清算时，应征询法务部或外部律师的专业意见，根据法律规定成立清算组实施清算活动。

第五章

建立完善的法律规范准则，实施规范化企业运作

公　章

◎签名、盖章、按手印的法律风险比较

名字是每个人的符号，是公民意志与人格的形式表现。签名应注意：一是有人除了身份证上的法定姓名，可能还有多个供他人称呼的名字，比如小名、乳名、别名、曾用名等，从法律角度考虑，使用法定姓名之外的名字很可能会引发争议，需进一步证明名字与行为人等同；二是现在社会流行艺术签名，艺术签名应清晰可识别，清晰可识别的签名是法律的必备要素。

与签名相比，盖章在法律上的风险更大。一是如果私章没有经过有关部门的备案登记缺乏公信力；二是私章与人分离，不像签名因个人笔迹有别而“字如其人”，故盖下的私章是否代表本人的意愿难以确定；三是私章容易伪造，当事人可能因此主张对方所述完全与己无关。

按手印通常不会单独使用，由于每个人的指纹具有绝对唯一性，按手印的好处在明确身份这一点上毋庸置疑，但手印需要借助高科技才能识别，且按手印不易体现个人的自由意志。

效力最高的选择是签名与按手印的结合，也最应慎重。签名是个人自然的书写流露，是个人真实意愿的体现，也有行为人事后不认可他人代签的情况。按手印虽不易识别，但其确定身份的作用某种程度上可一举平纷争，因此，签名与按手印相结合能互取其长、

互补其短，是规避风险的实用性选择。此外，当借条上借款人落款为法定代表人的签名时，最好加盖公章。

◌ 公章的效力认定

一、仅有法定代表人签字没有加盖公章的合同

《民法典》第 490 条规定，当事人采用合同书形式订立合同的，自当事人均签名、盖章或者按指印时合同成立。也就是说，除非当事人另有约定，必须签字盖章，有法定代表人或者其他具备公司授权的当事人签字时，合同即成立。

二、公章外借所签合同

公司法定代表人或其他获得公司授权的人将公司公章外借，应视为公司授权他人使用公司公章，只要符合合同生效的法律规定，使用该公章所产生的法律关系对该公司具有约束力。

三、违反公司章程使用公章签订合同

公司章程是公司股东指定的内部协议，只对公司内部具有约束力，不能对抗善意第三人。因此，违反公司章程使用公章签订的合同只要符合合同生效的法律规定，就具有效力。违反公司章程使用公章的人需要承担侵权责任。

四、加盖分公司公章的合同

依法设立的分公司具有营业执照，盖有分公司公章的合同符合合同生效的法律规定即具有效力。但是分公司不具有法人资格，其民事责任由总公司承担。

五、公司更改名称后盖有原公章的合同

公司更改名称后不影响公司之前签订的合同的效力，符合合同生效法律规定的盖有原公章的合同依然有效。

六、“人章不一致”时合同效力如何认定

公章是指机关、团体、企事业单位等用自己名称制作的签名印章。公司在工商登记备案之时，需要向相关部门提供印章备案，即备案公章。此外，公司因经营需要，还会刻有财务章、合同专用章、项目专用章等。如果出现“人章不一致”的情况，应如何认定合同效力呢?

对此，《九民纪要》第 41 条作出解释，要求法院在审理案件时，主要审查签约人于盖章之时有无代表权或代理权，从而根据代表或者代理的相关规则来确定合同的效力。是否有代表权，主要看“人”是不是公司的法定代表人。法定代表人在合同上加盖法人公章的行为，表明其是以法人名义签订合同。法人以法定代表人事后已无代表权等理由否定合同效力的，法院不予支持。如公司对法定代表人的职权作出特别规定，法定代表人超越其代表权签署合同，合同效力需分情况而定。对方知道或者应当知道超越代表权限，合同无效；对方不清楚超越代表权的事实，即使公章存在一定的瑕疵，合同也会被认定为有效。

是否有代理权，主要看“人”是否有公司的授权。代理人取得合法授权后，以被代理人名义签订的合同，应当由被代理人承担。被代理人以代理人事后已无代理权等理由否定合同效力的，法院不予支持。代理人没有获得代理权、超出被授权的范围或者代理权已经终止后，又以被代理人名义签署合同并盖章的，如果事后被代理人对此追认，合同有效；如果未经追认，但是这个代理人与该签合同的公司此前签署过大量合同，或者出示了授权委托书，致使合同相对人有理由相信该代理人有代理权的，即使“公章”存在一定瑕疵，合同依然有效。

对盖有瑕疵公章的合同效力，以合同公章有假为理由向法院提起抗辩的一方应承担举证责任，公司可以向法院申请公章鉴定。如果合同相对方对此不予认可，应向法庭提交证据以证明盖章之人是

公司的法定代表人或者有代理权。

◎不当使用公章的法律风险

一、表见代理风险

无权代理是指行为人没有代理权、超越代理权或者代理权终止后以被代理人名义订立合同的行为。表见代理是指行为人虽无代理权，但由于本人的行为造成了足以使善意第三人相信其有代理权的表象，而与善意第三人进行的、由本人承担法律后果的代理行为。

企业是“法律上的人”，是一个虚拟的人格存在，其合同的签订需要具有一定权限的自然人代为完成。为了便于合同的订立，许多企业会聘请代理人专门从事合同的洽谈与签订。这些代理人或其他员工参与签订的合同，应要求对方提供相关的授权文件，如授权书、委托书等，证明该合同签订人员具有签订该合同的权限。切不可因为多次来往即掉以轻心，不再审查相关文件。若对方没有相关证明文件，构成无权代理，而对方企业又不肯追认，企业难免会遭受损失。同样，企业在与代理人解除聘用关系后，应及时收回所有相关证明文件以及公章等，以免该代理人仍以企业名义对外签订合同。如果代理人手中仍有授权书等证明文件，使对方当事人足以相信其仍为企业代理人，那么他构成的就不是无权代理，而是表见代理。对于表见代理，企业是要承担相关履行义务的。

《民法典》第171条规定:“行为人没有代理权、超越代理权或者代理权终止后，仍然实施代理行为，未经被代理人追认的，对被代理人不发生效力。相对人可以催告被代理人自收到通知之日起三十日内予以追认。被代理人未作表示的，视为拒绝追认。行为人实施的行为被追认前，善意相对人有撤销的权利。撤销应当以通知的方式作出。行为人实施的行为未被追认的，善意相对人有权请求行为人履行债务或者就其受到的损害请求行为人赔偿。但是，赔偿的范围不得超过被代理人追认时相对人所能获得的利益。相对人知道或者应当知道行为人无权代理的，相对人和行为人按照各自的过错承担责任。”

第 172 条规定：“行为人没有代理权、超越代理权或者代理权终止后，仍然实施代理行为，相对人有理由相信行为人有代理权的，代理行为有效。”

相对人有理由相信行为人有代理权，主要包括无权代理人开具盖有公章的合同、协议等法律文件。一旦善意的相对人因信赖无权代理人出具的盖有公章的以上法律文件而与之签订合同，该合同对于公司具有法律约束力。

二、“关系章”“人情章”的法律风险

公章能代表公司的意思表示，盖有公章的法律文件对公司而言通常具有法律约束力。许多涉及公章的法律纠纷常因公章的管理人员违反公章管理规定，忽视公章的重要性而衍生。管理公章的人员碍于人情，上级领导施加的压力而盖各种“关系章”“人情章”，给公司带来巨大的法律风险。

三、公章保管、交接不善的法律风险

公章随意摆放、保管使用缺乏严格的管理、公章变更后原公章随意丢弃都是风险隐患。使用公章过程中的疏漏，比如未在重要的合同等法律文件上加盖骑缝章，也给篡改合同提供了可乘之机。

公章管理法律风险的防范

老板应当将印章管理作为法律经营风险防控的重要组成部分，建立健全印章管理机制，严格规范印章管理工作业务流程，构建印章法律风险防控体系。

一、加强印章管理意识，建立印章风险防控体系

为了充分知晓公司印章的重要性，法律管理部门应当为各级工作人员提供关于印章法律经营风险的专门机构培训。企业应当加强对印章管理人员的培训，增强领导者对印章在公司管理中的重要性的认识，构建印章经营风险防控指标体系。

二、加强印章刻制管理，完善印章管理制度

（1）严格遵循提交原则，并强调防伪。企业取得营业执照后，管理印章和财务印章必须经公安部门批准后并到指定单位申请刻制。

（2）严格控制密封件的数量。经济活动集中于三种类型的工业印章（官方印章，合同印章，财务印章）和商业印章。

（3）建立印章管理制度，指定印章管理部门，并明确公司各部门的印章管理职责，阐明印章使用过程，并遵守规则和规定。

三、加强印章管理系统和标准化印章使用程序

（1）企业或下属项目部必须设立印章管理人，印章管理人必须签署印章管理岗位法律风险承诺书，以明确印章管理部门的行政职责和法律风险防范措施。

（2）申请印章的职能部门必须提交《印章使用申请书》，同时依照印章管理规定执行检查和批准程序，只有在取得管理职能部门及工作人员的批准之后才能使用印章。

（3）在相关档案文件中使用印章后，印章管理员必须仔细检查印章文档的使用状况，以保障印章的具体内容及使用次数与申请相符。

（4）使用印章时，必须是印章管理员直接使用它们，其他人不得使用该印章。此外，印章不能超出印章管理员的视野。

电子公章的法律效力

电子印章随着互联网及计算机技术等的发展而产生，是指数据电文中以电子形式所含、所附用于识别盖章者（签名人）身份，并表明盖章者（签名人）认可其中内容的数据。通俗点说，电子公章就是一个能够识别出具体盖章人（签名人）的电子数据密钥。电子印章并非传统印章图形的电子化，二者有极大区别。

电子公章与传统的实体公章在形式、载体上有很大的差别，但二者都是基于取信制度，其作用相同——可以识别签署主体的身份，表明签署主体的真实意愿，以此来确保签署的合同文件的法律效力。二者的法律效力都是得到法律认可的，虽形式有别，本质无异。

电子印章是电子签名的一种形式，而电子签名是指数据电文中含有识别签名人身份并表明签名人认可签署文件的内容数据，因此，电子印章是作为电子数据存在的，并采用多种技术制作而成。其法律效力主要体现在效力认可和不适应场景上。

《民法典》第 469 条中有着相关的规定："当事人订立合同，可以采用书面形式、口头形式或者其他形式。书面形式是合同书、信件、电报、电传、传真等可以有形地表现所载内容的形式。以电子数据交换、电子邮件等方式能够有形地表现所载内容，并可以随时调取查用的数据电文，视为书面形式。"可见，《民法典》是认可电子合同的法律效力的。

《中华人民共和国电子签名法》（简称《电子签名法》）同样认可可靠的电子签名（电子公章）与手写签名或者盖章具有同等的法律效力。电子公章合法的本质在于是否使用了可靠的电子签名。《电子签名法》第 14 条规定："可靠的电子签名与手写签名或者盖章具有同等的法律效力。"同时规定了可靠的电子签名需符合签名人专有并由签名人控制使用，电子签名改动及文件内容一切形式上的改动可以被发现，即法律认可电子签名的效力。

2019 年，《国务院关于在线政务服务的若干规定》更明确规定了可靠的电子签名与手写签名或盖章具有同等法律效力，全面肯定了电子印章的法律效力。其第 8 条中明确规定："政务服务使用的符合

《电子签名法》规定条件的可靠的电子签名，与手写签名或者盖章具有同等法律效力。”明确了电子印章的法律效力。《市场监督管理行政许可程序暂行规定》第 5 条规定：“符合法定要求的电子申请材料、电子证照、电子印章、电子签名、电子档案与纸质申请材料、纸质证照、实物印章、手写签名或者盖章、纸质档案具有同等法律效力。”

但在涉及婚姻、收养、继承等人身关系上，不能使用电子印章；在涉及停止供水、供热、供气等公用事业服务中也不适用。

法定代表人

◎法定代表人要承担的法律责任

根据《民法典》第 61 条和第 62 条的规定："依照法律或者法人章程的规定，代表法人从事民事活动的负责人，为法人的法定代表人。法定代表人以法人名义从事的民事活动，其法律后果由法人承受。法人章程或者法人权力机构对法定代表人代表权的限制，不得对抗善意相对人。""法定代表人因执行职务造成他人损害的，由法人承担民事责任。法人承担民事责任后，依照法律或者法人章程的规定，可以向有过错的法定代表人追偿。"

《民法典》第 81 条第 2 款又规定："执行机构为董事会或者执行董事的，董事长、执行董事或者经理按照法人章程的规定担任法定代表人；未设董事会或者执行董事的，法人章程规定的主要负责人为其执行机构和法定代表人。"

因此，企业法定代表人应在国家法律法规以及企业章程规定的职权范围内行使职权，履行义务，代表企业法人参加民事活动，对企业的生产经营和管理全面负责，并接受本企业全体成员和有关机关的监督。

法定代表人作为代表企业行使职权的负责人，如果法人出现违法经营情况，又未履行法定的职责，应负有个人责任。而且，法定代表人应当依法承担的相应法律责任，不能以协议排除。

《刑法》中的若干罪名中也规定，单位构成犯罪的，对其主要负责人和直接负责主管人员也应追究刑事责任。

因此，老板一定要知道法定代表人所要承担的法律责任。

法定代表人、负责人越权的法律风险

许多企业为了防止法定代表人或其他相关负责人的恣意妄为，在公司章程对其规定了一系列权限，比如，只能签订一定金额以下的合同等。但是，公司章程并不具有对抗善意第三人的相关效力。若法定代表人超越权限与他人订立合同，那么企业就必须承担责任。

《民法典》第504条规定："法人的法定代表人或者非法人组织的负责人超越权限订立的合同，除相对人知道或者应当知道其超越权限外，该代表行为有效，订立的合同对法人或者非法人组织发生效力。"

挂名法定代表人的法律风险

我国法律对公司存在违法、犯罪行为通常实行双罚制，即既处罚公司，又处罚直接负责的主管人员和其他直接责任人员。因此，挂名法定代表人具有极大的法律风险。

一、民事责任风险

1. 因经营过错给公司造成损失，法定代表人需对该损失予以赔偿。根据《公司法》第149条规定："董事、监事、高级管理人员执行公司职务时违反法律、行政法规或者公司章程的规定，给公司造成损失的，应当承担赔偿责任。"

2. 实际控制人操纵公司时存在虚构出资、抽逃出资，或者在诉讼过程中有隐匿、转移资产、未经清算擅自处分财产等行为，挂名法定代表人需承担相应的民事赔偿责任。

二、行政及刑事责任风险

1. 行政责任。《民法典》第 61 条规定：“依照法律或者法人章程的规定，代表法人从事民事活动的负责人，为法人的法定代表人。法定代表人以法人名义从事的民事活动，其法律后果由法人承受。”在法定行政违法情况下，法定代表人可能需要对公司的违法、违规行为承担行政责任。除非法定代表人可以举证证明，其对公司的行为并不知情，且主观上没有过错亦不存在失职。

2. 常见刑事责任。公司实施的犯罪行为，除法律另有规定，由法人和直接负责的主管人员及其他直接责任人共同承担刑事责任。“挂名法人”普遍不参与企业经营管理，若企业实际控制人利用企业实施违法犯罪活动，“挂名法人”虽然未直接参与，但明知实际控制人利用公司实施犯罪行为却不加阻止或放任实际控制人的，挂名法定代表人也要承担相应的刑事责任。

三、其他责任

1. 被列入失信被执行人名单。根据《民事诉讼法》第 231 条和相关司法解释的规定，在公司因不履行法律文书确定的义务而被申请强制执行时，人民法院可以对法定代表人采取相应强制措施。例如，列入失信被执行人名单，被禁止高消费，限制出境、限制离开住所地，不能坐飞机、办理银行贷款，信用卡受限等。

2. 影响自创公司。《企业法人法定代表人登记管理规定》第 4 条规定，担任因经营不善破产清算的企业的法定代表人或者董事、经理，并对该企业的破产负有个人责任，自该企业破产清算完结之日起未逾三年的；担任因违法被吊销营业执照的企业的法定代表人，并对该企业违法行为负有个人责任，自该企业被吊销营业执照之日起未逾三年的，不得担任法定代表人，企业登记机关不予核准登记。

法定代表人的法律责任是由法律明确规定的，即法定的，按照法定效力高于约定的原则，故该免责约定并不能对抗法律规定。因此，“法定代表人无须承担风险”的承诺或者约定是无效的。即使挂名法定代表人与实际控制人之间有类似“挂名法定代表人不参与经营和管理，也不承担相应的责任”的免责约定，该约定也只在双方内部之间有效。

股东权利与义务

股东登记的法律效力

股东登记指的是有权登记的机关对包括股东名称（姓名）、所持股份数量等事项作出的具有公示性、确认性之记载。股东登记表明了有权登记的机关对股东身份和股东权利的一种确认和公示。由于有权登记的机关是依法设定的行政机关，独立于公司及其股东，其登记记载的事项不仅具有较高的公信力和证据效力，还具有确认法律行为生效、资格取得和对抗第三人的效力。

公司股东登记主要分为三种：公司登记机关（工商机关）、证券登记结算机构、股权托管机构，三个机构根据法律法规针对不同的对象进行登记。公司登记机关为《公司法》规定的股东登记机关，根据《公司登记管理条例》的规定，有限责任公司股东或者股份有限公司发起人由公司登记机关进行登记。证券登记结算机构为《证券法》规定的股东登记机关，根据《证券法》第157条的规定，持有上市公司上市交易股票的股东由证券登记结算机构进行登记。

出资=股权？

作为股东，最头疼的莫过于，钱投出去了，股东却不是自己！

很多当事人经常为谁是股东挣得头破血流，那么，股东出资，是不是出资 = 股权呢？

一、确认股东资格的实质要件

《关于适用〈中华人民共和国公司法〉若干问题的规定（三）》（简称《〈公司法〉解释三》）中提出了股权确认的实质要件是指有证据证明股东已经依法向公司出资或者认缴出资，或者受让或以其他方式继受股权，且不违反法律强制性规范。

二、应以实质要件为优先要件审查股东资格

在股东资格的确认纠纷中，当争议发生在内部，即发生在股东和股东之间、股东和公司之间时，实质条件的证明力更强于形式要件。在处理公司内部关系引发的纠纷时，在遵循实质要件和形式要件相结合的基础上，首先应以实质要件为优先要件审查股东资格，并遵循意思自治、契约自由的民法原则。

三、股东意思表示在认定股东资格中的意义

股东资格在法律关系中属于身份关系，作为身份关系在法律上的确认与否，当事人的意思表示和互相之间的合意是首先需要考虑的因素。

（1）公司设立期间的股东意思表示。股东的意思表示对公司的设立起着至关重要的作用，主要表现在：股东在设立公司时要有设立公司成为公司股东的意思表示，且该意思表示是真实的；股东之间对于设立公司的意思表示须一致，即股东具有与其他人一起设立公司的共同意思表示。股东在设立公司时常见的意思表示为签署《合伙协议》《发起人协议》《公司章程》等文件。

（2）公司经营期间新股东的意思表示。投资人需要具有向公司出资并成为股东的真实意思表示，而公司对股东的该意思表示予以认可，双方就股东入股的意思表示达成一致。按照《公司法》的规定，公司须将新股东记载于股东名册，作为公司对股东资格的内部认可。

◎ 认缴制下股东权利的限制

为防止股东滥用资本制度，确保股东之间的公平和公司资本的充实，从有利债权人保护的角度出发，应该对出资不到位的认缴出资作出合理限制。

为了避免股东滥用权利，《公司法》第20条第3款规定："公司股东滥用公司法人独立地位和股东有限责任，逃避债务，严重损害公司债权人利益的，应当对公司债务承担连带责任。"滥用公司法人独立地位的具体表现形式通常为，公司资本严重不足，以及股东与公司人格高度混同。股东与公司人格高度混同行为，可分为身份混同和资产混同，身份混同指股东担任公司的重要职务，让交易对象无法区分股东代表个人还是代表公司；资产混同是指股东个人资产和公司资产混同，难以分辨。换言之，存在滥用公司法人独立地位的行为以及损害债权人利益的事实时，股东需要承担无限连带责任。

◎ 名义股东（显名股东）与隐名股东的法律风险

公司股东可以分为两种，一种股东是本身出资认购和持有公司的股票，即真实股东；另一种股东是以受托人的身份替他人持有股票，即名义股东（显名股东）。两种类型的股东都必须把名字、地址、成为股东和退股的日期登记在股东名册。

一、名义股东出资引起的法律风险

公司股东除承担出资义务外，还承担如清算、管理等义务。名义股东作为登记股东，若没有履行自身义务，则可能被债权人起诉而承担相应的赔偿责任及连点责任。即使名义股东可向实际出资人追偿，但若实际出资人缺乏实际偿还能力，则该不利后果还是由名义股东承担，无法转嫁给实际出资人。

那么，名义股东如何降低自身风险呢？在股权代持安排下，名义股东除了要承担股权代持协议下对实际出资人的义务，还面临公司债权人诉讼追债的风险。为降低该风险，名义股东应采取以下几点措施：

（1）确保所认缴的出资缴纳到位，且取得验资报告予以证明，以抗辩公司债权人以股东出资不到位对股东提起的诉讼请求。

（2）不参与、不协助实际出资人或者其他股东抽逃出资的行为，以抗辩被公司债权人因股东抽逃出资而对股东提起的诉讼请求。

（3）避免担任清算组成员，以降低因为清算失职而被公司债权人起诉的概率。

（4）在股权代持协议中，明确规定实际出资人对名义股东因为代持股权遭受诉讼、损失的全额补偿义务，以便在遭受损失时有依据向实际出资人主张补偿。

二、隐名股东出资引起的法律风险

隐名投资是指一方实际认购出资，但公司章程、股东名册或其他工商登记材料记载的投资人却为他人。隐名出资或隐名股东的存在比较普遍，其中的法律关系比较复杂，涉及股东权利的行使和股东的责任问题。在股权设置方面，如果能将隐名出资问题处理妥当，将有效降低出资过程中的法律风险，实现公司设立目的。

股权代持的法律风险与规避

股权代持又名委托持股、隐名投资，是指实际出资人与名义出资人达成约定，由名义出资人作为名义股东进行工商变更登记，而实际上由实际出资人出资并享有股权收益的一种持股方式。

一、股权代持的法律风险

《〈公司法〉解释三》中首次明确表明了法律对有限责任公司的实际投资人的股东资格的确认，对于实际投资人与名义股东（显名股东）之间的代持协议的效力问题，《〈公司法〉解释三》规定，只要相关协议不落入《合同法》第52条（《民法典》第144条、第146条、第153条、第154条）规定的情形，即认定代持协议具有法律效力，并能够成为确定双方权利义务的依据。

如果设定股权代持的目的在于以合法形式掩盖非法目的或规避法律行政法规的强制性规定，比如，以股权代持形式实施的变相贿赂等，该股权代持协议最终可能被认定无效。

从民事法律关系来看，股权代持是有效的。但在实务中，可能会存在种种法律瑕疵，产生股权纠纷。比如，实际投资人是公司股权的真正出资者，却在股权代持的情况下不持有公司股份，就可能会面临如下法律风险：

（1）名义股东滥用股东权利损害实际投资人利益的风险。由于实际出资人对代持股份无法行使实际的控制权，则存在名义股东利用对股份的控制权损害实际投资人利益的问题。

（2）名义股东自身出现问题，对实际出资人的利益造成损害的风险。比如，名义股东不能偿还债务时，法院依法查封其代持股权，并将代持股权用于偿还其债务的风险。

（3）实际投资人股东资格无法恢复的风险。根据《〈公司法〉解释三》的规定："实际出资人未经公司其他股东半数以上同意，请求公司变更股东、签发出资证明书、记载于股东名册、记载于公司章程并办理公司登记机关登记的，人民法院不予支持。"《公司法》规定："股东向股东以外的人转让股权，应当经其他股东过半数同意。经股东同意转让的股权，在同等条件下，其他股东有优先购买权。两个以上股东主张行使优先购买权的，协商确定各自的购买比例；

协商不成的，按照转让时各自的出资比例行使优先购买权。”因此，实际投资人想要撤销代持关系，恢复股东资格可能会面临两重障碍，一是其他股东未有过半数同意，二是其他股东要求行使优先购买权。

（4）股权代持也会使名义股东面临风险。名义股东是股权的代持人，名义上持有公司股权，行使股东权利，有被要求履行公司出资义务的风险。由于代持协议的效力不能对抗善意第三人，因此，名义股东承担公司的出资义务。如果出现实际投资人违约不出资，名义股东就面临着必须出资的风险。

因此，公司存续过程中要尽量保持公司股权清晰，解决并防止股权代持情况的出现。

二、如何规避股权代持的法律风险

规避股权代持的风险可以从两方面出发，一是拟定一份专业的股权代持协议，二是量身定制协议的条款。

1. 订立书面股权代持协议。

实际出资人和名义股东采用书面形式签署股权代持协议，对股权代持关系中涉及的双方协议作出明确约定，在必要时作为证明股权代持关系的重要依据。实际出资人和名义股东应尽量保证《股权代持协议》不违反合同订立的基本原则，不违反法律、行政法规的强制性规定，以保证该协议的有效性，避免日后的股权纠纷。

2. 股权代持协议条款需要量身定制。

（1）维护实际出资人权益需设条款包括：双方的代持关系；股权红利的归属、获取和结算方式；名义股东的忠实义务及实际出资人的知情权；关于出现特殊情形的处理方式，如任意一方丧失民事行为能力等；需明确约定名义股东应取得实际出资人书面授意后才可以行使股东权利，如果出现名义股东擅自处分股权或者不当行使权利，应向对方承担的违约责任；约定代持股权非名义出资人名下财产，如名义出资人陷入债务危机、离婚、死亡等情形时，代持股权不能作为其名下财产进行处分；设置严格的违约责任。

（2）维护名义股东权益需设条款包括：实际出资人的出资义务及不履行出资义务应承担的违约责任；需明确“因实际股东出资不到位或抽逃出资而产生的法律责任应由实际股东承担”；明确“如果名义股东按照实际股东的意愿履行股东权利义务，损害了其他股东或债权人利益，则产生的法律责任应由实际股东承担”。

股权的转让、收购和退出

一、股权转让

《公司法》未就股份有限公司的股权转让作出限制性的规定，一般股份有限公司股权转让除应遵守股份有限公司最高人数限制外，可在股东之间或向股东以外的人自由转让，上市公司股东转让股权应遵守《证券法》的相关规定，如限售期、持有5%公告等。

《公司法》第71条规定：“有限责任公司的股东之间可以相互转让其全部或者部分股权。股东向股东以外的人转让股权，应当经其他股东过半数同意。股东应就其股权转让事项书面通知其他股东征求同意，其他股东自接到书面通知之日起满三十日未答复的，视为同意转让。其他股东半数以上不同意转让的，不同意的股东应当购买该转让的股权；不购买的，视为同意转让。经股东同意转让的股权，在同等条件下，其他股东有优先购买权。两个以上股东主张行使优先购买权的，协商确定各自的购买比例；协商不成的，按照转让时各自的出资比例行使优先购买权。公司章程对股权转让另有规定的，从其规定。”投资人在这一点上应当格外注意。

《〈公司法〉解释四》第25条就“股东转让股权时通知其他股东的内容和形式”作出规定：“有限责任公司的股东向股东以外的人转让股权，书面通知其他股东，通知中已经包括受让人的姓名或名称、转让股权的类型、数量、价格、履行期限及方式等股权转让合同主要内容的，其他股东在收到通知后，应当在公司章程规定的行使期间内主张优先购买。”

其他股东没有在前款规定的行使期间内主张优先购买的，或者主张优先购买，但是不符合《公司法》和司法解释规定的同等条件的，视为同意转让并放弃优先购买权。《〈公司法〉解释四》第27条规定，有限责任公司的股东向股东以外的人转让股权，有下列损害其他股东优先购买权的情形之一，其他股东请求确认转让合同无效的，应予支持：

（1）未履行《公司法》和司法解释规定的程序订立股权转让合同。

（2）其他股东放弃优先购买权后，股东采取减少转让价款等方式实质改变《公司法》和司法解释规定的同等条件向股东以外的人转让股权。

（3）股东与股东以外的人恶意串通，采取虚报高价等方式违反《公司法》和司法解释规定的同等条件，导致其他股东放弃优先购买权，但是双方的实际交易条件低于书面通知的条件。

转让合同被认定无效后，其他股东可以请求按照实际交易条件购买该股权。

在股权激励过程中出现股权转让时，一定要有律师在场，以确保其法律效力。这是因为当企业以股票或股份激励时，实际上激励就变成了企业股票或股权的所有权发生了变化，为了确保股票或股权转让的合法性，必须有法律机构或律师认证。

二、股权回购

股权回购是指投资方在一定条件下，可以要求被投资企业或者股东等第三方回购其所持有的目标公司股权（份）的行为。股权回购包括有限责任公司异议股东股权回购请求权、股份有限公司股权回购、私募股权回购权等多项内容。

上市公司股份回购是指上市公司利用盈余所得后的积累资金（即自有资金）或债务融资，以一定的价格购回公司本身已经发行在外的普通股，将其作为库藏股或者注销，以达到减资或调整股本结构的目的。股份回购与分拆、分立同属于资本收缩范畴，它是成熟证券市场的一种常见资本运作方式和公司理财行为。股份回购的动机在于规避政府对现金红利的管理，或者是调整公司资本结构以应对其他公司的敌意收购。股份回购作为一种合法的公司行为，影响着公司的所有权与控制权结构。公司在股份回购完成后，可以将回购的股份予以注销。但在绝大多数情况下公司将回购的股份作为库藏股保留，库藏股仍属于发行在外的股票，但不参与每股收益的计算和分配。库藏股日后可用于员工股票期权计划、发行可转换公司债券等，或在需要资金时将其出售。

股权回购分为以下几种情形：

（1）异议股东股权回购。异议股东股权回购，即公司异议股东在符合法律规定的情况下，书面请求公司按照合理的价格收购其股权。《公司法》第 74 条、第 143 条对公司回购股份作出了相应的规定。

（2）减少公司注册资本。公司股份与注册资本是匹配的，如果公司想减少注册资本，应当注销相应的股份。减少注册资本是公司整体行为，不是股东个人行为，公司不可能直接注销股东个人的股份，应当先从股东个人手里收回股份，然后按照《公司法》的规定，在收购之日起十日内注销。

（3）与持有本公司股份的其他公司合并。与持有本公司股份的其他公司合并，两家公司变成一家公司，原来持有本公司股份的其他公司就持有了本公司股份。主要意图在于防止公司通过持有自己的股份，破坏股东平等原则，阻止公司经营者以不正当手段控制股东会。公司与持有本公司股份的其他公司合并后，公司应当回购其他公司持有的本公司股份，并在六个月内将这些股份转让或者注销。

三、股权的退出

《公司法》中有四种退出方式：股权转让、公司减资、异议股东股权回购、司法解散。其中，股权转让又分为两种方式：股权内部转让和股权外部转让；司法解散又分为法定解散和起诉解散。

其他股权退出方式还有：

（1）首次公开发行。首次公开发行股票（IPO）是指公司向社会公司第一次公开发行股份，这种退出方式对股东来说是比较理想的退出方式，但 IPO 对公司要求较高，且手续烦琐。

（2）通过并购退出。在股权并购中，股东可以将自己的股权转让给并购方，从而实现退出。在未来，并购可能是最重要的退出方式。

（3）通过新三板退出。公司在新三板挂牌后，股东也可以通过做市转让和协议转让的方式转让手中的股权。新三板退出是目前最受欢迎的退出方式。

（4）另类 IPO 退出。另类 IPO 是指借壳上市，非上市公司可以通过收购一些业绩较差的上市公司来间接实现上司。随着国家政策的日益完善，借壳上市日渐困难。

股东会、董事会、监事会

◎三会制度（股东会、董事会和监事会）

公司治理与股权分配是一个不可分割的整体。公司治理实际是股东会、董事会和监事会的分工安排以及议事规则。

股东会是公司的最高权力机构，董事会是执行机构，监事会是监督机构（见图 5-1）。

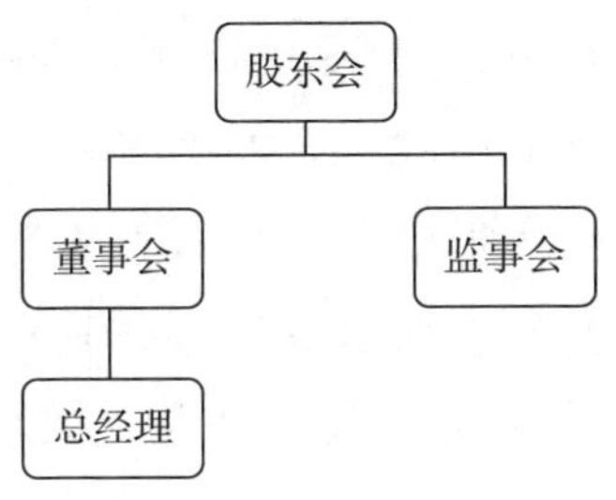

5-1　三会制度示意图

股东会由全体股东组成，必不可少，股东会是公司最高权力机构，对公司重大事项进行决策，有权选任和解除董事，决定公司经营管理的重大事项，对公司的经营管理有广泛的决定权。其他机构都由它产生并对它负责；董事会可以不设，只设执行董事；监事会可以不设，只设一名监事。董事会或执行董事可以聘任总经理，也可以不聘任。执行董事可以兼任总经理。

股东会一般按表决权决定（数表决权），只有在涉及新股东进入时采取一人一票制（数人头）；董事会和监事会都是一人一票制（数人头）。

（1）股东表决权。股东会会议由股东按照出资比例行使表决权，公司章程另有规定的除外。这里的出资比例为，在有股东实际缴纳出资的情况下，以实缴出资比例为准；在全体股东均未实际缴纳任何出资时，以认缴出资比例为准。

（2）股东分红权。股东的分红权一般与实缴的出资比例一致，但全体股东约定与此不一致的以全体股东约定为准。

（3）股权比例。股权比例一般是认缴出资比例。认缴出资额是股东承担有限责任的最大限度。股东会表决的事项分为一般事项和重大事项：一般事项只要 1/2 以上表决权通过即可，重大事项需要 2/3 以上表决权通过。这就是我们前面所列的几个关键股权比例的由来。无论是 1/2 还是 2/3，都是《公司法》的一般性规定，公司章程可以根据需要自行调整，但调整后的比例分别不能低于 1/2 或 2/3。

公司治理实际是安全和效率之间的平衡。一般来说，越多表决权通过的事项，越不容易犯错误，日后越不容易产生争议，这就是决策安全；但需要越多表决权通过的事，越不容易通过，这就影响了效率。安全更多的是保障小股东利益，效率是让公司尽快决策，由大股东行使权力。

召开股东会的法律风险

股东会代表了公司资本所有者的权益，股东会的决策代表着大多数资本所有者的公司经营意识，彰显着公司发展的方向。股东会的召开和作出的决议同时也暗藏着多种法律风险。

（1）股东会召集、表决程序瑕疵的法律风险。主要是指如果股东会召集人不是法定人员，则召集程序可能被认为是违反法律或公司章程的，股东可以请求法院予以撤销。比如，股东不出席股东会、出席不表决或中途退席等，致使股东会无法作出表决结果，而在章程中又没有相应规定，则存在风险。

（2）股东会记录瑕疵的风险。《公司法》规定股东会应当将所议事项的决定做成会议记录，出席会议的股东应当在会议记录上签名。股东会召开后，记录有瑕疵或者记录虚假，以及不做记录等，都将会产生法律风险。

（3）股东会决议违反法律和章程规定的风险。股东发现股东会决议违反了章程规定，可以请求法院予以撤销。而股东会的决议内容违反法律、行政法规的强制性规定，会导致决议无效。

（4）股东会僵局的法律风险。有限公司是兼具资合性和人合性的公司，由于股东间的利益冲突和观念矛盾，经常会在有些问题上达不成一致。当股东之间出现严重的情绪化抵触时，阻碍公司运行的情况就会不可避免地发生，导致公司无法形成决议，公司运行陷入僵局，致公司前进不能，后退不得。

股东及股东大会行使权力时的法律风险防范与控制

一、股东资格确认的风险防范与控制

由于股东法律意识不强或其他原因，常常出现隐名股东和挂名股东的现象。这就很容易出现股东资格上的瑕疵，股东行使权利时会出现很大的法律风险。

为了确认实际出资人的股东资格，应该从以下几个方面加以防范：审查公司章程；查阅工商登记；妥善保存出资证明；如是隐名股东，应核实其与显名股东签订的书面协议。

二、股东权利不当行使的法律风险防范与控制

股东权利的不当行使主要是指大股东或控股股东利用持股比例较高的优势，把持股东会决议的通过或拒不出席股东会会议，迫使股东会会议达不到表决权比例而“流产”。为防范此类风险的发生，应充分利用《公司法》赋予章程的自治原则，在章程中设置对大股东或控股股东权利的限制机制。比如，在章程中约定股东的真诚义务，不得控制公司、损害其他股东权益，股东在重大事项表决时表决权比例可适当调整，股东拒不参加股东会会议的制度限制及相应的责任，等等。

股东利益的保护是公司治理的核心问题，对中小股东利益的保护更是防范公司法律风险的前提。对股东会、董事会违法侵犯股东权利的行为，股东有权提起诉讼。为了保护中小股东的合法权益，《公司法》规定了股东的诉权。股东诉权的行使是股东权利的重要内容。股东诉权主要包括股东直接诉讼和股东派生诉讼两种类型。

股东直接诉讼亦称一级诉讼，是股东为了自己的利益对公司或其他侵权人提起的诉讼。比如，当股东的知情权、股东资格等受到公司或其他股东、董事会的侵害时，股东有权以自己的名义提起诉讼。一般来说，直接诉讼的原告是最终受益者。

股东代表诉讼指当公司怠于通过诉讼追究给公司利益造成损害的经营者的责任以维护公司利益时，股东有权以自己的名义代表公司提起诉讼，而所得赔偿归于公司的一种诉讼机制。通常，在权利被侵害时，公司可以通过司法救济向侵权人主张权利。但当侵权人是控股股东或控股股东委派的董、监、高时，公司就不能或不会通过诉讼来实现自己的权利。股东代表诉讼制度因此而生。股东代表诉讼的原告只是享有名义上的诉权，胜诉后利益归于公司，提起诉讼的股东只是由于拥有股份而间接受益。

三、股东权利滥用的法律风险防范与控制

《公司法》赋予股东依法享有资产收益权、重大决策参与权、选

择管理者的权利等，包括收益权、管理权、知情权、诉权及其他派生权利等。股东应合理行使法律赋予的权利，不应滥用股东权利。为防止部分股东与公司同业竞争或企图谋求其他不正当利益，利用知情权、质询权、诉权获取公司商业情报，应在章程中对上述权利的行使做出合理的限制性规范，如审查查询目的的正当性，对行使权利的范围、方式、方法、程序作出规定，对获取知情权后的后置义务如保密、责任承担作出规定，以避免股东权利行使的随意性。

四、股东会僵局的法律风险防范与控制

股东会产生僵局的原因有两种：一是股权设置畸形，股权均衡导致股东各占 50% 股权，只能形成完全同意的决议或无法形成决议。二是股东在章程中设定了更高的表决权要求，在大股东不参加表决或不同意表决内容的情况下，股东会无法形成决议，形成股东会僵局，从而导致公司无法正常运营，股东权益、公司权益受到损害。为防止公司僵局的出现，以及破解僵局，股东应充分利用公司自治原则，在章程中设置避免公司僵局出现的机制和僵局出现后的解决机制。

五、股东会召开通知的法律风险防范与控制

股东会有两种形态：定期会议和临时会议。对会议召开的时间只规定了提前十五天通知（公司章程或全体股东同意的规定除外），但对通知的主体、召开的地点、通知的方式、通知的程序没有作具体规定。为防止因通知的方式、程序、内容不当而导致股东会无法召开或召开无效的风险出现，应在章程中对下述事项予以明确：通知的主体即由哪个部门负责通知，以及没有通知到的法律后果、责任；通知的方式即通知到和视为通知到的情形；通知的内容：会议召开的时间、地点，会议的内容，会议召开的形式等。

六、出席股东会的股东人数的法律风险防范与控制

《公司法》仅规定了股东会由全体股东组成，但对股东出席比例达到多少才能召开却没有规定。为了确保股东会的决策符合大多数股东的利益，同时防止因人数不足而导致股东会无法召开以及若干股东会同时召开的情况发生，有必要在公司章程中规定最低出席人数，以及最低人数不足时的补救办法。

七、股东会表决权的法律风险防范与控制

《公司法》第 42 条规定："股东会会议由股东按照出资比例行使表决权；但是，公司章程另有规定的除外。"可见，如果公司章程对表决权没有规定，则实行法定的"按资表决"，即谁出资多，谁的表决权就越大。因有限公司具有"人合性"的特点，所以公司将表决权的优先权又赋予了公司章程。为维护大多数股东的权益，维护公司利益，股东应根据企业自身情况，由公司章程规定是"按人表决"还是"按资表决"以及表决的时间、表决的方式、未按规定表决的法律后果等，以更好地防范和控制公司风险的发生。

八、股东会会议的议事方式的法律风险防范与控制

《公司法》第 43 条规定："股东会的议事方式和表决程序，除本法有规定的外，由公司章程规定。股东会会议作出修改公司章程、增加或者减少注册资本的决议，以及公司合并、分立、解散或者变更公司形式的决议，必须经代表 2/3 以上表决权的股东通过。"

根据该条规定，股东对于"特殊决议"没有太大的作为空间，但公司章程对"普通决议"可以规定议事的规则与表决程序。对于法律未规定的事项，股东应在不违反法律规定的前提下，根据公司实际情况，由参加会议过半的人数表决通过相关决议。

九、股东会决议无效或被撤销的法律风险防范与控制

股东会决议无效。股东会决议内容违反法律、行政法规的无效，比如，股东会决议按《公司法》规定修改公司章程、增加或者减少注册资本的决议，以及公司合并、分立、解散、变更公司形式的决议必须经代表 2/3 以上表决权的股东通过而改为 1/2，则因股东会的决议内容违反了《公司法》的强制性规定而无效。

股东会决议被撤销。可撤销的情形有三种：一是会议召集程序、表决方式违反法律、行政法规；二是会议召集程序、表决方式违反公司章程；三是股东会决议内容违反公司章程。对于可撤销的情形，股东可在决议作出后的六十日内要求法院撤销。

因此，公司作出股东会决议时，应遵守法律和章程的规定，以免决议无效或被撤销。

董事及董事会的法律风险防范与控制

一、董事会

董事会是由董事组成的，对内掌管公司事务，对外代表公司的经营决策和业务执行机构。董事会由股东会选举。董事会设董事长一人，一般由董事会选举产生。董事任期三年，任期届满，可连选连任，董事在任期届满前，股东会不得无故解除其职务。股东人数较少和规模较小的有限责任公司，可以设一名执行董事，不设立董事会。执行董事可以兼任公司经理。董事会审议议案、决定事项，实行多数表决原则。

公司董事会对公司股东会负责。董事会是股东联结经理层的纽带，是代表股东利益对公司进行管理和控制的，股东将监管公司的权力让渡给董事会，是为了让董事会代表其利益来监管公司，因此，董事会本质上代表着股东利益，代表股东的利益进行公司治理，通过设立目标和制订实现目标的政策框架，引导和激励经理层按照董事会设立的框架最大限度地改善公司业绩，增加股东回报。

董事会是仅次于股东的最高权力机构，在从所有者到经营者的委托链中，董事会处于受托链最高层，享有股东授予的所有决策权，是公司经营管理的最高命令者，是公司强有力的领导者。为完成自身使命，董事会主要通过确立公司发展战略、选聘总经理、制定总经理的薪酬和决策公司重大事项来实现对企业的控制和管理。董事会需要选择合适的人组成，并遵循合适的程序卓有成效地完成任务。

二、行使董事会职权的法律风险防范与控制

《公司法》第46条规定了董事会的具体职权范围，对《公司法》明文规定的董事会职权，公司章程不能更改，也不能与之冲突。但公司章程可以对法定职权进行细化，使其便于操作。另外，公司章程可赋予董事会除法定职权以外的其他职权。董事会必须遵守法律规定和章程规定，不能超越规定越权行使权力，否则可能导致董事会决议的无效或被撤销。

根据《公司法》规定，董事会无权任用或免除监事，董事会解聘监事是越权行为。监事的任用由股东会决定，且股份有限公司中的监事还必须有职工代表。

三、董事会会议的议事方式与表决程序的法律风险防范与控制

《公司法》将董事会议事方式与表决程序制定权赋予了公司章程。之所以这样规定，是因为有限责任公司是“人合性”较强的公司，由公司章程规定董事会的议事方式与表决程序，有助于体现公司股东的主人翁意识，有利于公司适应不同规模、不同发展阶段的变化。

董事会会议议事方式与表决程序的确定是董事会会议顺利进行的重要前提，是董事会会议合法有效的重要保障。董事在表决时，一定要从公司利益和股东利益出发，不断提高业务水平和管理水平，本着勤勉尽责的原则审慎表决。

四、董事会僵局的法律风险防范与控制

规模较小、股东较少的有限责任公司可以不设董事会，只设执行董事即可。法律并不限制董事会成员的人数，如果董事会成员为偶数，董事会表决就可能出现赞成和反对票数相同的情况，从而导致董事会无法达成决议。

另外，如果公司董事会的成员之间矛盾多、对立冲突比较严重，在召开董事会会议时，可能会出现一些董事不到场也不授权他人的情况，从而达不到公司章程规定的召开董事会的人数，以致董事会会议无法召开。

为了最大限度地避免僵局的出现，公司章程应有相应的救济措施，比如，将董事会成员人数设置为单数；在偶数票情况下，董事长投票的一方为决议方；交由股东会会议决议等，以防对公司的正常经营管理造成损害。

五、董事违反忠诚义务的法律风险防范与控制

作为公司的日常决策机构人员，《公司法》规定了董事的忠诚义务。这些义务主要有：

1. 国家公务员不得兼任公司的董事、监事、经理。

2. 董事、监事、经理应当遵守公司章程，忠实履行职务，维护公司利益，不得利用在公司的地位和职权为自己谋取私利。不得利用职权收受贿赂或其他非法收入，不得侵占公司的财产。

3. 不得挪用公司资金或者将公司资金借贷给他人。

4. 不得将公司资产以个人名义或者以其他个人名义开立账户存储。

5. 不得以公司资产为本公司的股东或者其他个人债务提供担保。

6. 除公司章程规定或者股东会同意外，不得同本公司订立合同或者进行交易。

7. 除依照法律规定或者经股东会同意外，不得泄露公司秘密。

8. 执行公司职务时违反法律、行政法规或者公司章程的规定，给公司造成损害的，应当承担赔偿责任。

六、董事违反法律法规及过错行为的法律风险防范与控制

董事作为公司决策机构人员，应具有更高的法律意识和法律素养。《公司法》第 112 条第 3 款规定："董事应当对董事会的决议承担责任。董事会的决议违反法律、行政法规或者公司章程、股东大会决议，致使公司遭受严重损失的，参与决议的董事对公司负赔偿责任。但经证明在表决时曾表明异议并记载于会议记录的，该董事可以免除责任。"

董事应当明白自己肩负的企业责任、社会责任和道德责任，熟悉行业的专业知识和管理知识，知晓所在行业的法律风险环境及可能面临的风险因素，时刻严于律己。只有这样，才能更好地防范法律风险的发生。

七、执行董事行使权力时的法律风险防范与控制

有限责任公司股东人数较少或者规模较少，可以设一名执行董事，不设董事会。执行董事的职权，直接由公司章程来规定。公司章程在规定执行董事的职权时，不但要考虑到公司便于运营、发展，还要考虑到股东的合法权益不受侵害。所以，公司章程中最好规定将一般性公司事务交由执行董事来直接处理，如果涉及公司和股东的重大利益，比如，公司重大财产的对外担保、公司不动产的处分等，则应由股东会来作决定。

独立董事及其行使权力的法律风险防范与控制

独立董事是指来自外部的、与公司没有关联关系的非执行董事。无论董事会采取什么样的正式结构，都应该有足够的独立董事，他们能够给董事会带来客观的观点。独立董事的主要功能是防范大股东侵犯小股东和其他相关者的利益。

独立董事有三个特征：

（1）独立董事是外部董事，并非公司的全职董事。

（2）独立董事是与公司不存在相关商业或经济利益的非关联董事。

（3）独立董事是非执行董事，其并不直接管理公司具体事务。

正是因为独立董事在行使职权时能够独立于管理层作出决策，所以能够最大限度地保障公司决策的科学性，保障股东利益。

独立董事的引进可以有效地提升董事会的作用，其直接作用就表现在对形同虚设的董事会的强化。这种强化来自它独立于经理层的客观判断，也表现在使董事会内部的权力配置趋于平衡，使董事会的运作更加健康。

独立董事对上市公司及全体股东负有诚信与勤勉义务。独立董事应当按照相关法律法规、证监会的指导意见和公司章程的要求，认真履行职责，维护公司整体利益，尤其要关注中小股东的合法权益，使其不受损害。

独立董事行使权力时，要注意其法律风险的防范与控制：

1. 独立董事不独立。

独立董事由公司董事会、监事会、单独或合并持有公司股份 1% 以上股东提名，由股东大会选举产生，但有相当一部分独立董事表面上符合独立性条件，事实上是不独立的人选。许多独立董事是由公司管理层或大股东请来的“人情董事”，因小股东对独立董事人选很难发表意见，从而使大股东控制独立董事人选“合法化”。

2. 独立董事不“懂事”。

独立董事中不乏大量专家学者、精英，他们能否在繁忙的本职工作之余，拿出足够的时间，投入到独立董事工作中，是值得怀疑的。而且，一些经济学家不见得就是懂得企业实际经营的专家；一些法学家或律师可能连公司财务报告都看不懂，这种知识结构上有缺陷的人成为上市公司的独立董事，身系数万投资者的厚望，就成了令人难以原谅的“硬伤”。

事实上，很多独立董事缺乏独立性，他们受聘于上市公司，很难客观地行使监督权。很多上市公司聘请独立董事都青睐专家、学者，这并非为了让独立董事对公司运作进行监督，而是宣传公司的手段，无法发挥独立董事应有的作用。

富有成效的独立董事制度的建立，需要完善独立董事的法律体系，赋予独立董事一定的决策职能，更好地行使其监督职权；加强独立董事建设，建立健全相关的独立董事的职责、问责、监督等管理制度，使独立董事的职位名副其实。

监事会权力行使的法律风险

监事会是由全体监事组成的、对公司业务活动及会计事务等进行监督的机构。监事会是股份公司法定的必备监督机关，与董事会并列设置，对董事会和总经理行政管理系统行使监督的内部组织。设立监事会是为了保证公司正常有序、有规则地进行经营，保证公司决策正确以及决策的正确执行，防止滥用职权，危及公司、股东及第三人的利益。

监事会是股东大会领导下的公司常设监察机构，执行监督职能。监事会与董事会并立，独立行使对董事会、总经理、高级职员及整个公司管理的监督权。为保证监事会和监事的独立性，监事不得兼任董事和经理。监事会对股东大会负责，对公司的经营管理进行全面的监督。

从企业治理角度讲，监事会的监督具有纠偏的作用，但监事会履职行为只能靠外部监督，监督效果相对偏弱。从这一点来说，良好的道德品行是监事必须具备的一种素质。

一、监事会重点防范企业经营风险

监事会是公司法人治理结构中的重要职责机构，它接受股东大会的委托，履行公司纪律监督的职能，对内以监事会决议形式行使公司的纪律监督职权，干预公司的经营管理事务，但不能对外代表公司法人行使权力和承担义务。

《公司法》第 52 条规定：“有限责任公司设监事会，其成员不得少于三人；股东人数较少或者规模较小的有限责任公司，可以设一至二名监事，不设监事会。监事会应当包括股东代表和适当比例的公司职工代表，其中职工代表的比例不得低于 1/3，具体比例由公司章程规定。监事会中的职工代表由公司职工通过职工代表大会、职工大会或其他形式的民主选举产生……董事、高级管理人员不得兼任监事。”

监事会行使下列职责：检查公司财务；对董事、总经理执行公司职务时违反法律、法规或者公司章程的行为进行监督；当董事和经理的行为损害公司的利益时，要求董事和总经理予以纠正；提议召开临时股东大会；公司章程中规定的其他职权。

二、监事、监事会行使权力时的法律风险防范与控制

1. 监事会人员设置不当时的法律风险防范与控制。

（1）监事会成员不足法定人数。《公司法》规定，一般有限责任公司应设监事会，监事会成员人数至少为三人。但同时又规定，如果股东较少或规模较小的有限责任公司则不用设立监事会，设一至二名监事即可。设立监事会的，一定要保证监事会的成员人数在三个以上，其中包括三人。

（2）监事会成员中职工人数不足 1/3。《公司法》规定监事会成员中应包括股东代表及职工代表，具体比例由公司章程规定，但其中职工代表不得少于 1/3。有的公司监事会中没有职工代表，或职工代表不足 1/3。出现以上情况，监事会的构成就违反了法律规定，其作出的决议可能会归于无效。

（3）董事、高级管理人员兼任监事。这种情况相当于“既当球员又当裁判”。因此，在公司章程中必须明确界定“高级管理人员”的范围，避免监事与高级管理人员的任职重合，从而影响对公司的有效监督。

2. 监事会不行使权力或怠于行使权力、监督不力的法律风险防范与控制。

公司出现的内部人控制、大股东侵害小股东利益、公司股东利用职权进行违规关联交易等一系列问题，其中的重要原因就是公司监事会监督不力。

监事会监督不力的主要原因有：监事成员水平过低，缺乏对监事有效的激励和约束，监事权利过小。

因此，要从根本上加强监事会的监控职能，维护监事会组织的独立性。赋予监事会以明确的责、权、利，明确监事的责任，特别要明确其与独立董事的关系，避免监事与独立董事的职责重叠设置，出现互相扯皮，增加监督成本的现象。这样才能解决监事监督与不监督都一样的问题；保障监事会独立、有效地行使监督职权，才能有效地解决其监督无约束力的问题；对监事的报酬和出现失职时所应承担的连带责任作出明确规定，确认其应当承担的义务和责任，解决监事的监督动力不足的问题。

3. 监事滥用职权的法律风险防范与控制。

《公司法》规定，当监事会、不设监事会公司的监事发现公司经营情况异常，可以进行调查；必要时可以聘请会计师事务所等协助其工作，费用由公司承担。但是，如果监事滥用这一职权，则会扰乱公司的正常经营，引发董事会与监事的对立，甚至会因频繁调查而泄露公司的商业秘密。为防范监事滥用职权，给公司造成损害，有必要在章程中明确规定：监事滥用职权给公司造成损害的应承担赔偿责任。

“董监高”的忠实与勤勉义务

“董监高”的忠实和勤勉义务

《公司法》第147条规定：“董事、监事、高级管理人员应当遵守法律、行政法规和公司章程，对公司负有忠实和勤勉义务。董事、监事、高级管理人员不得利用职权收受贿赂或者其他非法收入，不得侵占公司的财产。”这是《公司法》对公司“董监高”的信义义务的规定。

在法律和公司章程的范围内，董事被授予了广泛参与管理公司事务和公司财产的权力。为确保董事权力的正当行使，防止董事放弃、怠于行使权力或者为自己的利益滥用权力，保护公司利益和全体股东的共同利益，从法律上对董事的义务作严格的规定，以约束董事的执行公司职务的行为，是非常必要的。勤勉义务，又称注意义务、善管注意义务，是指董事履行职责时，为实现公司的最佳利益，应当具有一个善良管理人的细心品质，尽一个普通谨慎之人的合理注意义务。忠实义务是指董事应当忠实履行职责，在其自身利益与公司利益发生冲突时，应当维护公司利益，不得利用董事的地位牺牲公司利益为自己或者第三人牟利。

“董监高”的忠实和勤勉义务包含以下内容：

（1）“董监高”人员负有遵守法律、行政法规和公司章程的义务，在守法和遵守公司章程的前提下，履行忠实义务和勤勉义务，不得采取非法手段为公司牟取不正当利益、从事违法经营活动。

（2）“董监高”的忠实和勤勉义务是对公司承担的法定义务，而不是对单个或者部分股东所承担的义务。“董监高”作为公司财产的监督管理者，应当为公司的利益，而不是为单个或者部分股东的利益，经营管理公司财产，监督公司财产的运营，保证公司财产的安全，实现公司的经济利益。

《公司法》第 148 条第二款规定了“董监高”的禁止性义务，即不得利用职权收受贿赂或者其他非法收入，不得侵占公司的财产。这项义务是忠实义务的一个具体内容。“董监高”利用职权收受贿赂或者其他非法收入，侵占公司财产，是侵害公司利益的行为，违背了法定的忠实义务，必须予以禁止。

“董监高”不得有下列行为：

（1）挪用公司资金。

（2）将公司资金以其个人名义或者以其他个人名义开立账户存储。

（3）违反公司章程的规定，未经股东会、股东大会或者董事会同意，将公司资金借贷给他人或者用公司财产为他人提供担保。

（4）违反公司章程的规定或者未经股东会、股东大会同意，与本公司订立合同或者进行交易。

（5）未经股东会或者股东大会同意，利用职务便利为自己或者他人谋取属于公司的商业机会，自营或者为他人经营与所任职公司同类的业务。

（6）将他人与公司交易的佣金归为己有。

（7）擅自披露公司秘密。

（8）违反对公司忠实义务的其他行为。

“董监高”违反上述规定所得收入应当归公司所有。“董监高”违反上述规定给公司造成损失的，应当承担赔偿责任。

总经理的法律风险防范与控制

总经理是公司内部负责日常管理者，总经理由董事会聘任。总经理是董事会决议的执行者、日常经营管理者，总经理的选任关系着公司能否正常健康运营，总经理是否尽心履职，也直接关系着公司发展的步伐。总经理行使权力时要注意自身法律风险的防范与控制。

一、选任总经理时的法律风险防范与控制

董事会在选任总经理时一定要擦亮眼睛。选任的总经理，不但要有管理能力，更要有良好的品行。因为总经理不是经营自己的公司，而是在为公司股东服务。如果总经理的品行出现道德危机，很可能会做出损害公司利益或股东利益的事情，所以，总经理一定要选任能力强、品行好的双优人才，这样才能有效防范经理道德危机引发的各种法律风险。

二、总经理行使权利时的法律风险防范与控制

《公司法》第 49 条规定总经理的法定职权为：

（1）主持公司的生产经营管理工作，组织实施董事会决议；

（2）组织实施公司年度经营计划和投资方案；

（3）拟订公司内部管理机构设置方案；

（4）拟订公司的基本管理制度；

（5）制定公司的具体规章；

（6）提请聘任或者解聘公司副经理、财务负责人；

（7）决定聘任或者解聘除应由董事会决定聘任或者解聘以外的负责管理人员；

（8）董事会授予的其他职权。

另外，公司章程对经理职权另有规定的，从其规定。

可见,《公司法》对总经理的职权给予了很大的灵活性。如果总经理的权限过小,就会束手束脚,不能最大程度地发挥作用;权限太大,又不利于监督,对公司利益产生风险。公司应根据公司发展的不同阶段、规模大小、总经理的表现等,科学合理地授权和规范总经理的职权,同时完善管理制度,加强监管措施。

三、总经理对外行使权力时的法律风险防范与控制

总经理的权能可以分为对内的管理权和对外的代理权。前者是指总经理对内生产经营管理的职能,后者是指总经理对外代表公司从事业务往来的职权。因为总经理对外可以代表公司,总经理的行为最终由公司承担后果,所以,对总经理的行为要加以勤勉限制,即总经理的对外行为必须从公司的利益出发,否则要承担赔偿责任。公司可从制度建设及聘用程序中对总经理的行为加以规范。

企业外聘总经理的法律风险

企业想要做大做强,必须引入具备相当职业素质和职业能力的总经理协助老板管理企业日常事务。而总经理往往是与企业创始人无关联的职业群体。总经理加入公司后,负责企业重大事项的拟订和实施,深刻影响着企业的未来发展。公司所有者不可能立即完全信任总经理,但切忌对总经理的工作大包大揽,以免导致总经理缺乏主动性甚至被边缘化。因此,企业老板在赋予总经理大权的同时,应进行风险防范。

从法律视角来看,总经理的引入明显会带来三个方面的风险:

(1)老板与总经理之间,由于所掌握的信息不对称,使得老板无法辨别总经理的经营管理决策及投资决策是否符合所有者权益。因此,老板对总经理的不当行为要有预见性并有效防范。

(2)总经理一旦操纵董事会,与股东大会形成对抗,极易阻碍企业重大决策的制定、通过和执行，公司高管间的利益冲突会对公司正常运营产生显著的不利影响。根据《公司法》第 37 条规定，股东大会有权选举和更换非由职工代表担任的董事、监事，决定有关董事、监事的报酬事项。在规定中，股东大会对董事会具有压倒性的控制力，但在现实中，股份往往相对分散，在不具有控股股东的情况下，相对的大股东在董事会中的人数往往没有明显优势，股东对按人头表决的董事会难免会束手无策。因而，总经理可能操纵董事会为个人谋求企业所有者意愿之外的利益。

(3)《公司法》第 147 条、《证券法》第 131 条均规定了总经理对企业具有忠实义务和勤勉义务，但在企业老板将企业事务交由总经理管理后，如果缺乏监事会、股东大会及相关规章制度的约束，总经理的行为很可能会“脱轨”。企业不能将对总经理的约束仅仅建立在思想道德和职业责任感上，如果总经理缺乏主人翁意识，在企业经营决策过程中便会过于短视，倾向于追求短期利益最大化，追求短期利益，哪怕是一种博弈也会去冒险尝试。总经理一旦出现违法违规操作，将给企业带来灾难性的危害。

虽然企业引入总经理存在这些风险，但老板不能因噎废食，将所有的事情一肩挑，最佳的策略就是“疑人要用，用人要疑”。通过建立良性的体制，使总经理成为企业发展的不竭动力。

第六章

企业运营的外部风险与防范

合同签订的法律风险

合同形式选择的法律风险

《民法典》第469条规定:“当事人订立合同,可以采用书面形式、口头形式或者其他形式。书面形式是合同书、信件、电报、电传、传真等可以有形地表现所载内容的形式。以电子数据交换、电子邮件等方式能够有形地表现所载内容,并可以随时调取查用的数据电文,视为书面形式。”

企业订立合同,应尽量采取书面形式来订立合同。书面形式不仅更加明确、翔实,一旦发生争议也方便取证,有利于保障自身权益。

《民法典》对合同形式的要求相对比较宽松,书面的、口头的、电子邮件、传真等都可以作为合同的形式,这样宽松的要求有助于合同双方尽快订立合同,但也对合同双方造成了法律风险。因为口头合同的证明力较书面合同要弱,且对口头合同的举证也存在困难,这就使得企业可能在日后的诉讼或仲裁中承担较大的败诉风险。而电子邮件和传真,又因为其易被篡改而同样使得企业承担较大的法律风险。因此,采用书面合同的方式是最好的选择。

此外,需要注意电子商务中的电子合同,电子合同是在网上签订的无纸化合同,目前主要有两种方式:一种是企业之间直接进行接洽,如某企业建立网站,通过自己的订购货系统和客户进行接洽;另一种是通过第三方提供电子商务平台进行,如国际贸易中常用的电子数据交换系统（EDI），以及目前网上十分流行的各商业网站提供的 B2B（企业对企业）、B2C（企业对消费者）平台。由于电子合同签订后，一般不再签订书面的确认协议，而电子商务的相关法律规定还不够完善，且电子合同存在被篡改的可能，篡改后如何找到电子合同被篡改的证据、如何证明合同双方的真实内容是较难解决的问题，因此一旦发生纠纷，举证将存在一定难度，这对企业而言是需要事先考虑和防控的法律风险。

订立书面合同时，要注意格式条款风险。格式条款是当事人为了重复使用而预先拟订，并在订立合同时未与对方协商的条款。由于语言文字存在解释的多样性等，经常会发生对格式条款存在不同理解的情况。对此，《民法典》第 498 条规定："对格式条款的理解发生争议的，应当按通常理解予以解释。对格式条款有两种以上解释的，应当作出不利于提供格式条款一方的解释。格式条款和非格式条款不一致的，应当采用非格式条款。"《民法典》第 497 条规定："提供格式条款一方不合理地免除或者减轻其责任、加重对方责任、限制对方主要权利、排除对方主要权利的，该条款无效。"因此，如果企业作为提供格式条款的一方，则应注意该格式条款对己方的利害关系，避免签订含有对己方不利的格式条款的合同；否则，企业一旦签字，就可能会因为不能主张格式条款无效而承担对己方不利的合同义务。

合同的订立

在合同订立的过程中，老板要注意对对方当事人的审查，注意严格按照法律程序订立合同，注意在合同订立阶段企业自我权益的保护，才能避免陷入合同签订中可能存在的陷阱。在订立合同过程中掌握以下注意事项，对合同未来的顺利履行至关重要：

一、合同订立的程序

1. 要约。要约是希望与他人订立合同的意思表示。要约非民事法律行为，其内容是对合同内容的设计，适用法律对意思表示的规定。一项订约提议要成为要约，取得法律效力，应当具备有关的有效要件：

《民法典》第 471 条规定："当事人订立合同，可以采取要约、承诺方式或者其他方式。"

要约内容必须确定和完整，必须具备合同的基本条款。《民法典》第 472 条规定："要约是希望与他人订立合同的意思表示，该意思表示应当符合下列条件：内容具体确定；表明经受要约人承诺，要约人即受该意思表示约束。"

要约的内容必须明确，使受要约人能理解要约人的真实含义，绝不能含糊不清。如果一方只是表示订约愿望而未提出合同的主要条款，则不构成要约，只能作为要约的邀请。《民法典》第 473 条规定："要约邀请是希望他人向自己发出要约的表示。拍卖公告、招标公告、招股说明书、债券募集办法、基金招募说明书、商业广告和宣传、寄送的价目表等为要约邀请。商业广告和宣传的内容符合要约条件的，构成要约。"要约邀请只是订立合同的准备行为，其本身不具有要约效力。

要约必须由具有订约能力的特定人作出的意思表示；必须向要约人希望与之缔结合同的特定的受要约人发出。即发出要约的人应是可以确定的，以便受要约的人作出答复；要约的内容必须具体明确；要约必须具有订立合同的意图。这样才能构成一个有效的要约，并使要约发出后产生应有的约束力。

要约的约束力又称要约的法律效力，也就是对要约人和受要约人产生一定的效力。主要表现有二，一是要约生效后，在其存续期间不得擅自变更或撤回；二是要约一经受要约人承诺，合同即告成立，要约人要受要约的约束。

有关要约的生效时间，《民法典》合同编仍旧沿用《合同法》中的到达主义原则，即要约到达受要约人时生效。

要约可以撤回。要约的撤回适用《民法典》第 141 条的规定："行为人可以撤回意思表示。撤回意思表示的通知应当在意思表示到达相对人前或者与意思表示同时到达相对人。"

第 476 条规定："要约可以撤销，但是有下列情形之一的除外：(一)要约人以确定承诺期限或者其他形式明示要约不可撤销；(二)受要约人有理由认为要约是不可撤销的，并已经为履行合同做了合理准备工作。"

第 477 条规定："撤销要约的意思表示以对话方式作出的，该意思表示的内容应当在受要约人作出承诺之前为受要约人所知道；撤销要约的意思表示以非对话方式作出的，应当在受要约人作出承诺之前到达受要约人。"

要约在一定条件下会丧失其法律约束力，这就是要约的失效。《民法典》第 478 条的规定，要约在下列情形下会失效：

(1)要约被拒绝；

(2)要约被依法撤销；

(3)承诺期限届满，受要约人未作出承诺；

(4)受要约人对要约的内容作出实质性变更。

2. 承诺。承诺是受要约人同意要约的意思表示。承诺的构成必须具备以下要件：

(1)承诺的意思表示应是由受要约人向要约人作出。非受要约人所作的意思表示，不能作为承诺。受要约人作出同意要约的意思表示应向要约人作出，否则也不能作为承诺。

(2)承诺的内容须与要约的内容一致。承诺应是对要约的内容予以全部接受。如果受要约人对要约的内容只是部分接受，或作出实质性的添加、限制或者其他实质性变更的，则要约人作出的答复，不作为承诺，而构成新要约。实质性变更指有关标的、价款、质量、数量、履行地点、时间、违约责任或解决争议方法等内容的变更。

（3）承诺的表示应当符合要约的要求。除了根据交易的性质、习惯或者要约表明承诺不需要通知的以外，承诺应当以要约通知的方式作出。

（4）承诺应在要约的有效期限内作出并到达要约人。如果超出要约有效期，则受要约人所作的答复构成新要约。

承诺一般应于通知到达要约人时生效。承诺不需要通知的，应于有符合交易的性质、习惯所确定的方式或者要约表明的其他方式的情形时生效。受要约人在承诺期限内发出承诺，按照通常情形能够及时到达要约人，但因其他原因承诺到达要约人时超过承诺期限的，除要约人及时通知受要约人因承诺超过期限不接受该承诺的以外，该承诺有效。

要约邀请、要约、承诺在合同订立的次序上前后衔接，联系十分紧密，但三者是合同订立过程中的不同阶段，具有不同的法律性质和法律效力。

二、合同的成立

合同的成立一般需要具备以下要件：第一，须有双方或多方当事人；第二，当事人各方意思表示一致；第三，当事人各方一致的意思表示所设立、变更或终止的民事权利义务关系具有可履行性。合同成立的时间与合同成立的地点是判别合同成立的两个重要因素。

1. 合同成立的时间。合同成立的时间因合同为诺成合同或实践合同而有所不同。实践性合同需交付标的物才能成立，因而实践性合同成立的时间是当事人交付标的物的时间。诺成性合同一般自当事人对合同必要条款协商一致时成立，因而一般自承诺生效时合同成立。

《民法典》第三编“合同”规定，当事人采用合同书形式订立合同的，自当事人均签名、盖章或者按指印时合同成立。在签名、盖章或者按指印之前，当事人一方已经履行主要义务，对方接受时，该合同成立。法律、行政法规规定或者当事人约定合同应当采用书面形式订立，当事人未采用书面形式但是一方已经履行主要义务，对方接受时，该合同成立。当事人采用信件、数据电文等形式订立合同要求签订确认书的，签订确认书时合同成立。当事人一方通过互联网等网络信息发布的商品或者服务信息符合要约条件的，对方选择该商品或者服务并提交订单成功时合同成立，但是当事人另有约定的除外。

法律、行政法规规定或者当事人约定采用书面形式订立合同，当事人未采用书面形式但一方已经履行主要义务，对方接受的，该合同成立。

2. 合同成立的地点。合同成立的地点是当事人之间最终达成协议，使合同产生并存在的地点。合同的成立地点关系到合同案件的管辖，会对当事人的权利义务产生影响。判断合同成立的地点，具体而言：

（1）承诺生效的地点为合同成立的地点。《民法典》第 492 条规定："承诺生效的地点为合同成立的地点。采用数据电文形式订立合同的，收件人的主营业地为合同成立的地点；没有主营业地的，其住所地为合同成立的地点。当事人另有约定的，按照其约定。"第 493 条规定："当事人采用合同书形式订立合同的，最后签名、盖章或者按指印的地点为合同成立的地点，但是当事人另有约定的除外。"

（2）实践中会出现这样三种情况：一是双方当事人签字或者盖章在同一地点，在此情况下，双方当事人的签字或者盖章同时完成，即该处为承诺生效的地点，也为合同成立地点；二是签字或者盖章不在同一地点时，完成最终签字或者盖章的地点为合同成立地点；三是根据交易习惯或者要约的要求，以行为作为承诺方式的，应以该承诺行为生效的地点作为合同成立的地点。

三、合同的订立、履行需要遵循的原则

这些原则是合同得以存在的前提和基础，当具体的法律规定出现空缺时，《合同法》的原则是判断合同有效与否的依据。

1. 平等原则。平等原则是指合同当事人法律地位平等，不论是自然人之间、法人之间、其他经济组织之间以及自然人、法人、其他经济组织之间订立的合同，合同当事人的地位都是平等的。平等原则贯彻于合同的全部过程中，它要求合同当事人以平等、协商的方式，设立、变更或解除合同关系，避免一方将自己的意志强加于对方的情况发生。

2. 自愿原则。合同自愿原则的本质，是法律认可当事人自主决定是否受约束以及受什么样的约束的自由选择权。自愿原则的核心是遵从当事人的意思，它是指自然人、法人和其他组织在是否订立合同、同谁订立合同、订立什么样的合同以及变更转让合同和选择解决合同纠纷的方式时，完全由他们自己决定，任何单位和个人不得非法干涉。但自愿原则并不意味着当事人可以随心所欲地订立合同而不受任何约束，它必须是在法律规定范围内的自愿。

3. 公平原则。公平原则是《合同法》中确定的基本原则。公平原则是指合同当事人公平地确定合同权利义务，使双方的权利义务安排大致相当，合同当事人不得利用自己的优势地位或对方的不利地位订立显失公平的合同。合同的公平原则要求合同双方当事人之间的权利义务要基本平衡，即双方当事人之间给付与对待给付之间要具有等值性。

4. 诚实信用原则。诚实信用原则要求民事主体在经济活动中应以诚实守信、善意的方式履行其义务，要求维持当事人之间的利益以及当事人利益与社会公共利益之间的平衡。不得滥用权力及规避法律和合同规定的义务。诚实信用原则的作用在于确定诚实守信，以善意方式行使权利与履行义务等行为规则，平衡当事人之间的各种利益冲突和矛盾，解释法律和合同等。

◌定金、订金与押金的一字之别

在签订合同时经常会缴纳定金、订金或者押金，很多人分不清三者的法律属性及法律效果。

一、定金

定金是指为担保合同债权的实现，双方当事人通过书面约定，由一方当事人向对方预先支付一定数额的金钱作为担保的方式。《民法典》第 586 条、第 587 条对定金作出了相关规定。从担保的角度看，定金主要有以下法律特征：

1. 定金担保具有惩罚性。《民法典》第 587 条规定："债务人履行债务的，定金应当抵作价款或者收回。给付定金的一方不履行债务或者履行债务不符合约定，致使不能实现合同目的的，无权请求返还定金；收受定金的一方不履行债务或者履行债务不符合约定，致使不能实现合同目的的，应当双倍返还定金。"其中，无权要求返还定金和双倍返还定金的规定都是定金担保的惩罚性的具体表现。

2. 定金担保的主体具有特定性，即债务人只能自己为自己提供债务的定金担保。这种担保方式较为便捷、有效。

3. 定金担保的标的物具有特定性，即法律规定为金钱的偿付。

4. 定金担保有最高限额的规定。《民法典》第 586 条规定："当事人可以约定一方向对方给付定金作为债权的担保。定金合同自实际交付定金时成立。定金的数额由当事人约定；但是，不得超过主合同标的额的 20%，超过部分不产生定金的效力。实际交付的定金数额多于或者少于约定数额的，视为变更约定的定金数额。"

5. 定金具有双向担保功能。这是定金担保优于其他担保方式的突出特点，尽管只是一方当事人为一定金钱的给付行为，但定金担保可以约束双方当事人，任何一方违约，均可适用定金罚则。

6. 定金担保适用范围仅限于合同之债，而不适用于其他债的担保或者作为反担保，而且多为合同双方当事人无法同时履行而仅能先后分别履行债务的情形，一般给付定金的一方应为依约承担金钱支付义务的一方。

二、订金

严格来讲，订金只是一个习惯用语，而非法律概念。订金的交付应当理解为预付款的交付，其目的不外乎解决收受订金的一方的资金周转短缺，从而增强其履约能力。订金与定金最本质的区别在于，订金不具备债的担保性质，收受订金的一方违约，只需返还所收受的订金即可，而无须双倍偿付。

订金与定金的区别具体表现在以下几个方面：

1. 定金合同相对于主合同而言是从合同，除非当事人有特殊约定，主合同无效则定金合同亦无效；而当事人关于订金的约定是主合同的组成部分。

2. 订金不具有债的担保功能，其功能在于为一方当事人履行债务提供资金上的一定支持。订金的给付本身属于给付订金一方当事人履行债务的行为。

3. 定金一经给付，则发挥制裁违约方、补偿守约方的功能；而订金给付后，如发生一方违约，导致解除合同的情形时，收受订金的一方必须如数退还订金。

4. 定金担保方式可以适用于各种合同，而订金只适用于金钱的给付为一方履行债务的合同中，多见于买卖合同、租赁合同、承揽合同等有名合同之中。

三、押金

押金是质押担保的一种特殊形式，押金是为了担保债务的履行，债务人或第三人将一定数额的金钱移交债权人占有，在债务人不履行合同时，债权人可以债务人所交押金优先受偿；如债务人依约履行了债务，则其所交押金可以抵作价款或者收回。

依据法律没有强制性规定即为合法的法律原则，法律允许当事人在经济活动中采取约定给付一定数额的押金这种担保方式。

押金的法律属性及其与定金的法律特征的异同体现在：

1. 定金担保的是债权，不具有物权效力；而押金应属于担保物权的范畴。定金具有惩罚违约方的功能，给付定金一方不履行合同定金不能退还，接受定金一方不履行合同，要双倍返还定金；而押金仅具有担保合同义务人履行合同的作用，其对违约方的制裁仅以所交的押金为限。

2. 定金是法定的担保方式，而押金只是民间交易过程中习惯上采用的方式，我国法律既未明确承认也不禁止押金这种担保方式。

3. 定金的设定仅限于被担保合同的当事人，而押金的给付可以是主合同的债务人，也可以是债务人以外的第三人。

4. 定金有限额规定，其数额不得超过主合同标的额的 20%，而押金则没有这一要求，押金的数额可由当事人自由约定，其数额可以高于或者低于主合同的标的额。

基于定金、订金、押金的法律属性的理解和认识，老板可根据自己的需要，合理选择使用。如果选择定金担保方式，必须在合同中明确约定定金合同的性质，且其约定必须符合法律关于定金限额的规定，采用书面的形式约定等。

缔约过失责任

合同法律风险可以分为合同签订的法律风险、合同履行的法律风险、合同变更中的法律风险、合同解除的法律风险和合同担保的法律风险。

缔约过失责任是指在订立合同过程中，一方因违背诚实信用原则所要求的义务而致使另一方信赖利益遭受损失，依法应承担的民事责任。

一、缔约过失责任的法律特征

缔约过失责任的法律特征主要表现在：

1. 缔约过失责任是在订立合同中产生的法律责任，不同于合同成立后发生的违约责任。

2. 缔约过失原则存在的基础是诚实信用原则。法律要求当事人履行诚实信用原则的先履行合同义务（合同履行前已经担负的义务），否则要承担缔约过失责任。

3. 缔约过失责任是过错责任。主观上有故意或过失是构成缔约过失责任的要件。

4. 缔约过失责任是一种损害赔偿责任，以给缔约对方造成损失为要件，具有补偿性。

二、构成缔约过失责任的条件

1. 该责任发生在订立合同的过程中。这是违约责任与缔约过失责任的根本区别。只有合同尚未生效，或者虽已生效但被确认无效或被撤销时，才可能发生缔约过失责任。

2. 当事人违反了诚实信用原则所要求的义务。由于合同未成立，因此当事人并不承担合同义务。但是，在订约阶段，依据诚实信用原则，当事人负有保密、诚实等法定义务，这种义务也称前合同义务。

3. 受害方的信赖利益遭受损失。所谓信赖利益损失，是指一方实施某种行为（如订约建议）后，另一方对此产生信赖（如相信对方与自己立约），并为此发生了费用，后因前者违反诚实信用原则导致合同未成立或者无效，该费用未得到补偿而受到的损失。

三、缔约过失责任的情形

《民法典》第 500 条、501 条规定了缔约过失责任的四种情形：

1. 假借订立合同，恶意进行磋商。恶意磋商的真实目的可能是破坏对方与第三方订立合同，也可能是贻误竞争对手商机等。

2. 故意隐瞒与订立合同有关的重要事实或者提供虚假情况。依诚实信用原则，缔约当事人负有如实告知义务，主要包括：告知自身财务状况和履约能力，告知标的物真实状况（包括瑕疵、性能、使用方法等）。若违反此项义务，即构成欺诈；若因此致对方受到损害，应负缔约过失责任。

3. 其他违背诚实信用原则的行为。主要情形有：违反有效要约和要约邀请，违反初步协议，未尽保护、照顾、通知、保密等附随义务，违反强制缔约义务。

4. 当事人在订立合同过程中知悉的商业秘密或者其他应当保密的信息，无论合同是否成立，不得泄露或者不正当地使用；泄露、不正当地使用该商业秘密或者信息，造成对方损失的，应当承担赔偿责任。

缔约过失责任不同于违约侵权责任，其损害赔偿的范围主要包括五个方面：

（1）订立合同所支出的费用，包括交通费、通信费、考察费、餐饮住宿费等；

（2）准备履行或履行合同所支出的费用，如仓储费、运费、保险费等；

（3）主张合同无效或可撤销时支付的诉讼费用或其他费用；

（4）上述费用的利息损失；

（5）丧失与他人签约机会等情形下产生的间接损失等。

合同条款的法律风险

条款不合法会被认定为无效；而条款不完备、不准确，使得合同方履行合同没有一个明确的标准，从而产生纠纷。以合同价款、合同履行地点这两项合同主要条款内容为例，如合同谈判中双方谈定的价格比市场价格优惠很大比例，但合同中约定不明确，依据《民法典》第 510 条、第 511 条规定，将会按照订立合同时履行地的市场价格履行，对付款一方而言将会支付较高的价格，企业无疑会受到损失。如买卖合同的交货地点本应在买方所在地，但如果未约定或约定不明确，将会在履行义务一方所在地履行，即在卖方所在地交货，买方需要自行至卖方所在地提货，这对买方而言法律风险是不言而喻的。

现实生活中存在着大量的合同欺诈现象，所以老板在签订合同时，应认真对合同条款的内容进行考量，对自己的履约能力进行评估，这样才不至于在付出了辛劳后还得赔偿对方高额的违约金。

一、老板在签订合同时应当做好订立合同的前期准备

审查和了解是关系合同能否成立和可行的因素，是订立合同的前提条件。

1. 要进行必要的市场调查。

2. 要对签约主体资格进行审查，包括对方是否依法领取营业执照、合法经营范围、履行合同能力及履行合同信用等。

3. 对合同的内容进行仔细地考评。

4. 合同条款要齐全。合同条款是认定合同是否合法有效的重要依据。经济合同一般主要条款有标的、数量和质量、价款和酬金、履行期限、地点和方式、违约责任等条款。合同条款一定要齐全，缺一不可。

5. 合同条款的表述要具体、准确。合同条款不准确或不具体，是造成合同纠纷或给不法分子以可乘之机的重要原因。

二、防范合同陷阱，特别注意合同条款的表述

1. 标的条款的表述。标的条款，应写明产品的名称、牌号、商标、型号、规格、等级甚至花色等，力求清楚、准确，不能有简略，也不能以为专业人员明白了就行，更不能因双方经济往来频繁，便以“按老规矩办”来订立合同。

2. 产品质量条款的表述。质量的表述，可因买卖方式不同而不同，有的可根据样品表述。有的可按产品规格、型号、等级表述，有的可按产品牌号、商标表述，有的可从产地名称方面表述，不管是哪种方式，都要力求具体准确，不要使用“上好”等表述不严谨的语言。

3. 数量条款的表述。特别是注意数量的计量单位，要使用国家规定的计量标准和方法，不要使用含糊不清的计量概念，更不要用笼统弹性的提法。

总之，合同的每一个条款都可能成为合同一方欺诈的手段。合同的当事人可能在合同的标的、数量、质量、价款、履行期限、地点或方式等任何一个方面做手脚，然后使合同的另一方违约，从而达到获取高额违约金的目的。要对自己的实际履约能力做到心中有数，在签订合同时能够从自己的实际能力出发，实事求是。卖方应逐项分析己方履约能力的构成因素，确保能够在合同规定的履约期内完全履行自己的义务。

三、格式条款与格式合同

格式条款是当事人为了重复使用而预先拟订，并在订立合同时未与对方协商的条款。

格式条款合同又称格式合同、附合合同，它是指由一方当事人预先制定的，并由不特定的第三人所接受的，具有完整性和定型化的合同条款。一些法律上垄断经营的行业（如公用事业，如邮电、铁路等）和事实上垄断经营的行业（如保险、银行等）均适用格式合同。

当事人采用格式条款订立合同时，提供格式条款的一方应当遵循公平原则确定当事人之间的权利和义务，并采取合理的方式提示对方注意免除或者减轻其责任等与对方有重大利害关系的条款，按照对方的要求，对该条款予以说明。提供格式条款的一方未履行提示或者说明义务，致使对方没有注意或者理解与其有重大利害关系的条款的，对方可以主张该条款不能作为合同的内容。

《民法典》第497条规定，有下列情形之一的，该格式条款无效：

1. 具有本法第一编第六章第三节和本法第506条规定的无效情形；

2. 提供格式条款一方不合理地免除或者减轻其责任、加重对方责任、限制对方主要权利；

3. 提供格式条款一方排除对方主要权利。

四、格式条款的解释

《民法典》中关于格式条款的解释之规范包括第498条对格式条款理解发生争议时的特别规定，以及第142条关于合同条款解释的一般规定。在需要对条款进行解释的情形下，应当首先适用第498条所确立的解释规则：

1. 通常解释原则。格式条款引发争议时，首先应当按照通常理解予以解释。由于格式条款的受要约主体为不特定的相对人，因此当以可能订约者的平均的、合理地理解为格式条款进行通常的、一般意义的解释。

2. 不利于提供方的解释原则。《民法典》第498条规定："对格式条款有两种以上解释的，应当作出不利于提供格式条款一方的解释。格式条款和非格式条款不一致的，应当采用非格式条款。"当合同双方当事人对条款有不同解释时，应为对消费者有利，即采用不利于条款提供者的解释。

3. 非格式条款解释原则。所谓非格式条款又称个别约定条款或非标准化条款，是指当事人双方就特定事件，于缔约之际，对于其合同内容的全部或一部分予以具体约定的条款。实践中体现为手写条款或备注条款等。根据《民法典》第498条规定，格式条款和非格式条款不一致的，应当采用非格式条款。格式条款与特别商定的非格式条款可能并存于同一合同中，此时按照特殊条款优先于一般条款的适用规制，在解释上应当优先采用非格式条款。

合同的效力

无效合同的法律风险

无效合同是指合同虽然已经成立，但因其严重欠缺生效要件而不产生法律效力的合同。无效合同从其订立时起就不发生法律效力，对合同双方当事人均无约束力，不受国家法律的承认和保护。

依据《民法典》第 146 条至第 154 条的规定，行为人与相对人以虚假的意思表示实施的民事法律行为无效。以虚假的意思表示隐藏的民事法律行为的效力，依照有关法律规定处理。

老板需要注意无效合同的特征。如果一个合同存在以下情形之一，老板可以断定其为无效合同：

1. 一方以欺诈、胁迫的手段订立的损害国家利益的合同。仅存在欺诈和胁迫的情形并不能判定合同为无效，在这一情形中，损害国家利益是必备要件。

2. 恶意串通，损害国家、集体或第三人的利益的合同。

3. 以合法形式掩盖非法目的的合同。

4. 损害社会公共利益的合同。

5. 违反法律、行政法规的强制性规定的合同。但是，该强制性规定不导致该民事法律行为无效的除外。

6. 违背公序良俗的民事法律行为无效。

7. 行为人与相对人恶意串通，损害他人合法权益的民事法律行为无效。

无效合同分为全部无效合同和部分无效合同。全部无效合同是指合同的全部条款不发生任何法律效力的合同，又称合同绝对无效；部分无效合同是指其中某些条款因违反法律法规而无效，但其他部分仍具有法律效力的合同。合同无效的确认归人民法院和仲裁机构。

可变更、可撤销合同的风险

可变更、可撤销合同是指合同当事人订立的合同欠缺生效条件时，一方当事人可以依照自己的意思，请求人民法院或仲裁机构裁决，从而使合同的内容变更或者使合同的效力归于消灭的合同。依据《民法典》第 147 条至第 151 条的规定，基于重大误解订立的、显失公平的民事合同、以欺诈或胁迫手段签订的合同归为可撤销合同的范畴。

下列合同属于可变更、可撤销合同：

1. 因重大误解而订立的合同。《民法典》第 147 条规定："基于重大误解实施的民事法律行为，行为人有权请求人民法院或者仲裁机构予以撤销。"所谓的误解，是指合同当事人因自己过错（如误认或者不知情等）而对合同的内容发生错误认识而订立了合同。误解不应是表意人故意发生的。法律不允许当事人在故意发生错误的情况下，借重大误解为由，规避对其不利的后果。

2. 在订立合同时显失公平的合同。《民法典》第 151 条规定："一方利用对方处于危困状态、缺乏判断能力等情形，致使民事法律行为成立时显失公平的，受损害方有权请求人民法院或者仲裁机构予以撤销。"显失公平合同是合同当事人的权利、义务明显不对等，使某方遭受重大不利，而其他方获得不平衡的重大利益。

3. 因欺诈、胁迫而订立的合同。《民法典》第 149 条规定："第三人实施欺诈行为，使一方在违背真实意思的情况下实施的民事法律行为，对方知道或者应当知道该欺诈行为的，受欺诈方有权请求人民法院或者仲裁机构予以撤销。”第 150 条规定：“一方或者第三人以胁迫手段，使对方在违背真实意思的情况下实施的民事法律行为，受胁迫方有权请求人民法院或者仲裁机构予以撤销。”

4. 乘人之危而订立的合同。乘人之危是指一方当事人乘对方处于危难之际，为牟取不正当利益，迫使对方作出不真实的意思表示，从而严重损害对方利益的行为。《民法典》将乘人之危订立的合同作为可变更、可撤销合同而不是无效合同处理，体现了对受害人意愿的尊重，并对维护交易安全具有重要意义。

如果出现上述可变更、可撤销合同，撤销权由重大误解的误解人、显失公平的受害人、被欺诈方、被胁迫方、乘人之危的受害方行使。只有这些合同当事人才有权行使合同撤销权，对方当事人不享有撤销权。

老板应当认识到时效的重要性，撤销权的行使是有期限限制的。具有撤销权的当事人自知道或者应当知道撤销事由之日起一年内没有行使撤销权的，撤销权消灭。

需要注意的是，有下列情形之一的，撤销权消灭：

（1）当事人自知道或者应当知道撤销事由之日起一年内、重大误解的当事人自知道或者应当知道撤销事由之日起九十日内没有行使撤销权；

（2）当事人受胁迫，自胁迫行为终止之日起一年内没有行使撤销权；

（3）当事人知道撤销事由后明确表示或者以自己的行为表明放弃撤销权；

（4）当事人自民事法律行为发生之日起五年内没有行使撤销权的，撤销权消灭。

无效的合同或者被撤销的合同自始没有法律约束力。合同部分无效，不影响其他部分效力的，其他部分仍然有效。合同无效、被撤销或者终止的，不影响合同中独立存在的有关解决争议方法的条款的效力。

《民法典》第 157 条规定："民事法律行为无效、被撤销或者确定不发生效力后，行为人因该行为取得的财产，应当予以返还；不能返还或者没有必要返还的，应当折价补偿。有过错的一方应当赔偿对方由此所受到的损失；各方都有过错的，应当各自承担相应的责任。法律另有规定的，依照其规定。"

因此，民事法律行为无效、被撤销或者确定不发生效力后，行为人因该行为取得的财产，应当予以返还；不能返还或者没有必要返还的，应当折价补偿。有过错的一方应当赔偿对方由此所受到的损失；各方都有过错的，应当各自承担相应的责任。法律另有规定的，依照其规定。

可撤销合同属于有效合同，在未被撤销前，对双方当事人都具有约束力。可撤销合同具有履行效力，履行期截止时，仍负有履行的义务，不履行者应承担违约责任。但未履行者请求撤销合同，经法院或者仲裁机构撤销合同后，合同自始视为无效，此时违约责任不能成立。

《民法典》第 507 条规定："合同不生效、无效、被撤销或者终止的，不影响合同中有关解决争议方法的条款的效力。"

效力待定合同的法律风险

效力待定合同是指合同成立之后，是否具有效力还未确定，有待于其他行为或者事实使之确定的合同。效力待定合同主要包括以下四种类型。

一、限制民事行为能力人依法不能独立签订的合同

限制民事行为能力人包括两种：8 周岁以上不满 18 周岁的未成

年人和不能完全辨认自己行为的精神病人。限制民事行为能力人可以进行与他的年龄、智力相适应的民事活动；其他民事活动由他的法定代理人代理，或者征得他的法定代理人的同意。

限制民事行为能力人依法不能独立订立的合同，属于效力未定的合同，经法定代理人追认后，该合同有效，相对人可以催告法定代理人在一个月内予以追认。根据《民法典》第145条的规定："限制民事行为能力人实施的纯获利益的民事法律行为或者与其年龄、智力、精神健康状况相适应的民事法律行为有效；实施的其他民事法律行为经法定代理人同意或者追认后有效。相对人可以催告法定代理人自收到通知之日起三十日内予以追认。法定代理人未作表示的，视为拒绝追认。民事法律行为被追认前，善意相对人有撤销的权利。撤销应当以通知的方式作出。"

二、无权代理人以被代理人名义订立的合同

无权代理包括三种：第一种，行为人没有代理权；第二种，行为人超越代理权；第三种，代理权终止后仍以被代理人的名义订立合同。

对无代理权人所订之合同，《民法典》第171条规定："行为人没有代理权、超越代理权或者代理权终止后，仍然实施代理行为，未经被代理人追认的，对被代理人不发生效力。相对人可以催告被代理人自收到通知之日起三十日内予以追认。被代理人未作表示的，视为拒绝追认。行为人实施的行为被追认前，善意相对人有撤销的权利。撤销应当以通知的方式作出。行为人实施的行为未被追认的，善意相对人有权请求行为人履行债务或者就其受到的损害请求行为人赔偿。但是，赔偿的范围不得超过被代理人追认时相对人所能获得的利益。相对人知道或者应当知道行为人无权代理的，相对人和行为人按照各自的过错承担责任。"

第172条又规定："行为人没有代理权、超越代理权或者代理权终止后，仍然实施代理行为，相对人有理由相信行为人有代理权的，代理行为有效。”

三、越权订立的合同

《民法典》第 504 条规定：“法人的法定代表人或者非法人组织的负责人超越权限订立的合同，除相对人知道或者应当知道其超越权限的以外，该代表行为有效，订立的合同对法人或者非法人组织发生效力。”可见，超越权限订立的合同是否有效取决于相对人是否知道行为人超越权限。如果明知其超越权限还依然与之签订合同，合同就是无效的；如果不知道其越权而与之签订合同，则合同就是有效的。

四、无处分权人订立的合同

有处分权人处分自己的财产是有效的行为，但是没有处分权人处分了他人的财产则侵犯了有处分权人的财产权，就不能视为当然有效的行为。但是，在一定条件下，这种行为也可以转化为有效的行为。无处分权的人处分他人财产，经权利人追认或者无处分权的人订立合同后取得处分权的，该合同有效。效力待定合同实际上是未发生效力的合同，在没有被权利人确认之前是无效合同，不具有履行的效力；在经过权利人确认或出现特定事由后才转化为有效合同，具有履行的效力。

无权处分人不能取得处分权或权利人不予追认的合同无效，但其无效不适用善意取得的情形。

附条件和附期限合同的法律风险

当事人可以约定合同生效的时间或条件。如果未满足所附条件的要求，即使具备了合同生效的要件，合同也不会生效。如果约定了终止的时间或条件，满足了该时间或条件的要求，也不因符合合同生效要件而继续有效，合同将终止。

对一些执行政府定价或者政府指导价的特殊商品，在合同约定的交付期限内政府价格调整时，按照交付时的价格计价。逾期交付标的物的，遇价格上涨时，按照原价格执行；遇价格下降时，按照新价格执行。逾期提取标的物或者逾期付款的，遇价格上涨时，按照新价格执行；遇价格下降时，按照原价格执行。

如果合同没有约定履行期限，但是可以根据双方交易习惯及当地交易习惯确定，而且买方多次催货，并给予了卖方足够的准备时间，因此合理的履行期限可以确定。诚实信用是合同履行的重要原则，卖方应承担违约责任。

合同的履行

◎怎样才能实现合同的履行

在合同履行阶段，企业权益的保护显得更为重要。企业管理者特别需要注意学会运用法律赋予的权利，在合同对方当事人不能或不能完全履行合同时保护企业自身的合法权益。

一、合同履行的原则

当事人在履行合同时应当遵守以下原则：

1. 全面、适当履行原则。即当事人按照合同规定的标的及其质量、数量，由适当的主体在适当的履行期限、履行地点，以适当的履行方式，全面完成合同义务的原则。

2. 协作履行的原则。即当事人不仅适当履行自己的合同债务，而且应基于诚实信用的原则尽量协助对方当事人履行其债务，只有这样，合同才能更好地履行。合同当事人应当遵循诚实信用原则，根据合同的性质、目的和交易习惯履行通知、协助、保密等义务。

3. 公平合理，促使合同履行。为了合同能够很好履行，在订立合同时要尽量想得周到、订得具体，如果订立合同时对一些问题没有约定，或者约定得不太明确，应当及时加以补救，不要因此而妨碍合同的履行。

二、合同的履行要遵循一定的规则

1. 履行主体。履行主体是履行合同义务和接受这种履行的当事人。合同当事人自然是合同的履行主体。债务人向债权人履行债务，债权人接受债务人的履行，是合同履行的一般规则。在一定条件下，当事人也可以约定，由第三人代替债务人履行，或由第三人代替债权人接受履行。

2. 履行标的。履行标的是债务人应给付债权人的对象，包括物和劳务等。履行标的及其质量和数量是合同的重要内容。合同生效后，当事人就产品或服务的质量没有约定或约定不明确的，可以经过补充协议来补充相关的质量要求，如不能达成协议，质量标准不明确，按照国家规定的标准履行。

3. 履行地点。履行地点关系到合同双方的风险承担、利益分配。当事人必须按合同规定的地点履行。当事人就履行地点没有约定或约定不明确的，如应给付货币的，在接受货币一方的所在地履行：交付不动产的，在不动产所在地履行；其他标的在履行义务一方的所在地履行。

我国法律对诉讼地域管辖权是有规定的。当事人想约定管辖时，在不违反法院级别管辖和专属管辖的情况下可以在书面合同中协议选择被告住所地、合同履行地、合同签订地、原告住所地、标的物所在地人民法院管辖。未约定管辖提起的诉讼，一般由被告住所地或者合同履行地法院管辖。

4. 履行期限。履行期限关系合同双方当事人的期限利益。当事人就履行期限没有约定或约定不明确的，债务人可随时履行，债权人也可以随时要求履行，但应当给对方必要的准备时间。

5. 履行方式和履行费用。当事人就履行方式和履行费用没有约定或约定不明确的，按照有利于实现合同目的的方式履行，由履行义务一方承担履行费用。合同未约定分次履行的，视为一次履行。

三、合同的保全

合同保全是指为保护合同债权人的债权不受债务人不当行为的损害而对合同债权人采取一定保护措施的法律制度。合同保全的形式为代位权和撤销权。

1. 代位权。代位权是指债务人怠于行使其对第三人享有的到期债权而有害债权人的债权时，债权人为保护自己的债权而以自己的名义行使债务人对第三人的权利。债权人行使代位权的必要费用由债务人负担。

2. 撤销权。撤销权是指当债务人有放弃其到期债权、以明显不合理的低价或者无偿转让财产的行为而有害于债权人的债权时，债权人享有撤销该行为的权利。撤销权由债权人以自己的名义通过诉讼的方式行使，因此撤销权又被称为“撤销诉权”。撤销权的行使范围也以债权人的债权为限。债权人行使撤销权的必要费用由债务人负担。

在行使代位权及撤销权时，债权人必须以自己的名义，同时，债权人必须通过诉讼途径行使代位权及撤销权，非经人民法院许可，债权人不得私自行使。

合同履行的法律风险

一、抗辩权

抗辩权是指在双务合同中，在符合法定条件时，当事人一方可以暂时拒绝对方当事人的履行要求的权利。抗辩权包括同时履行抗辩权、先履行抗辩权和不安抗辩权。

抗辩权必须适用于双务合同。抗辩权的行使只能暂时拒绝对方的履行请求，即中止履行，而不能消灭对方的履行请求权。一旦抗辩权事由消失，原抗辩权人仍应当履行其债务。

1. 同时履行抗辩权。同时履行是指合同订立后，在合同有效期限内，当事人双方不分先后地履行各自的义务的行为。同时履行抗辩权，是指在没有规定履行顺序的双务合同中，当事人一方在当事人另一方未为对待给付以前，有权拒绝先为给付的权利。同时，履行抗辩权的成立条件是：

（1）是由同一双务合同产生互负的债务；

（2）在合同中未约定履行顺序；

（3）当事人另一方未履行债务；

（4）对方的对待给付是可能履行的义务。

《民法典》第525条规定："当事人互负债务，没有先后履行顺序的，应当同时履行。一方在对方履行之前有权拒绝其履行请求。一方在对方履行债务不符合约定时，有权拒绝其相应的履行请求。"

2. 先履行抗辩权。先履行抗辩权是指当事人互负债务，有先后履行顺序的，先履行一方未履行债务或者履行债务不符合约定，后履行一方有权拒绝先履行一方的履行请求。

先履行抗辩权的成立条件包括：

（1）由同一双务合同产生互负的对待给付债务；

（2）合同中约定了履行的顺序；

（3）应当先履行的合同当事人没有履行合同债务或者没有正确履行债务；

（4）应当先履行的对待给付是可能履行的义务。

《民法典》第526条规定："当事人互负债务，有先后履行顺序，应当先履行债务一方未履行的，后履行一方有权拒绝其履行请求。先履行一方履行债务不符合约定的，后履行一方有权拒绝其相应的履行请求。"

3. 不安抗辩权。不安抗辩权是指具有先给付义务的一方当事人，当相对人财产明显减少或欠缺信用，不能保证对待给付时，拒绝自己给付的权利。

不安抗辩权的成立条件包括：

（1）双方当事人基于同一双务合同而互负债务；

（2）债务履行有先后顺序；

（3）履行顺序在后的一方履行能力明显下降，有丧失或者可能丧失履行债务能力的情形；

（4）履行顺序在后的当事人未提供适当担保。

《民法典》第527条规定，应当先履行债务的当事人，有确切证据证明对方有下列情形之一的，可以中止履行：

（1）经营状况严重恶化；

（2）转移财产、抽逃资金，以逃避债务；

（3）丧失商业信誉；

（4）有丧失或者可能丧失履行债务能力的其他情形。

当事人没有确切证据中止履行的，应当承担违约责任。

《民法典》第528条规定："当事人依照前条规定中止履行的，应当及时通知对方。对方提供适当担保时，应当恢复履行。中止履行后，对方在合理期限内未恢复履行能力且未提供适当担保的，视为以自己的行为表明不履行主要债务，中止履行的一方可以解除合同并可以请求对方承担违约责任。"

二、撤销权

在合同履行过程中，当债权人发现债务人的行为将会危害自身的债权实现时，可以行使法定的撤销权，以保障合同中约定的合法权益。

《民法典》第538条至第540条规定："债务人以放弃其债权、放弃债权担保、无偿转让财产等方式无偿处分财产权益，或者恶意延长其到期债权的履行期限，影响债权人的债权实现的，债权人可以请求人民法院撤销债务人的行为。

"债务人以明显不合理的低价转让财产、以明显不合理的高价受让他人财产或者为他人的债务提供担保，影响债权人的债权实现，债务人的相对人知道或者应当知道该情形的，债权人可以请求人民法院撤销债务人的行为。

"撤销权的行使范围以债权人的债权为限。债权人行使撤销权的必要费用，由债务人负担。”

重视合同管理中的每一个细节

合同管理是企业经营管理的重要内容之一，涉及企业的各方面，能否实施有效管理把好合同关，是企业经营管理成败的重要因素。管理者应该避免法律上的风险，完善制度使企业能够依规行事，更好地促进企业健康发展。合同管理的重要内容主要有：

1. 确保合同内容不超出经营范围。当事人超越经营范围订立的合同，人民法院不因此认定合同无效，但违反国家限制经营、特许经营以及法律、行政法规禁止经营规定的除外。因此，除国家明确规定需要履行特定手续或程序的业务或规定禁止经营的业务以外，企业可以不经任何审批直接从事所有项目的经营。

2. 确保签约主体具有签约能力。在签订合同前，必须审查对方的主体资格。与无签约能力的主体签订的合同无效力。在市场合作中，企业的合同对手很多时候不是法人，而是其分支机构或职能部门，更要引起管理者的注意与重视。有签约能力的合同主体只能是自然人、法人或其他组织。

3. 要做好必要的资信能力审查。资信能力包括企业的注册资本、投资额、年检情况、商业信用、资产情况和审计报告等。如有必要，还可以到相关政府部门了解更详细的情况。

4. 要了解对方代表的资格。行为人没有代理权、超越代理权或者代理权终止后以被代理人名义订立的合同，相对人有理由相信行为人有代理权的，该代理行为有效。这种代理行为被称为“表见代理”。表见代理对企业来说，是一个潜在的威胁。

为了避免出现表见代理情况，企业需要建立起完善的授权委托制度：制定企业的规章制度，除法定代表人外，任何个人以企业的名义对外签订合同必须持加盖公章和经法定代表人签字的授权委托书，且应该让企业的客户知道此规定；授权委托书应明确具体。授权委托书应写明具体的代理事项，有效期限等内容，否则就是授权不明。授权不明的损失由被代理人承担。如果企业解除原代理人的代理权，应尽快告知有业务往来的有关客户，避免出现损失。最后，应建立严格的公章、合同管理制度。法律规定，如能证明公章、空白介绍信或合同是被盗的，企业不承担责任。

合同违约与解除的法律风险

有下列情形之一的，合同的权利义务终止，合同设定的权利义务归于消灭：

（1）债务已经按照约定履行；

（2）合同解除；

（3）债务相互抵消；

（4）债务人依法将标的物提存；

（5）债权人免除债务；

（6）债权债务同归于一人；

（7）法律规定或者当事人约定终止的其他情形。

企业签订合同后，在正常情况下出现违约，一般都是基于如下原因：寻求更好的商业机会、经营发生困难丧失履约能力、因第三方的违约所致。因此，在企业已经违约的情况下，主要法律风险和救济措施包括：合同签订以后，如果客观经济情况发生变化，违约所能带来的收益高于履约利益，可以考虑主动违约。如果企业希望有效违约，应主动和对方进行沟通，争取双方协商解除合同，以为将来的业务开展留下后路。

合同解除是指在合同有效成立之后而没有履行完毕之前，当事人双方通过协议或者一方行使约定或法定解除权的方式，使当事人设定的权利义务关系终止的行为。合同解除以有效成立的合同为对象，无效合同不适用解除规则。

根据《民法典》相关规定，合同解除可分为协商解除、约定解除和法定解除三种。

一、协商解除

《民法典》第562条规定："当事人协商一致，可以解除合同。当事人可以约定一方解除合同的事由。解除合同的事由发生时，解除权人可以解除合同。"

在协商解除合同时，应防范采用书面形式协商解除可能导致的风险。因为一旦协商不成，则对方将利用己方发送给对方的函件作为证明企业违约的证据。这种行为会直接造成企业的法律风险。而且即使企业事后期望继续履行合同，对方仍然可能根据企业提供的书面证据拒绝履行合同，认定企业已经构成根本违约，对方根据有关合同法定解除的规定要求解除合同，同时追究企业的违约责任。因此，在协商解除合同时，应尽量采用面谈或电话沟通的方式，避免留下书面的证据。

拟定解除协议，应对解除前已经履行的合同义务作出安排，解决尚未清偿的债务，安排工作的交接。因为是己方提出解约，应在合同条款中规定双方互相免除解除前任何一方可能因为违约对另一方的任何责任或债务。

二、约定解除

一些履行期限较长的合同或连续性的合同，在合同履行过程中，客观的经济情况发生根本性的变化，如果继续履行合同，将极大损害一方或双方利益，或者合同事实上变得不可履行。但是，当事人并没有在这种情况下法定解除合同的理由，如果双方利益都受到不利影响还可以通过双方协商一致解除合同，但在事件的变化只对一方有不利的情况下，一方希望通过不履行合同义务摆脱困境就有可能会承担违约责任。因此，当事人应在合同文本中约定合同订立的基础条件，当这些条件发生变化时，受影响的一方可以据此解除合同而无须承担违约责任。这种在约定的条件下解除合同就叫约定解除。

三、法定解除

法定解除一般指己方严重违反合同的约定致使对方不能实现合同目的或拒绝履行合同主要义务的情形，如果因为己方严重违约导致合同解除，对方通常会追究己方的违约责任。因此在合同履行过程中因尽量避免出现法定解除合同的情形。在符合法定条件时，当事人一方有权通知另一方解除合同。《民法典》第 563 条规定，有下列情形之一的，当事人可以解除合同：

（1）因不可抗力致使不能实现合同目的；

（2）在履行期限届满前，当事人一方明确表示或者以自己的行为表明不履行主要债务；

（3）当事人一方迟延履行主要债务，经催告后在合理期限内仍未履行；

（4）当事人一方迟延履行债务或者有其他违约行为致使不能实现合同目的；

（5）法律规定的其他情形。

以持续履行的债务为内容的不定期合同，当事人可以随时解除合同，但是应当在合理期限之前通知对方。

法定解除和行使约定解除权的解除并不是依法自动解除。《民法典》第 564 条规定："法律规定或者当事人约定解除权行使期限，期限届满当事人不行使的，该权利消灭。法律没有规定或者当事人没有约定解除权行使期限，经对方催告后在合理期限内不行使的，该权利消灭。"

四、合同解除后的注意事项

1. 协商解除。通常合同解除后，还有很多善后事项需要约定明确，在协议解除时，由于解除的情况千差万别，所以就更需要特别注意。完全未进入履行的合同较为简单，若已经作出了履行准备活动或者合同已经部分履行时，双方关于合同之前履行情况的处置就必须与解除合同一并解决。若解除条件或解除权为事先约定，则此时应当积极对后续事项进行协商，达成解决方案。如果是事后协商解除合同，必须将有关条件谈妥后才签署解除合同协议，此时合同一定不能有待定条款出现。否则产生的各种不规范都属于企业法律风险。但即使在己方没有出现违约的情形下，也应当注意利用解除条件维护自己的合同利益。

但是，根据《民法典》，违约方不得利用自己的不正当行为的促成条件成立，如果不当导致条件成就，视为条件不成就。也就是说，企业采用这样的方式解决己方违约就会面临“视为条件不成就”的风险，则企业解除合同的通知仍然属于违约行为。该法律风险属于阶段性法律风险，一般情况下，双方就解除合同的后续事项处理完毕，则该法律风险消失。但若对方认为企业行为不当，则纠纷发生概率极大。

2. 约定解除的法律风险。约定解除事件发生时，解除合同是单方的权利，只要解除权人发出通知即可解除合同。若解除权人通过口头通知解除合同，在解除合同对对方不利的情况下，对方可能不予理会而要求继续履行合同。由于己方不能提供证据证明合同已经解除，则最终有可能要求己方承担违约赔偿责任。为避免法律风险，应当采用书面形式发出通知并尽量要求对方予以签收。

3. 法定解除和约定解除的法律风险。无论法定解除还是约定解除，作为合同的附随义务，合同解除均应当通知对方，合同自解约通知到达对方时或双方约定的合同解除条件成就时解除。如果对方有异议的，可以请求人民法院或者仲裁机构确认解除合同的效力。但是，法律、行政法规规定解除合同应当办理批准、登记等手续的，依照其规定。因此，如果合同解除没有履行法定的通知义务或未办理法定的手续，可能导致解除无效并承担违约赔偿责任的风险。因此，行使合同解除权应注意以下几点：

（1）按照法律规定进行催告。未进行催告的，解除合同的行为无效。

（2）通知对方当事人。未事先通知的，存在解除合同无效的法律风险。

（3）在法律规定的期限行使解除权。行使解除权的期限分为两种情况：一是在法律规定或者当事人约定的解除权行使期限内行使，期限届满当事人不行使的，该权利消灭。二是在对方当事人催告后的合理期限内行使，所谓催告后的合理期限，要根据不同情况确定，作为享有解除权的当事人应本着诚实信用原则在收到催告后尽早通知对方是否解除合同。当事人对催告的合理期间有异议的，由人民法院或者仲裁机构确定。

合同解除后，尚未履行的，终止履行；已经履行的，根据履行情况和合同性质，当事人可以要求恢复原状、采取其他补救措施，并有权要求赔偿损失。

合同解除后的后续事项包括合同解除后合同各方价款、物品的结算、交接、归还、搬离，相关费用承担，保密事宜，赔偿事宜等。如果对这些事项约定不明，可能引发争议，使企业陷入不必要的纠纷甚至遭受损失。

合同变更中的法律风险

一、合同变更的要件

合同依法成立即具有法律效力，当事人各方应当严格履行，任何一方不得随意变更合同。但是客观情况是不断变化的，如果合同成立后，客观的情况发生变化，原合同已不能履行或不应履行，当事人可以依照法律规定变更合同。变更合同是一种法律行为，是指签约双方当事人在符合法律规定的条件下，就修改原订合同的内容所达成的协议。

合同变更分为约定变更和法定变更。当事人协商一致，可以变更合同。在特定条件下，当事人可以不必经过协商而变更合同。《民法典》第 543 条规定："当事人协商一致，可以变更合同。法律、行政法规规定变更合同应当办理批准、登记等手续的，依照其规定。"

合同变更的要件有：第一，原已存在着有效合同关系，这是双方对合同进行变更的基础。第二，合同的变更是依据法律的规定或当事人的约定，任何一方不得擅自变更合同，擅自变更的合同无法律效力。第三，合同的变更还需遵循法定的方式，一般应采取书面形式，新的协议未达成之前，原合同仍然有效。第四，必须有合同内容的变化，没有合同内容的变化就谈不上合同的变更。

二、合同变更的成立条件

1. 合同关系已经存在，无合同关系就无从变更。合同无效、合同被撤销，视为无合同关系，也不存在合同变更的可能。

2. 合同内容发生变化。合同内容变更可能涉及合同标的变更、数量、质量、价款或者酬金、期限、地点、计价方式等。建设工程施工承包领域的设计变更即为涉及合同内容的变更。《民法典》第 544 条规定："当事人对合同变更的内容约定不明确的，推定为未变更。"

3. 经合同当事人协商一致，法院、仲裁机构裁决，或者援引法律直接规定。

4. 符合法律、行政法规要求的方式。例如，《中华人民共和国中外合作经营企业法》第 7 条规定："中外合作者在合作期限内协商同意对合作企业合同作重大变更的，应当报审查批准机关批准。"

三、合同变更中的法律风险

1. 变更协议未采用书面形式。合同履行中根据情况变化双方协商一致可以变更合同，但应采取书面形式。如果未采用书面形式变更合同，则可能会在履行合同中对合同是否变更产生纠纷，一旦发生争议诉至法院，会给诉讼证据的搜集提供造成困难，并可能被视为合同未作变更而按原合同约定进行履行，从而给企业造成损失。

2. 以非法手段迫使合同变更。合同变更应是合同双方自愿的，而不能采用欺诈、胁迫等方式；否则，合同变更被视为无效，同样可能给企业造成损失。

四、合同转让的法律风险

合同转让又称为合同主体的变更，是指合同当事人一方依法将合同权利、义务全部或者部分转让给第三人，是以新的债权人代替了原合同的债权人，或者以新的债务人代替了原合同的债务人。

合同权利转让的根本效力是第三人成为合同的当事人，享有合同的债权。合同权利转让的法律效力包括对内效力和对外效力。对内效力是指在原债权人和受让人之间发生的法律效力，主要体现在：

（1）从属于主债权的从权利，如抵押权、利息债权、定金担保、违约金债权及损害赔偿请求权等也将随主债权的转让而转让。

（2）转让人对转让的合同权利负瑕疵担保责任，转让人应保证其转让的权利有效存在且没有权利瑕疵。

（3）转让人在某项权利转让给予他人以后，不得就该项权利再作出转让。

对外效力是指合同权利转让后对债务人所具有的法律效力，主要体现在：

（1）债务人有向新债权人作出履行的义务。

（2）债务人在合同权利转让时就已经享有的对抗原债权人的抗辩权，在合同权利转让后，仍然可以对抗新债权人。

（3）债务人对原债权人享有到期债权的，可以向新债权人主张抵销。

企业合并或者分立时，原企业的合同权利义务将全部转移给新企业，不需要取得合同相对人的同意。企业合并或者分立均可能出现某个企业被注销的情况，那么该被注销的企业在合并或者分立之前所订立的合同权利义务根据《民法典》第 67 条规定进行处置:“法人合并的，其权利和义务由合并后的法人享有和承担。法人分立的，其权利和义务由分立后的法人享有连带债权，承担连带债务，但是债权人和债务人另有约定的除外。”

合同担保的法律风险

公司为他人提供担保的法律责任

在公司融资贷款等纠纷案件中，常常出现公司为他人提供担保的情况。为防止公司大股东或实际控制人恶意控制公司损害其他股东的利益，法律对公司对外提供担保有严格的规定。当公司向公司以外的人提供担保时，必须通过董事会或股东会、股东大会的决议；若为公司的股东或实际控制人提供担保的，则必须要通过股东会或股东大会的决议。

《公司法》赋予了公司可以对外实施担保行为的权利，且由《公司法》第16条作为法律条款的具体指引。但是，由于该条款规定较为笼统，这使得在公司法定代表人或者法定代表人授权的其他公司人员以公司名义越权对外签订担保时，存在造成损害公司、公司股东及担保权人利益的客观潜在风险。发生纠纷时，缺少细化的法律规定指引，也间接地在客观上造成审判机关对于同案不同判的情形。

一些债务人违约不还款，导致担保人被追究法律责任。为此，有的担保人在合同条款中提出，债务人违约不还款导致合同无效，自己也无须承担责任的抗辩意见。对此人民法院一般是不予认可的。在司法实践中，对公司对外担保，往往采用“禁止反言”的规则，即自己说过的话、承诺的事，不能事后反悔。在担保行为中，公司确认为他人担保的，不能在事后又以公司之前的担保决定不合法等理由提出反悔。

无论公司内部是否通过董事会、股东会、股东大会的决议，公司为他人提供担保，都不影响公司对外签订担保合同的效力。如果债务人无法还债，公司作为担保方，需要对债务承担连带责任。公司只能在承担连带责任后，再追究他人的相关责任。

违规担保的行政法律风险

担保可能会导致企业在被担保人不能清偿债务时承担担保责任，如果允许上市公司肆意进行担保可能会损害广大投资者的利益，企业的董事等高管人员很可能利用关联关系假借担保损害公司的利益，因此行政监管机关主要是中国证券监督管理委员会（简称“证监会”）规定上市公司违法担保时要对上市公司的高管人员包括董事长和经理进行处罚。

涉及对上市公司担保行为进行监管的法律法规有《公司法》《关于规范上市公司关联资金往来及上市公司对外担保若干问题的规定》《关于规范上市公司对外担保行为的通知》。

《关于规范上市公司对外担保行为的通知》主要是监管上市公司与控股股东及关联方的担保行为。该通知指出上市公司对外担保应当遵守以下规定：

（1）上市公司不得为控股股东及本公司持股50%以下的其他关联方、任何非法人单位或个人提供担保；

（2）上市公司对外担保总额不得超过最近一个会计年度合并会计报表净资产的50%；

（3）上市公司的章程应当对对外担保的审批程序、被担保对象的资信标准作出规定。对外担保应当取得董事会全体成员2/3以上签署同意，或者经股东大会批准；不得直接或间接为资产负债率超过

70% 的被担保对象提供债务担保；

（4）上市公司对外担保必须要求对方提供反担保，且反担保的提供方应当具有实际承担能力；

（5）上市公司必须严格按照上市规则、公司章程的有关规定，认真履行对外担保情况的信息披露义务，必须按规定向注册会计师如实提供公司全部对外担保事项；

（6）上市公司独立董事应在年度报告中，对上市公司累计和当期对外担保情况、执行上述规定情况进行专项说明，并发表独立意见。上市公司的全体董事应当严格遵守上述规定，审慎对待和严格控制对外担保产生的债务风险。

《关于规范上市公司关联资金往来及上市公司对外担保若干问题的规定》主要规定了上市公司担保的决议程序。上市公司对外担保必须经董事会或股东大会审议。对于上市公司及其控股子公司的对外担保总额，超过最近一期经审计净资产 50% 以上提供的任何担保，为资产负债率超过 70% 的担保对象提供的担保，单笔担保额超过最近一期经审计净资产 10% 的担保，对股东、实际控制人及其关联方提供的担保这四种情形下必须经股东大会审议，且审议对股东、实际控制人的担保时该股东或受该实际控制人支配的股东，不得参与该项表决，该项表决由出席股东大会的其他股东所持表决权的半数以上通过。上市公司董事会或股东大会审议批准的对外担保还必须在证监会指定信息披露报刊上及时披露，披露的内容包括董事会或股东大会决议、截至信息披露日上市公司及其控股子公司对外担保总额、上市公司对控股子公司提供担保的总额。

上述通知和规定分别从实体和程序上对上市公司的担保行为进行监控，且要求上市公司的董事等高管对此承担一定的责任。老板在参加董事会会议时要明确此种法律风险，否则可能会受到证监会的处罚。

第七章

企业经营中的内部法律风险与防范

规范劳动用工制度，预防劳动争议

企业规章制度法律效力的认定

一、企业规章制度的法律地位

用人单位的规章制度是用人单位针对本企业生产经营、劳动管理的实际情况制定的，组织劳动者进行生产经营活动和进行劳动管理的规则和制度的总称，是企业内部的“法律”。

《劳动法》第4条规定：“用人单位应当依法建立和完善规章制度，保障劳动者享有劳动权利和履行劳动义务。”《劳动合同法》第4条规定：“用人单位应当依法建立和完善劳动规章制度，保障劳动者享有劳动权利、履行劳动义务。用人单位在制定、修改或者决定有关劳动报酬、工作时间、休息休假、劳动安全卫生、保险福利、职工培训、劳动纪律以及劳动定额管理等直接涉及劳动者切身利益的规章制度或者重大事项时，应当经职工代表大会或者全体职工讨论，提出方案和意见，与工会或者职工代表平等协商确定。在规章制度和重大事项实施过程中，工会或者职工认为不适当的，有权向用人单位提出，通过协商予以修改完善。用人单位应当将直接涉及劳动者切身利益的规章制度和重大事项决定公示，或者告知劳动者。”

二、用人单位与劳动者解除劳动合同的法律依据

《劳动法》第25条规定了用人单位可以解除劳动合同的几种情形。其中第2款规定，劳动者严重违反劳动纪律或者用人单位规章

制度的，用人单位可解除劳动合同；第 4 款规定，劳动者被依法追究刑事责任的，用人单位可以解除劳动合同。

老板在制定、执行各项规章制度的过程中应特别注意：

1. 制定规章制度时程序合法。

程序违法也是违法。《劳动合同法》通过严格规章制度来制定程序，在制度上为保障劳动者的合法权益奠定了基础。但是，企业的用工形式各有不同，企业的管理结构、层次、民主管理形式千差万别，企业的规章制度形式多样，真正符合《劳动合同法》关于规章制度制定程序的并不多见。那么，如何认定制定程序上有瑕疵的规章制度的效力？

（1）企业拟好初稿经职工代表大会或者全体职工讨论，形成第一次会议纪要；

（2）对职工代表大会以及职工的建议和方案进行记录，职工代表大会或者全体职工签字；

（3）对职工代表大会以及职工的建议进行参考与吸收，制定规章制度的终稿；

（4）终稿与职工代表大会或者工会平等协商确定，形成第二次会议纪要，全体职工签字；

（5）公示、告知劳动者。

2. 制定规章制度时要保证内容合法。

内容合法是指用人单位制定的规章制度，其内容符合《劳动法》《劳动合同法》及相关的法律法规，不能与法律法规相抵触，相抵触的部分是无效的。《劳动法》第 4 条规定企业的规章制度要依法制定，所谓“依法”，指所有的法律、法规、规章，包括宪法、法律、行政法规、地方法规、行政规章。

依法制定规章制度，是保证其内容合法的基础。法律有明文规定的，用人单位可以依据法律的规定，制定出符合本企业实际情况的具体的规章制度，对于没有相关法律规定以及法律没有做出禁止性规定的，用人单位可以依据《劳动法》立法的基本精神以及公平合理原则出台相应的规章制度。

3. 规章制度要公示。

规章制度公示制度既是保证劳动者享有知情权的基础，也是保障该规章制度有效落实、实施的必要条件。关于公示的方式、形式，法律并无专门的规定。在实践中，可以通过各种方式告知广大职工，比如，在劳动合同中约定，在员工守则中规定，通过发放学习材料、组织专门学习、组织专门考试测试告知，以及在受众职工均可以看到的工作区间、办公场所张贴相关内容等形式。

规章制度是国家法律法规在本企业的延伸

最高人民法院《关于审理劳动争议案件若干问题的司法解释》第19条规定:“用人单位根据《劳动法》第4条之规定，通过民主程序制定的规章制度，不违反国家法律、行政法规及政策规定，并已向劳动者公示的，可以作为人民法院审理劳动争议案件的依据。”

这一司法解释明确规定只要规章制度内容合法、经过民主程序，并向劳动者公示的，即具有法律约束力，赋予企业规章制度以法律效力，可以作为法院审理劳动争议的依据，实际将企业的合法的规章制度视为国家法律在本企业的一种延伸，因此规章制度也就是企业的“内部法”。

（1）规章制度是企业人力资源管理的重要手段和工具，企业通过制定规章制度，告诉员工应该做什么、不应该做什么，应该怎样做，对员工的行为进行规范。

（2）规章制度是企业规定劳动者工作行为、工资福利待遇的形式，通过制定制度实现人力资源的录用、培训、考核以及退出目标。

（3）规章制度是国家法律在本企业的具体化，合法的规章制度为处理劳动关系问题提供了标准和准则。劳动法律、法规只能对劳动关系双方的权利义务做出原则性、纲领性的规范，不可能对每个具体企业的行为规范做出详细规定，规章制度作为双方“合意”的法律，可以对法律未尽的事宜做出详细、具体的约定，明确彼此的权利和义务，规范双方在工作过程中的行为。

（4）在发生劳动争议时，规章制度也是解决纠纷的重要依据和证据，为解决纠纷提供了便利，降低了争议解决的成本，因而规章制度也是维护劳动者和用人方合法权益的法律保障。

企业规章制度应符合法律规定

《劳动合同法》第 4 条规定：“用人单位应当依法建立和完善劳动规章制度，保障劳动者享有劳动权利、履行劳动义务。用人单位在制定、修改或者决定有关劳动报酬、工作时间、休息休假、劳动安全卫生、保险福利、职工培训、劳动纪律以及劳动定额管理等直接涉及劳动者切身利益的规章制度或者重大事项时，应当经职工代表大会或者全体职工讨论，提出方案和意见，与工会或者职工代表平等协商确定。在规章制度和重大事项决定实施过程中，工会或者职工认为不适当的，有权向用人单位提出，通过协商予以修改完善。用人单位应当将直接涉及劳动者切身利益的规章制度和重大事项决定公示，或者直接告知劳动者。”

与《劳动法》相比，《劳动合同法》对企业规章制度的规定的变化在于：更加强调企业制定和修改规章制度的民主程序，规定了民主程序的具体形式和要求，明确了规章制度的内涵和外延，要求企业根据自身情况制定本单位规章制度制定和修改的民主程序。按照《劳动合同法》和司法解释规定，用人单位在制定规章制度时应当注意以下问题：

（1）明确本单位民主程序的形式和要求。《劳动合同法》对于直接涉及劳动者切身利益的规章制度或者重大事项的制定程序做出了具体规定。首先，规章制度应当经职工代表大会或者全体职工的讨论，如企业有职工代表大会，应当将规章制度的草案提交职工代表大会讨论，充分听取职工意见；没有职工代表大会的，应将规章制度草案通过公告形式告知全体职工，由全体职工提出意见和建议。其次，企业应当充分考虑职工代表大会或者全体职工的意见和建议，对草案进行修改，有工会的与工会进行平等协商确定；没有工会的，企业应当民主选举出职工代表，并与职工代表平等协商确定。民主程序是规章制度制定和修改的必经程序，若没有经过民主程序而由企业单方面制定，则不具有法律效力。

（2）向全体员工公示。按照民主程序制定的规章制度，企业应当通过适当形式向全体职工公示。公示和告知是企业规章制度产生法律效力的必要条件。若企业没有履行上述公示或告知程序，则规章制度没有法律效力。企业对规章制度进行公示时，要注意保留已经公示的证据，以避免法律风险，如在员工阅读规章制度后，要求其签字确认并且承诺“遵守”等。

（3）内容不违反国家法律、法规及相关政策。企业规章制度的内容不得违反国家法律、法规及相关政策中的禁止性和限制性规定。规章制度只有在内容合法的前提下，在企业内部才有约束力。如果规章制度内容违法，侵犯了劳动者合法权益，劳动者不仅可以不遵守，而且还有权随时解除劳动合同，并要求企业支付经济补偿金。目前，企业规章制度不合法的情况较为普遍，如有的企业在薪酬制度中规定：员工中途离开的，没有派发的奖金一律不再发；加班费包含在奖金中等。一些企业则是公开违法，如规定员工在合同期内不得结婚生育，随意扣押劳动者的证件等。《劳动合同法》第 80 条规定：“用人单位直接涉及劳动者切身利益的规章制度违反法律、法规规定的，由劳动行政部门责令改正，给予警告；给劳动者造成损害的，应当承担赔偿责任。”因此，企业应及时对现存规章制度进行合法性审查，对不合法律规定的条款进行修订或删除。

（4）制定主体符合法律规定。用人单位规章制度应当以用人单位名义颁布实施。通常，企业规章制度由专门负责人力资源管理的专门机构牵头制定，相关管理部门参与，最终须以用人单位名义发布。企业业务部门制定并以部门名义发布的规章制度，因不符合主体资格而存在法律风险。设立子公司的用人单位，总公司的规章制度并不当然对子公司具有法律效力。设立分公司的用人单位，如果分公司的员工是与总公司签订劳动合同的，总公司在制定规章制度过程中，若分公司及其员工也参与征求意见并有代表参与平等协商，则规章制度对分公司有效。

企业内部人事管理

企业招聘中应注意的法律问题

一、劳动者的告知义务和企业的说明义务

我国劳动法律是赋予了劳动者知情权的，劳动者有如实告知情况的义务，也有知情的权利。《劳动合同法》第 8 条规定："用人单位招用劳动者时，应当如实告知劳动者工作内容、工作条件、工作地点、职业危害、安全生产状况、劳动报酬，以及劳动者要求了解的其他情况；用人单位有权了解劳动者与劳动合同直接相关的基本情况，劳动者应当如实说明。"

二、不得招聘录用其他单位尚未离职的劳动者

企业招用尚未在其他单位离职的劳动者，俗称"挖墙脚"。一些劳动者在其他公司尚未离职，急于招聘的公司就匆忙与其办理入职手续。依据《违反〈劳动法〉有关劳动合同规定的赔偿办法》，在第 6 条中规定了招用尚未离职的劳动者，给原公司造成损失的，除劳动者需要向原公司赔偿外，招聘公司也要承担赔偿责任。

三、企业不得扣押劳动者证件和要求提供担保

在一些劳动密集型企业，不少用人单位的管理者由于害怕员工流失等原因，会要求劳动者在职期间提供身份证原件作为担保直到离职，这种做法会面临罚款和承担对劳动者的赔偿责任。《劳动合同法》第 9 条规定："用人单位招用劳动者，不得扣押劳动者的居民身

份证和其他证件，不得要求劳动者提供担保或者以其他名义向劳动者收取财物。”

四、公司向应聘者发出录用通知后却反悔的，应当承担违约责任

公司向劳动者发出录用通知，之后又反悔的，劳动者可向法院提起诉讼，要求企业对因此次招聘而停止工作的时间根据原工作单位的工资水平赔偿损失。

五、退休员工的聘用

公司基于现实需要，有时会考虑聘用已到退休年龄的人员入职公司。公司的一些技术骨干或者为公司服务多年的员工，到了退休年龄时，往往身体还足够健康，公司也愿意让他们继续留任。

关于退休员工的聘用，也要注意一些法律问题。《劳动合同法》第 44 条规定，劳动者开始依法享受基本养老保险后，劳动者与用人单位的劳动合同终止。也就是说，当劳动者已达退休年龄，开始享受养老保险待遇时，他已经没有资格再与公司订立劳动合同确立劳动关系了。如果公司在劳动者退休后仍然聘用，则属于劳动雇佣关系。在劳务雇佣关系中，公司可以随意对雇员提出解除劳务雇佣合同的要求，而无须支付经济赔偿金。雇员在劳务过程中，人身受到伤害的，雇主仍需要给予赔偿。因而，企业应尽量不聘用已退休人员，非用不可时，建议为该员工购买商业保险。

劳动合同订立中的法律风险

一、不订立书面劳动合同的法律风险

建立劳动关系，企业应当订立书面劳动合同。已建立劳动关系、未同时订立书面劳动合同的，应当自用工之日起一个月内订立书面劳动合同。书面劳动合同是劳动合同的唯一合法形式。如果用人单位不与劳动者订立书面合同，需要承担相应的法律责任。根据《劳动合同法》的规定，用人单位自用工之日起超过一个月不满一年未与劳动者订立书面劳动合同的，应当向劳动者每月支付二倍的工资；用人单位自用工之日起满一年不与劳动者订立书面劳动合同的，视为用人单位与劳动者已订立无固定期限劳动合同。

二、劳动合同缺乏必备条款或者未将劳动合同文本交付劳动者的法律风险

劳动合同应当具备以下条款：用人单位的名称、住所和法定代表人或者主要负责人；劳动者的姓名、住址和居民身份证或者其他有效身份证件号码；劳动合同期限；工作内容和工作地点；工作时间和休息休假；劳动报酬；社会保险；劳动保护、劳动条件和职业危害防护；法律、法规规定应当纳入劳动合同的其他事项。劳动合同文本由用人单位和劳动者各执一份。

用人单位提供的劳动合同文本未载明本法规定的劳动合同必备条款或者用人单位未将劳动合同文本交付劳动者的，由劳动行政部门责令改正；给劳动者造成损害的，应当承担赔偿责任。

三、劳动合同种类使用不当的法律风险

劳动合同分为固定期限劳动合同、无固定期限劳动合同和以完成一定工作任务为期限的劳动合同三种。原则上，企业与劳动者订立哪一种期限的劳动合同由双方根据各自的实际需求协商确定。

但法律对无固定期限劳动合同的订立赋予了企业强制性的义务。《劳动合同法》第 14 条规定，有下列情形之一，劳动者提出或者同意续订、订立劳动合同的，除劳动者提出订立固定期限劳动合同外，应当订立无固定期限劳动合同：

（1）劳动者在该用人单位连续工作满 10 年的；用人单位初次实行劳动合同制度或者国有企业改制重新订立劳动合同时，劳动者在该用人单位连续工作满 10 年且距法定退休年龄不足 10 年的；

（2）连续订立二次固定期限劳动合同，且劳动者没有本法第 39 条和第 40 条第 1 项、第 2 项规定的情形，续订劳动合同的。企业务必要严格遵循上述规定，否则，按照《劳动合同法》第 82 条的规定，用人单位违反本法规定不与劳动者订立无固定期限劳动合同的，自应当订立无固定期限劳动合同之日起向劳动者每月支付二倍的工资。

四、违法约定试用期的法律风险

《劳动合同法》第 19 条规定："劳动合同期限三个月以上不满一年的，试用期不得超过一个月；劳动合同期限一年以上不满三年的，试用期不得超过二个月；三年以上固定期限和无固定期限的劳动合同，试用期不得超过六个月。同一用人单位与同一劳动者只能约定一次试用期。以完成一定工作任务为期限的劳动合同或者劳动合同期限不满三个月的，不得约定试用期。试用期包含在劳动合同期限内。劳动合同仅约定试用期的，试用期不成立，该期限为劳动合同期限。"

如果用人单位违反上述规定与劳动者约定试用期的，按照《劳动合同法》第 83 条的规定，由劳动行政部门责令改正；违法约定的试用期已经履行的，由用人单位以劳动者试用期满月工资为标准，按已经履行的超过法定试用期的期间向劳动者支付赔偿金。

有些企业仅口头约定试用期，如果试用期满试用合格就正式签订劳动合同，试用期满不合格就解除劳动关系。这种约定违反了试用期必须包含在劳动合同期限内的规定，视为没有试用期；也违反了必须签订书面劳动合同的规定，超过一个月须支付二倍工资；试用期为劳动合同期限，认定为签订一次劳动合同，企业签订一次书面劳动合同以后就必须签订无固定期限的劳动合同。

企业劳动规章制度制定中的法律风险

《劳动合同法》第 4 条要求，用人单位必须建立完善劳动规章制度，并对直接涉及劳动者切身利益的规章制度或重大事项在制定、修改及实施过程中从程序上予以严格规范，核心是民主协商与劳资共议。分为三个步骤：先经职工代表大会或全体职工讨论，提出方案和意见；然后与工会或职工代表平等协商确定，即在经过民主程序，充分听取意见后，由用人单位确定；最后在单位内公示或者告知劳动者。如果企业不依据法律规定的程序和内容制定内部的劳动规章制度，劳动规章制度就会失去法律效力，企业也将会面临一系列的法律风险：

（1）一些劳动规章制度因无法律效力而无法作为审理劳动争议案件的依据。企业劳动规章制度依法制定后，在本企业范围内对全体职工和单位都具有法律约束力。劳动过程中的各种劳动行为和用工行为都受规章制度的约束。一旦企业与职工因执行规章制度发生争议，最典型的是企业对违纪员工的处理，可以本企业规章制度为依据。但这些都需以劳动规章制度的合法有效为前提。

（2）企业可能因劳动规章制度违法而承担民事赔偿责任和行政责任。因为按照《劳动合同法》第 80 条的规定：“规章制度违反法律、法规规定的，由劳动行政部门责令改正，给予警告；给劳动者造成损害的，应当承担赔偿责任。”

（3）劳动者可因企业劳动规章制度违法并损害自身权益而随时解除劳动合同，进而给企业造成损失。因为根据《劳动合同法》第 38 条规定：“用人单位的规章制度违反法律、法规的规定，损害劳动者权益的，劳动者可以解除劳动合同，用人单位需支付经济补偿金。”

劳动报酬与社会保障、福利待遇

◌ 无底薪劳动合同不合法

劳动合同中的“工资”是必备条款，也是劳资双方交易的核心内容。很多企业的劳动合同都没有确定写上工资的数额，也就是说，合同缺少一个必备条款，这种情况不会导致合同的无效，因为工资的数额是可以通过工资卡、工资条、薪资单等文件予以补充确认的，不会出现“因为违反强制性的必备条款而无效”的后果。但如果工资金额本身就违反强制性规定，那么，这种合同条款就会存在无效的风险了。

很多从事经营性业务的企业，与销售岗位的员工签订约定无底薪、拿提成的劳动合同。这种“无底薪劳动合同”是违法的。国家强制性规定了最低工资制度，无底薪劳动合同肯定是有问题的。

这种思维判断是法律思维关于事情的法律效力的判断，老板应该对工作中的各种管理事务，保持一种判断的敏锐识别意识。

违反法律强制性规定的行为是无效的，设计这种无效的制度的人，不但不能达到预期的管理目标，为企业增加商业利润，反而会因无效导致的法律后果，给企业带来严重的商业损失。这种违反法律强制性规定的管理行为存在，是老板法律意识淡薄、法律思维缺失的体现。

法律规范分为强制性规范和任意性规范两大类。强制性规范又分为命令性规范和禁止性规范。例如，“公司应当依法取得营业执照”“用人单位应当与劳动者签订书面劳动合同”，等等，都是命令性的法律规范，企业只有按照这种“命令要求”去做，行为才合法有效。禁止性规范，比如，“未取得营业执照的，不得从事公司经营”“用人单位不得克扣劳动者工资”，或者“具有市场支配地位的经营者，不得滥用市场支配地位，排除、限制竞争”等。企业从事了禁止的行为，就会出现违法、无效以及受到法律惩罚的后果。

是否违反强制性规范，是企业行为有效与无效的界限。老板即使不知道具体法律条文的规定，也要有合格的法律思维能力，遇到管理决策和管理事务之时，首先考虑事情是否属于法律强制性规范的范围。任意性规范则是法律不强制的，由当事人自行协商处理的内容。绝大多数交易内容可以由当事人意思自治、相互磋商，由经济规律自然调整。比如，业务员的提成是20%，法律不干涉，只要依法纳税即可；业务员底薪是多少，法律也不干涉，只要高于强制性的当地平均工资即可。

老板在支付员工工资时，不得低于用工所在地的最低工资标准，即员工在法定工作时间或依法签订的劳动合同约定的工作时间内提供了正常劳动的前提下，用人单位依法应支付最低劳动报酬。因此，只要劳动者在正常的工作时间内履行了正常的劳动义务，无论销售业绩如何，用人单位都应当支付不低于用工所在地的最低工资标准。也就是说，实行无底薪+提成模式的计薪方式，用人单位与劳动者应当充分考虑销售业绩不合格时的工资发放标准，进行更详细的约定，所发工资不得低于最低工资标准。

在某些领域内，法律的任意性规范会给当事人作出选择性提示。比如，“当事人可以在合同中约定违约金或者赔偿损失的计算方法”，这种选择不是强制的，而是双方根据交易需要和风险偏好因素决定的。只不过，一旦你选择了，就要受到违约金和赔偿损失的条款的约束。

◎欠薪与老板的刑事风险

对于欠薪问题，《劳动法》第91条、《劳动合同法》第85条及《劳动保障监察条例》第26条均对不支付劳动者报酬的行为，规定了由政府有关部门责令其支付的措施。针对一些地方用工单位拖欠或不支付劳动者劳动报酬的突出问题，法律给出了明确规定。

《刑法》修正案（八）新增加了关于拒不支付劳动报酬罪及其刑罚的规定。该修正案第41条规定，在《刑法》第276条后增加一条，作为第276条之一："以转移财产、逃匿等方法逃避支付劳动者的劳动报酬或者有能力支付而不支付劳动者的劳动报酬，数额较大，经政府有关部门责令支付仍不支付的，处三年以下有期徒刑或者拘役，并处或者单处罚金；造成严重后果的，处三年以上七年以下有期徒刑，并处罚金。单位犯前款罪的，对单位判处罚金，并对其直接负责的主管人员和其他直接责任人员，依照前款的规定处罚。有前两款行为，尚未造成严重后果，在提起公诉前支付劳动者的劳动报酬，并依法承担相应赔偿责任的，可以减轻或者免除处罚。单位拒不支付劳动报酬，构成犯罪的，依照本解释规定的相应个人犯罪的定罪量刑标准，对直接负责的主管人员和其他直接责任人员定罪处罚，并对单位判处罚金。"

无正当理由的违法欠薪还将承担三大法律责任：

（1）公司拖延结算欠薪，补偿金、赔偿金一并赔；

（2）以欠薪留人，应承担损失赔偿责任；

（3）随意欠薪，曝光、罚款、吊销执照可并罚。

离职、解聘中的法律风险

◎经济性裁员，岂能说裁就裁

经济性裁员是指企业由于经营不善等经济性原因，解雇多个劳动者的情形，如按照《企业破产法》进行重整、生产经营发生严重困难等情况，但要提前30日向工会或者全体职工说明情况，听取工会或者职工的意见，将裁减人员方案向劳动行政部门报告。其表现形式是批量解除（或称“集体辞退”），而非单个辞退。

实施经济性裁员必须符合法定条件，这些法定条件包括实体性条件和程序性条件。只有同时具备以上两种条件，才能构成合法有效的经济性裁员。

经济性裁员的实体性条件，《劳动合同法》第41条规定了四种：依照《企业破产法》规定进行重整的；生产经营发生严重困难的；企业转产、重大技术革新或者经营方式调整，经变更劳动合同后，仍需裁减人员的；其他因劳动合同订立时所依据的客观经济情况发生重大变化，致使劳动合同无法履行的。

这四种条件都有严格的限制，不能随意套用。比如，法律规定企业在生产经营遇到困难时可以采取经济性裁员的措施，在“困难”前面加了“严重”的限制。再比如“客观经济情况”，主要是指发生不可抗力或出现致使劳动合同全部或部分条款无法履行的其他情况，如企业搬迁、被兼并、资产转移等。

对符合经济性裁员实体性条件的企业，必须同时符合法定程序，而且这些程序必须按顺序履行：

（1）提前30日向工会或者全体职工说明情况，并提供有关生产经营状况的资料；

（2）提出裁减人员方案，包括被裁减人员名单、裁减时间及实施步骤，符合法律、法规规定和集体合同约定的被裁减人员经济补偿办法；

（3）将裁减人员方案征求工会或者全体职工的意见，并对方案进行修改和完善；

（4）向当地劳动行政部门报告裁减人员方案以及工会或者全体职工的意见，并听取劳动行政部门的意见；

（5）由用人单位正式公布裁减人员方案，与被裁减人员办理解除劳动合同手续，按照有关规定向被裁减人员支付经济补偿金，出具裁减人员证明书。

裁减人员时，以下三类对象属于优先留用人员：与本单位订立较长期限的固定期限劳动合同的；与本单位订立无固定期限劳动合同的；家庭无其他就业人员，有需要扶养的老人或者未成年人的。

此外，根据《企业经济性裁减人员规定》第5条规定："用人单位不得裁减下列人员：患职业病或者因工负伤并被确认丧失或者部分丧失劳动能力的；患病或者负伤，在规定的医疗期内的；女职工在孕期、产期、哺乳期内的；法律、行政法规规定的其他情形。"

2020年1月24日，人力资源和社会保障部办公厅发出通知，对新冠肺炎患者、疑似病人、密切接触者在其隔离治疗期间或医学观察期间以及因政府实施隔离措施或采取其他紧急措施导致不能提供正常劳动的企业职工，企业不得依据经济性裁员与职工解除劳动合同。

最后提醒的是，经济性裁员作为企业渡过难关的最后手段，不宜轻易动用。当经济性裁员不可避免时，企业必须按照法定程序和要求进行，对特定对象加强特别保护，严格程序、规范操作，否则很容易引发群体性事件。

劳动合同解除和终止的法律风险

劳动合同的解除意味着用人单位和劳动者之间劳动关系的结束。由于《劳动合同法》对用人单位解除劳动合同的条件做了较为严格的规定，且大幅提高了经济赔偿金的标准，故而企业防范劳动合同解除和终止中的法律风险非常重要。

《劳动合同法》第38条规定:“用人单位有下列情形之一的，劳动者可以单方解除劳动合同：未按照劳动合同约定提供劳动保护或者劳动条件的；未及时足额支付劳动报酬的；未依法为劳动者缴纳社会保险费的；用人单位的规章制度违反法律、法规的规定，损害劳动者权益的；因《劳动合同法》第26条第1款规定的情形致使劳动合同无效的；法律、行政法规规定劳动者可以解除劳动合同的其他情形。”

对于劳动合同的解除，企业要尤其关注《劳动合同法》中关于严格限定用人单位单方解除权的规定。用人单位只有在三种情况下可以单方解除劳动合同，分别是过失性辞退、无过失性辞退和经济性裁员。

过失性辞退是指在劳动者自身有严重过失的情况下，用人单位可以单方解除劳动合同。包括劳动者严重违反用人单位的规章制度；严重失职，营私舞弊，给用人单位造成重大损害的；被依法追究刑事责任等情况。

无过失性辞退是指在劳动者自身无过失，但在根据客观确实其无法继续履行劳动合同的情况下，用人单位可以单方解除劳动合同，但应当提前30日以书面形式通知劳动者本人或者额外支付劳动者一个月工资，且应当给予劳动者相应的经济补偿。具体包括三种情况：

劳动者患病或者非因工负伤，在规定的医疗期满后不能从事原工作，也不能从事由用人单位另行安排的工作的；劳动者不能胜任工作，经过培训或者调整工作岗位，仍不能胜任工作的；劳动合同订立时所依据的客观情况发生重大变化，致使劳动合同无法履行，经用人单位与劳动者协商，未能就变更劳动合同内容达成协议的。

《劳动合同法》还规定了用人单位不得解除劳动合同的情形，包括：从事接触职业病危害作业的劳动者未进行离岗前职业健康检查，或者疑似职业病病人在诊断或者医学观察期间的；在本单位患职业病或者因工负伤并被确认丧失或者部分丧失劳动能力的；患病或者非因工负伤，在规定的医疗期内的；女职工在孕期、产期、哺乳期的；在本单位连续工作满 15 年，且距法定退休年龄不足 5 年的；法律、行政法规规定的其他情形。

企业在作为用人单位行使劳动合同解除权时，必须严格遵守上述规定，否则就需承担相应的法律责任，根据《劳动合同法》第 48 条的规定："用人单位违反本法规定解除或者终止劳动合同，劳动者要求继续履行劳动合同的，用人单位应当继续履行；劳动者不要求继续履行劳动合同或者劳动合同已经不能继续履行的，用人单位应当按照本法规定的经济补偿标准的二倍支付赔偿金。"

关于劳动合同终止后的经济补偿金，《劳动合同法》第 46 条规定："在下列情况下，用人单位应当向劳动者支付经济补偿：劳动者依照本法第 38 条规定解除劳动合同的；用人单位依照本法第 36 条规定向劳动者提出解除劳动合同并与劳动者协商一致解除劳动合同的；用人单位依照本法第 40 条规定解除劳动合同的；用人单位依照本法第 41 条第 1 款规定解除劳动合同的；除用人单位维持或者提高劳动合同约定条件续订劳动合同，劳动者不同意续订的情形外，依照本法第 44 条第 1 项规定终止固定期限劳动合同的；依照本法第 44 条第 4 项、第 5 项规定终止劳动合同的；法律、行政法规规定的其他情形。"用人单位解除或者终止劳动合同，未按上述规定向劳动者支付经济补偿的，由劳动行政部门责令限期支付；逾期不支付的，责令用人单位按应付金额的 50% 以上 100% 以下的标准向劳动者加付赔偿金。

《劳动合同法》第 21 条规定:“在试用期内，除劳动者有本法第 39 条和第 40 条第 1 项、第 2 项规定的情形外，用人单位不得解除劳动合同。用人单位在试用期内解除劳动合同的，应当向劳动者说明理由。”因此，如果企业准备解除试用期期间员工的劳动合同，必须依据法律规定，如果没有《劳动合同法》第 39 条和第 40 条第 1 项、第 2 项规定的情形，用人单位是不得解除劳动合同的。

竞业限制与商业秘密保护

竞业限制规定的法律适用

竞业限制的法律适用，主要包括两个方面：一是用人单位和劳动者在适用竞业限制法律制度时应遵守的规则；二是违反竞业限制规定的责任和救济。竞业限制规则的适用和责任的承担是双向的、限定的，掌握好平衡性是正确适用该规则的重要基础，也是确保该规则有效性和合法性的基础。

一、竞业限制中的主体限制

竞业限制主要有两类主体：一类是用人单位的高级人员。包括用人单位的高级管理人员、高级技术人员；一类是用人单位的普通人员。主要是指在用人单位内负有保密义务的人员。高级管理人员掌握着用人单位的经营秘密，高级技术人员掌握着用人单位的核心技术，对其设定保密义务和竞业限制义务在《公司法》中就有体现；负有保密义务的人员可能自身无法使用所掌握的秘密和技术，但可以通过转让或者向其他用人单位泄露，从而换取商业利益。

二、竞业限制中的地域限定

用人单位和劳动者可以在竞业限制协议中对限定地域进行约定。地域限定，一般是指履行竞业限制协议的地域要求。比如不得在一个省、市的同行业就职等。

三、竞业限制中的期限限定

《劳动合同法》规定，在解除或者终止劳动合同后，负有竞业限制义务的人员不得到与本单位生产或者经营同类产品、从事同类业务的有竞争关系的其他用人单位，或者自己开业生产或者经营同类产品、从事同类业务的竞业限制期限，不得超过二年。竞业限制的期限规定平衡了商业秘密的保护时效和劳动者的就业能力流失两个方面。

四、竞业限制中的内容限定

竞业限制主要有两种限定：一是就业限制。主要是指竞业限制协议中的义务主体不得到与本单位生产或者经营同类产品、从事同类业务的有竞争关系的其他用人单位就业；二是经营限定。主要是指竞业限制协议中的义务主体不得自己开业生产或者经营同类产品、从事同类业务。

五、竞业限制中的种类限定

种类限定分为劳动者在职期间的竞业限制和劳动者离职后的竞业限制两种。在职期间的竞业限制是指劳动者在劳动关系存续期间的竞业限制。一般通过保密协议进行限定；离职后的竞业限制是指劳动者在与用人单位的劳动关系终止后的竞业限制。一般通过签订《竞业限制协议》进行限定。

六、竞业限制中的补偿限定

竞业限制中的补偿规定可分为用人单位应支付给劳动者的经济补偿和劳动者违反竞业限制协议应向用人单位支付的违约金和赔偿金两种。

（1）用人单位支付给劳动者的竞业限制补偿金，由双方当事人在竞业限制协议中约定，没有约定的，按照《最高人民法院关于审理劳动争议案件适用法律若干问题的解释》（四）第6条的规定执行。该条规定：“当事人在劳动合同或者保密协议中约定了竞业限制，但未约定解除或者终止劳动合同后给予劳动者经济补偿，劳动者履行了竞业限制义务，要求用人单位按照劳动者在劳动合同解除或者终止前12个月平均工资的30%按月支付经济补偿的，人民法院应予支持。前款规定的月平均工资的30%低于劳动合同履行地最低工资标准的，按照劳动合同履行地最低工资标准支付。”

（2）劳动者支付给用人单位的违约金和补偿金由双方约定，《劳动合同法》第90条规定：“劳动者违反本法规定解除劳动合同，或者违反劳动合同中约定的保密义务或者竞业限制，给用人单位造成损失的，应当承担赔偿责任。”

七、竞业限制义务的解除限定

根据法律规定，竞业限制的期限为两年。但在两年期间，如果发生法律规定的情形，可以提前解除限定。解除竞业限制义务有两种情形：

（1）用人单位解除。在竞业限制期限内，用人单位请求解除竞业限制协议时，人民法院应予支持。在解除竞业限制协议时，劳动者请求用人单位额外支付劳动者三个月的竞业限制经济补偿的，人民法院应予支持。

（2）劳动者解除。当事人在劳动合同或者保密协议中约定了竞业限制和经济补偿，劳动合同解除或者终止后，因用人单位的原因导致三个月未支付经济补偿，劳动者请求解除竞业限制约定的，人民法院应予支持。

八、违反竞业限制协议的法律责任

1. 用人单位违反竞业限制协议的法律责任。

按照相关法律规定，用人单位违反竞业限制协议要承担如下责任：一是劳动者可以免除竞业限制义务；二是请求用人单位支付额外的经济补偿。

2. 劳动者违反竞业限制协议的法律责任。

劳动者违反竞业限制协议要承担如下责任：一是支付违约金和赔偿用人单位的损失；二是支付违约金后继续履行竞业限制义务直

到竞业限制协议期满或者法律规定的期限届满。

◎竞业限制的经济补偿及违约金

一、竞业限制的经济补偿

劳动者从用人单位离职后，履行竞业限制义务将会影响其就业。当下，我国在平衡二者冲突问题上采取的做法是明确用人单位支付给劳动者的经济补偿金的数额标准。补偿金的标准重要依据为双方的协议约定。由于用人单位在劳动合同订立过程中占主导地位，可能致使与劳动者约定了竞业限制条款，却没有约定相应的经济补偿。

依据《最高人民法院关于审理劳动争议案件适用法律若干问题的解释（四）》的相关规定，劳动关系双方约定了竞业限制，但未约定相应补偿金的，若劳动者在离职后实际履行了竞业限制义务，则用人单位需按照不低于离职前12个月平均工资30%的标准，向劳动者支付经济补偿。

但在实践中，经济补偿的标准仍然过低，对劳动者的保护程度有限。特别是高级管理人员以及高级技术人员往往属于高收入人群，过低的经济补偿标准将导致大量的收入损失。因此，在双方已就竞业限制补偿金额及支付方式进行约定，且不违反法律法规规定的前提下，可以从其约定；在未约定补偿或标准不明确的情况下，应从商业秘密的价值评估以及劳动者保守商业秘密的成本角度出发，合理确定经济补偿标准。

二、竞业限制的违约金

竞业限制的违约金是劳动者的违约成本，在实践中，违约金的约定呈现极端化现象，或约定巨额违约金或未约定违约金数额。法律法规、司法解释等规范性文件仅对竞业限制补偿标准的下限作出规定，但并未明确违约金标准。违约金的金额主要判定依据为劳动者违反协议给单位所带来的损失，因此，用人单位在主张在劳动者违约时，应当以具体损失进行充分举证。

企业商业秘密保护的法律风险

商业秘密的保护贯穿于企业发展的各阶段，尤其是在研究开发期、业务稳定发展期和风险融资阶段。因此，在商业秘密的保护中企业面临的最大风险就是商业秘密泄露的法律风险，侵犯商业秘密情节严重的，可以构成侵犯商业秘密罪，而商业秘密一旦遭到侵犯，即使获得赔偿，有关信息的秘密性也可能丧失。商业秘密泄露的途径主要是企业内部管理过程中和外部交往活动中的泄露。主要表现为以下几个方面：

一、研发阶段商业秘密泄露的法律风险

在技术开发阶段，对技术情报、资料、试验数据，设计方案，技术程序、电子文档，开发计划和进度等信息缺少保护，尤其是对核心技术员工掌握的技术数据和成果缺少有效监控，有的技术开发人员甚至为了晋升高级职称发表论文，但把整个技术研制的过程、主要理论依据、主要的技术参数都通过论文不经意地公开了，致使技术成果价值流失。

企业商业秘密过于集中，使几个员工就可以掌握企业整套能够投放市场的商业秘密，一旦员工离职则导致商业秘密泄露。研发系统过于集中，员工能够集中接触商业秘密，以致几个员工就可以带走公司的一个完整技术。

此外，广告、商贸展览等信息发布行为能降低秘密性。对新开发的技术进行说明和描述，就属于向公众披露，等于放弃或损害了企业获得商业秘密保护的权利。企业不慎重的对外发布或泄露研发信息，容易引起竞争对手的重视，进而使其可能在技术上率先取得

突破，对市场先机的取得十分不利。

二、申请专利权过程中商业秘密泄露的法律风险

对于获取专利权而言，其不利的代价就是在申请的过程中要公开技术秘密，容易被他人通过专利申请检索获取关键信息，进行模仿或利用，出现申请者尚未取得专利权，而市场上已出现同类产品的情况，由此产生复杂的法律风险。

如果企业缺少保护意识，有可能将全部技术秘密或核心技术成果通过法定的公布程序公开（专利申请初步审查合格后，满18个月后即行公布），其后果可想而知。因此，公开范围的大小、是否涉及核心技术秘密，是否容易被模仿等，都应是企业在申请专利的过程中必须考虑的问题。

三、商业合作中商业秘密泄露的法律风险

企业进行外部商业合作时，最容易泄露商业秘密，其内在原因在于保密意识不强，保密制度不健全。企业往往只重视商业合作本身，而对相关的商业秘密缺少保护手段或措施，主要是因为以下几个方面泄露：

（1）国内外合作伙伴考察、参观过程中商业秘密泄露的法律风险。一些国内企业为了获得国外订单或合作机会，主动邀请外商参观自己的生产线和工艺流程，殊不知在参观者中可能混杂着工业间谍。此后不久，外国厂商也生产出同样的产品，因此而造成不必要的经济损失，包括市场机会的丧失。如果企业能重视到商业秘密的保护，此种损失完全可以避免或降低。参观应避开敏感区域，勿做详细解释，勿对生产制造工艺进行演示，并要求来访者参观商业秘密设备时签订保密协议。

（2）缔约前商业秘密泄露的法律风险。以高新技术企业为例，高新技术企业在创业过程中往往需要风险投资，其必要前提是向对方提交一份商业计划书。商业计划书中无例外地会包含企业的商业秘密，但许多企业并未在商业计划书中注明其包含有本企业的商业秘密，并要求对方予以保密。同理，企业掌握某项技术但需要与人合作，在与合作对象商谈合作时，为了证明自己技术的存在及价值，必然向合作对象披露全部或部分技术信息或商业信息，许多企业忽视在商谈前签订保密协议，要求对方保守此类信息。

（3）缔约后商业秘密泄露的法律风险。在业务合同中会涉及企业的供销渠道及经营秘密等，而这些信息应纳入商业秘密的保护范畴。企业经常需要把产品、零部件、材料、生产设备或工艺的某些机密透露给供应商和客户，而这些人往往也要与该企业的竞争对手或潜在的竞争对手从事商贸往来，这因此成为泄露商业秘密的危险源。

（4）员工流动中商业秘密泄露的法律风险。核心员工跳槽带走技术秘密和客户资源往往会给高新技术企业带来难以估量的损失。核心技术员工是指承担研发任务，掌握关键技术秘密的专业技术人员，许多企业对核心技术员工监管不力，主要表现为，未与其签订竞业限制条款，导致核心技术员工通过跳槽泄露原企业的商业秘密。所以，企业应通过竞业限制条款可尽可能地避免员工利用商业秘密。

同时，职工兼职、退休员工为他人提供服务等也是泄露商业秘密的常见途径，同样需要竞业限制条款的约束。

企业在缔约前应防止或制约对方将知悉的商业秘密泄露或不正当使用，企业认为需要保密的，就有必要在合同中加入保密条款，要求合作方不得将双方在合同中约定的内容向任何第三方披露。否则，对方对外泄露与本企业有关的合同内容将不被视为侵犯本企业的商业秘密。

企业必须重视商业秘密的法律保护，而保护过程中的风险多来自企业自身。如果企业能够明确商业秘密容易泄露的环节，并采取有力的预防措施，就可以有效避免商业秘密泄露的法律风险，这需要企业制定完善的商业秘密保护制度，并确保其能够得到完全地遵守和执行。

竞业限制下的商业秘密保护

以竞业限制的内容是否涉及保护商业秘密为标准，可以将竞业限制分为单纯竞业限制和附商业秘密保护义务的竞业限制。用人单位设立竞业限制的目的是保护用人单位的商业秘密，即竞业限制与商业秘密常常相伴出现。

《反不正当竞争法》第 9 条列举了侵权行为人不正当手段的具体方式；第 20 条规定了侵害商业秘密的赔偿范围。《最高人民法关于审理不正当竞争民事案件应用法律若干问题的解释》第 14 条规定了举证证明责任的分配问题，规定了主张被侵犯商业秘密的当事人应当证明其拥有的商业秘密符合法定条件，并证明侵权人采取不正当手段获取商业秘密的事实。

由此可知，《反不正当竞争法》对主张被侵犯商业秘密的当事人施加了较重的举证责任，不仅要证明其主张的商业秘密符合法定条件，还要证明侵权人主观上有过错并且采取了不正当手段获取或泄露商业秘密。

《劳动合同法》第 23 条规定，约定了竞业限制条款的用人单位支付经济补偿的义务和劳动者违约时支付违约金的义务。该条表明主张劳动者违反竞业限制协议的用人单位的证明责任，是证明劳动者违反竞业限制条款从事了竞业行为。而劳动者的违约行为常常表现为到有竞争关系的用人单位任职、自己自立门户经营同类业务等外在的行为，其证明难度相对《反不正当竞争法》的规定更小。对用人单位来说，以竞业禁止纠纷为由起诉比以商业秘密侵权纠纷起诉更容易获得法院的支持。

◌"挖人"背后的法律风险

在互联网行业、高科技行业中，对核心高管的争夺就是高科技本身的竞争，甚至决定了行业的兴衰。高科技领域的竞争，不管是国内还是国际，都是高端人才的争夺。在法律形式上，所有的高科技研发成果都载明于专利证书上；在实质意义上，这些成果都存储在高端核心人才的头脑里。

因此，"挖"走了核心人才，实质上就是通过各种方式绕过原有专利的枷锁，甚至突破、淘汰原有技术进行重大技术革新，形成新的技术壁垒。但"挖人"背后的法律风险表现在：

一、违反竞业限制的法律责任

《劳动合同法》第 24 条明确规定："竞业限制的人员限于用人单位的高级管理人员、高级技术人员和其他负有保密义务的人员。竞业限制的范围、地域、期限由用人单位与劳动者约定，竞业限制的约定不得违反法律、法规的规定。在解除或者终止劳动合同后，前款规定的人员到与本单位生产或者经营同类产品、从事同类业务的有竞争关系的其他用人单位，或者自己开业生产或者经营同类产品、从事同类业务的竞业限制期限，不得超过二年。"

竞业限制协议不受《合同法》中违约金不得超过损失 30% 规定的限制。《劳动合同法》采用不具体限制竞业限制违约金的上限的规定，违约金由双方根据具体情况约定。如果要认定离职员工违反竞业限制义务，除了必须签订竞业限制协议外，还需要公司举证证明该员工存在违约行为。

二、侵犯商业秘密的法律责任

《刑法》第 219 条规定，侵犯商业秘密罪，是指以盗窃、利诱、胁迫或者其他不正当手段获取权利人的商业秘密，或者非法披露、使用或者允许他人使用其所掌握的或获取的商业秘密，给商业秘密的权利人造成重大损失的行为。

三、不正当竞争的法律责任

《反不正当竞争法》第 2 条规定："经营者在生产经营活动中，应当遵循自愿、平等、公平、诚信的原则，遵守法律和商业道德。本法所称的不正当竞争行为，是指经营者在生产经营活动中，违反本法规定，扰乱市场竞争秩序，损害其他经营者或者消费者的合法权益的行为。"

如果新公司明知该员工背负竞业限制义务仍然同意其进入公司工作，或者为不正当的商业利益恶意让该员工入职本公司，除了该员工应当承担违反竞业限制义务的违约金外，新公司对该员工的行为造成原公司商业上的重大损失也有可能承担不正当竞争的法律责任。

第八章

企业投融资管理的法律风险识别与控制

贷款融资中的法律风险

国内银行贷款的法律风险及防范

企业融资的法律风险贯穿于企业融资行为的始终。任何一项融资行为都涉及多项程序，这就决定了任何一项融资行为都被多项部门法规约束。因此，法律体系的完备程度在某种程度上决定了企业融资法律风险的大小。

企业运用比较多的融资方式主要有：债权融资模式中的国内银行贷款、发行企业债券融资、融资租赁以及内部融资模式中的票据贴现。

一、公司与银行的贷款法律纠纷

公司因资金运转向银行申请贷款，是经济活动中常有之事。银行放贷多也导致了不良资产的增加，相关的诉讼纠纷常见诸媒体。

公司向银行申请贷款需要签订贷款合同。在签订合同时应该看清条款中对自己责任的约定，要明白在什么情况下银行有权提前放贷，以避免企业经营过程中因出错而遭到银行追讨。

有些贷款项目银行会要求借款人提供财产担保或者担保人提供担保。在某些情况下，公司有可能是帮助其他关联企业或合作伙伴以自己名下的财产进行担保。如借款人无法还款而违约，银行会起诉要求以提供担保的财产进行抵债，或要求担保人对借款承担连带责任。

另外，一旦被银行起诉要求提前还贷，在法院未判决前，双方的借贷关系仍然存在，公司切勿因为银行已提起了诉讼而不继续支付利息，以免导致法院因不按照合同缴纳利息而认定其违约。因为法院未做出终审判决之前，贷款关系仍然存在，公司作为借款方仍有承担支付利息的义务。

公司向银行贷款时，应注意自己在合同中所签订的违约责任，并搞清楚自己的行为或者经营状况会导致违约的具体情况。

二、银行贷款的常见法律风险点

1. 骗取贷款的法律风险。

借款人在贷款操作实践中经常发生的违反国家金融法规的行为。在贷款申请阶段，要注意提交的材料真实、客观、准确、可靠，企业不能因对资金的迫切需求而造假。《贷款通则》第 69 条规定："借款人采取欺诈手段骗取贷款，构成犯罪的，应当依照《商业银行法》第 80 条等法律规定处以罚款并追究刑事责任。"《贷款通则》《商业银行法》都规定了相应的处罚细则，包括：

（1）由贷款人责令借款人限期改正；

（2）情节特别严重或逾期不改正的，由贷款人停止支付借款人尚未使用的借款，并提前收回部分或全部贷款；

（3）情节严重且给贷款人或其他利害关系人造成实际损失的，借款人应当承担损失赔偿责任，构成犯罪的，应当承担刑事责任。

2. 侵吞贷款的法律风险。

这是指借款人违反法律规定，借兼并、破产或股份制改造等途径，逃避银行债务，侵吞信贷资金；借承包、租赁等途径逃避贷款人的信贷监管以及偿还贷款本息责任的违法行为。对此，《贷款通则》第 70 条明确规定了罚则："蓄意通过兼并、破产或者股份制改造等途径侵吞信贷资金的，应当依据有关法律规定承担相应部分的赔偿责任并处以罚款；造成贷款人重大经济损失的，应当依照有关法律规定追究直接责任人员的刑事责任"；"借款人违反本通则第九章其他条款规定，致使贷款债务落空，由贷款人停止发放新贷款，并提前收回原发放的贷款。造成信贷资产损失的，借款人及其主管人员或其他个人应当承担部分或全部赔偿责任。在未履行赔偿责任之前，其他任何贷款人不得对其发放贷款。”

对此，借款人在企业兼并、破产或股份制改造、承包、租赁过程中应做到：

（1）企业处于兼并、破产或股份制改造过程中，应通知贷款人使其参与其中。实行股份制改造的借款人，应当重新签订借款合同，明确原贷款债务的清偿责任；实行整体股份制改造的借款人，应当明确其所欠贷款债务由改造后公司全部承担；实行部分股份制改造的借款人，应当明确改造后的股份公司按占用借款人的资本金或资产的比例承担原借款人的贷款债务。

（2）实行承包、租赁经营的借款人应重新签订借款合同，在承包、租赁合同中明确落实原贷款债务的偿还责任。合并（兼并）的借款人，应在合并（兼并）前清偿贷款债务或提供相应的担保。分立的借款人，应在分立前清偿贷款债务或提供相应的担保。产权有偿转让或申请解散的借款人，应在产权转让或解散前落实贷款债务的清偿。

3. 改变贷款用途的法律风险。

这里是指贷款发放后，借款人没有严格按照借款合同约定的贷款用途使用贷款，致使借款人需承担既定法律后果的风险。借款人改变贷款的用途，包括改变贷款的约定用途和法定用途。对于改变用途后的贷款，又可分为合法使用与非法使用两种情况，前者借款人只需承担违约责任，而后者借款人不仅要承担违约责任，还要承担违法责任，情节严重的，直接责任人还要承担刑事责任。《贷款通则》第 19 条第 3 项规定：“借款人应当按借款合同约定用途使用贷款。”对于贷款使用方面的法定禁止，《贷款通则》第 20 条还规定：“借款人不得用贷款从事股本权益性投资，国家另有规定的除外；借款人不得用贷款在有价证券、期货等方面从事投机经营；借款人除依法取得经营房地产资格外，不得用贷款经营房地产业务，依法取得房地产经营资格的借款人，不得用贷款从事房地产投机。”

对于借款人改变贷款用途，《商业银行法》《贷款通则》及其他相关法律法规规定了相应的罚则，归纳起来主要有：

（1）由贷款人对部分或全部贷款加收利息。

（2）由贷款人停止支付借款人尚未使用的贷款，并提前收回部分或全部贷款。

（3）借款人改变贷款用途情节严重的，由相关部门对借款人予以处罚，直接责任人予以相应处分，情节严重的，需追究其刑事责任。

金融机构在向借款人发放贷款后，要进行必要的贷款发放后检查工作，贷款的使用是检查的重点。从借款合同的约定角度讲，借款人应当严格按照借款合同的约定使用贷款，应当严格遵守贷款使用法律禁止性的规定。

4. 逾期还款的法律风险。

逾期还款的法律风险是指借款人在贷款到期后，没有或不能还本付息所带来的法律风险。根据法律规定，贷款人会在短期贷款到期一个星期之前、中长期贷款到期一个月之前，向借款人发出还本付息的通知单。作为借款人，应当及时筹备资金，按照借款合同的约定，按时足额还本付息，否则将承担违约责任。若借款人不能按期归还贷款的，其应当在贷款到期日之前向贷款人申请展期。申请保证贷款、抵押贷款、质押贷款展期的，还应当有保证人、抵押人、出质人出具的书面同意证明，已有约定的按照约定执行。除国家另有规定外，短期贷款展期期限累计不得超过原贷款期限，中期贷款展期期限不得超过原贷款期限的一半，长期贷款展期期限不得超过3年。借款人申请展期或者申请展期未得到批准，其贷款从到期日次日起，转入逾期贷款账户。

根据《贷款通则》及其他相关法律、法规，对于借款人逾期还款的罚则，主要有这样几项：

（1）由贷款人对部分或全部贷款加收利息；

（2）由贷款人停止支付借款人尚未使用的贷款，并提前收回部分或全部贷款。

借款人逾期还款也是发放贷款的金融机构产生呆账、坏账的最主要起因，因此，金融机构对于借款人逾期还款的原因审查及结果的处理都比较严格。

5. 提前还款的法律风险。提前还款的法律风险是指借款人在约定的贷款期限届满前，提前还款所带来的法律风险。提前还款广义上来说可分为借款人申请提前还款和被强令提前还款两种形式。一般而言，提前还款的法律风险特指借款人申请提前还款。

借款人申请提前还款，无论借款合同中是否有约定，贷款人都要对借款人进行审查，所以借款人申请提前还款的法律风险主要体现在由于法定事由提前还款不被金融机构批准的风险。这些事由归纳起来包括：若借款合同中明确约定不允许提前还贷，则借款人应依据合同约定，到期才能还本付息；借款人申请提前还款理由不当；损害了贷款人的利益。

借款人申请提前还款，必然会影响借款人的利息收益。鉴于此，借款人若计划提前还款，应在借款合同中明确。

民间借贷的主体和效力

除向银行贷款外，公司之间或公司与个人之间也会互相借款。民间借贷是合法的，在法律允许的范围内，否则不受保护。民间借贷活动必须严格遵守国家法律、行政法规的有关规定，遵循自愿互助、诚实信用原则。出借人的资金必须是其合法收入的自有资金，禁止吸收他人资金转手放贷。民间借贷的利率由借贷双方协商决定，但协商的利率不得超出国家规定范围。

以借贷为名，行非法吸收公众存款或者变相吸收公众存款之实，扰乱金融秩序的，则以非法吸收公众存款罪论处。《刑法》规定了非法吸收公众存款罪，但未对非法吸收公众存款、变相吸收公众存款做出明确规定。

依据《非法金融机构和非法金融业务活动取缔办法》第 4 条规定，非法金融业务活动，是指未经中国人民银行批准，擅自从事非法吸收公众存款或者变相吸收公众存款；未经依法批准，以任何名义向社会不特定对象进行的非法集资；非法发放贷款、办理结算、票据贴现、资金拆借、信托投资、金融租赁、融资担保、外汇买卖；中国人民银行认定的其他非法金融业务活动。

前款所称的非法吸收公众存款，是指未经中国人民银行批准，向社会不特定对象吸收资金，出具凭证，承诺在一定期限内还本付息的活动；所谓变相吸收公众存款，是指未经中国人民银行批准，不以吸收公众存款的名义，向社会不特定对象吸收资金，但承诺履行义务与吸收公众存款性质相同的活动。

民间借贷的法律风险

一、易引发非法集资类犯罪

非法集资是指行为人以非法占有他人财产为主观目的，采用诈骗方法进行非法集资，数额较大的行为。《刑法》对非法集资类犯罪的惩罚力度比较大，涉及四个罪名，分别是非法吸收公众存款罪，集资诈骗罪，欺诈发行股票、债券罪，擅自发行股票、公司、企业债券罪。这里将重点分析非法吸收公众存款罪和集资诈骗罪。

1. 非法吸收公众存款罪。

许多企业因为不当、不规范的民间借贷行为而触犯非法吸收公众存款罪，并因此受到刑事处罚。《刑法》第 176 条规定，非法吸收公众存款或者变相吸收公众存款、扰乱金融秩序的，构成非法吸收公众存款罪，并对此罪规定了比较重的刑事处罚。触犯非法吸收公众存款罪的主要行为，一种是借款方不清楚法律、法规的具体规定，难以区分何为合法、何为非法；另一种是行为人浑水摸鱼，妄图给非法借贷活动披上合法外衣。该罪极易与合法的民间借贷相混淆。

2. 集资诈骗罪。

一般的民间借贷只要借款方按约偿还了借款，且利率不违反法律的禁止性规定，则视为合法的民间借贷；一旦没有按约履行借款，不仅涉嫌非法吸收公众存款罪，还极易涉嫌集资诈骗罪。

集资诈骗罪有四个基本构成要件：以非法占有为目的；使用诈骗方法；非法集资；数额较大。

二、民间借贷易引发高利贷

民间借贷本身是民间资金融通的一种方式，其利率偏高的现象被称为“高利贷”。高利贷是指高额利息的借款，最为常见的是所谓“驴打滚”“羊羔息”。放高利贷者都是资金比较充裕的人群，有专门的民间放贷机构，也有家境殷实的个人等。利率的规制是民间借贷的核心问题，也是《最高人民法院关于审理民间借贷案件适用法律若干问题的规定》的重要内容之一，其第 25—27 条明确：

借据、收据、欠条等债权凭证载明的借款金额，一般认定为本金。预先在本金中扣除利息的，人民法院应当将实际出借的金额认定为本金。

借贷双方没有约定利息，出借人主张支付利息的，人民法院不予支持。除自然人之间借贷以外，借贷双方对利息约定不明，出借人主张支付利息的，人民法院应当结合民间借贷合同的内容，并根据当地或者当事人的交易方式、交易习惯、市场利率等因素确定利息。

出借人请求借款人按照合同约定利率支付利息的，人民法院应予支持，但是双方约定的利率超过合同成立时一年期贷款市场报价利率四倍的除外。

除借贷双方另有约定的外，借款人可以提前偿还借款，并按照实际借款期间计算利息。

中国人民银行下发的《关于取缔地下钱庄及打击高利贷行为的通知》第2条对借贷的利率也有类似规定和限制，并且对何为高利贷行为进行了界定，具体规定为："民间个人借贷利率由借款双方协商确定，但双方协商的利率不得超过中国人民银行公布的金融机构同期、同档次贷款利率（不含浮动）的四倍。超过以上标准，应界定为高利贷行为。"

融资租赁的法律风险

出租人主体不适格的法律风险

融资租赁法律关系中，出租人主体不适格的法律风险是指因出租人的主体资质不符合法律规定，致使承租人蒙受经济损失的风险。

企业在进行融资租赁的过程中，除少部分有自己的租赁公司集团化运作的大公司外，大多会选择金融租赁公司进行具体操作。根据《金融租赁公司管理办法》，金融租赁公司的设立应当具备下列条件：最低注册资本金为人民币 5 亿元，经营外汇业务的金融租赁公司应另有不低于 5000 万美元（或等值可兑换货币）的外汇资本金；具有《公司法》和《金融租赁公司管理办法》规定的章程；具有符合银保监会规定的任职资格的高级管理人员和熟悉金融租赁业务的合格从业人员；有健全的组织机构、内部管理制度和风险控制制度；有与业务经营相适应的营业场所、安全防范措施和其他设施；银保监会规定的其他条件。

此外，《金融租赁公司管理办法》及银保监会对金融租赁公司的各项资质做出了规定。一般性的金融租赁公司可经营下列本外币业务：直接租赁、回租、转租赁、委托租赁等融资性租赁业务；经营性租赁业务；接受法人或机构委托租赁资金；接受有关租赁当事人的租赁保证金；向承租人提供租赁项下的流动资金贷款；有价证券投资、金融机构股权投资；经中国人民银行批准发行金融债券；向金融机构借款；外汇借款；同业拆借业务；租赁物品残值变卖及处理业务；经济咨询和担保；中国银保监会批准的其他业务。

因此，作为承租人的企业，在选择金融租赁公司进行融资租赁的过程中，应当注意：

（1）了解国家相关法律、法规关于金融租赁公司设立条件及经营资质的规定。对金融租赁公司的资质进行严格审查。

（2）对金融租赁公司的选择要充分考虑金融租赁公司的各项资质，同时结合自身的实际情况和融资租赁方式的选择来确定，企业在融资租赁过程中没有选择好金融租赁公司，不仅解决不了企业本身的资金压力，反而会带来法律风险。企业在选择租赁公司时应充分了解该公司的各项资质，避免不必要的损失。

租赁物件毁损或灭失的法律风险

对于承租人而言，租赁物件毁损或灭失的法律风险是指租赁物在交付并验收合格、安装调试后，承租人在履行合同期间，由于租赁物件的毁损或灭失，给承租人造成经济损失的风险。

在合同履行期间，租赁物件毁损或灭失的风险责任，除租赁物件的正常损耗外，应由承租人承担。

当发生租赁物件的毁损或灭失时，承租人应立即通知出租人，出租人可选择将租赁物件复原或修理至完全正常使用状态，也可选择更换与租赁物件同等状态、性能的物件。不论哪种方式，均由承租人负责处理并负担一切费用。租赁物价毁损或灭失至无法修复的程度时，承租人应向出租人赔偿相应的损失。

租赁物件毁损或灭失的法律风险是无法规避的，承租人只能通过规范经营管理、提高操作人员技术水平以及定期维修保养来预防这种风险的发生。

◎融资租赁法律风险防范

一、制订融资租赁合同阶段的注意事项

在制订融资租赁合同时，对首付款、保证金的性质和用途、租赁物质量、所有权归属、租赁物取回条件、支付租金、索赔权利、违约责任、租赁物价值评估方法等这些很容易引起双方争执的问题，应充分明确，保证在出现争论时有明确的依据。其中关键的条款有：

（1）租赁物所有权归属条款。承租人按时支付租金后，达到约定条件租赁物的所有权就从出租人转移至承租人。所有权转移的条件就成了至关重要的问题，相关条款也成了核心条款。因这一条款涉及双方重大利益，必须约定清晰。

（2）涉及租赁物取回的条款。这一条款赋予出租人在特定条件下取回租赁物的权利，必须慎之又慎。各方需要充分讨论并在合同条款中充分明确出租人行使取回权的条件、取回权的实现方式、争议的解决办法等相关事项。其中，出租人行使取回权的条件是重中之重，必须非常清晰、确定。

（3）违约责任条款。为了保障交易的顺利进行，应在合同中明确违约者应承担的责任和对违约者的惩罚措施。只有明确的、清晰的违约责任和惩罚措施，才能预防和减少违约行为。

签署合同时，承租方应严格审查租赁物的产权状况，避免产权纠纷；出租人应充分考察承租人信誉状况，避免信誉风险。

二、加强合同履行动态管理

出租人在签订合同之后，可以安排专门的工作人员对租赁物进行相应的管理，对承租人合理使用的租赁物进行监督，但不能影响承租人的正常使用。在管理的过程中，可以防范承租人对租赁物的

不合理处置行为，有效防止出现法律问题。

出租方应适当增加服务客户意识，在工作的过程中自动延伸融资租赁服务的环节，更好地为承租方提供及时有效的服务，且充分了解承租人的动态，便于及时防范相关风险。

承租人可通过加强合同履行的管理，加强与出租人的沟通，从而加强对出租人的了解，减少和防止来自出租人的风险。

三、加强风险问题的处理

（1）如果承租人违反租赁合同的内容，或因为各种因素而导致合同无法有效执行时，租赁公司可通过有效的手段对风险问题进行科学处理。如果风险问题是由业务工作人员前期对项目考察不够谨慎而造成的，可以对相关工作人员进行责任的追究。

（2）租赁方应对造成风险问题的租出项目进行有效分析，并改善相应交易的结构，更好地提高风险问题处理的成效。此外，对不是长期合作的承租人，租赁方应做好提前结束租赁交易的准备，或通过诉讼途径解除合同，有效降低自身的风险。

（3）承租人也应特别注意来自出租人的各项风险。比如，出租人资产被冻结、查封导致租赁物被限制使用的风险等。租赁物被扣押或被采取其他强制措施，承租人就需要立即通过法律程序提出相关异议，尽力及时解除强制措施，以免对承租人生产经营产生重大影响。如果造成承租人实际损失，承租人可保全损失证据，事后通过法律程序追索损失。

总之，各方在制订合同、合同履行、租赁物使用和管理、租赁物权属转移等环节，应予以明确约定，并积极防范各自的各项风险。

债券融资的法律风险

◎ 债券发行主体合法性不适格的法律风险

企业债券发行主体合法性不适格的法律风险是指企业发行企业债券的主体资格不符合法定要求，致使企业债券无法正常发行的风险。根据《企业债券管理条例》第 2 条的规定，企业在准备发行债券前，首先要审查的企业自身的注册情况，如果是在境外注册或不具备法人资格的，则不允许发行企业债券。

另外，中华人民共和国发展和改革委员会（简称“国家发改委”）还要对企业债券拟发行主体本身的发行资质进行审查。在此过程中，国家发改委针对下列事项对企业进行审查，包括：所筹资金用途符合国家产业政策和行业发展规划；净资产规模达到规定的要求；经济效益良好，近三个会计年度连续盈利；现金流状况良好，具有较强的到期偿债能力；近 3 年没有违法和重大违规行为；前一次发行的企业债券已足额募集；已经发行的企业债券没有延迟支付本息的情形；企业发行债券余额不得超过其净资产的 40%。用于固定资产投资项目的，累计发行额不得超过该项目总投资的 20%；符合国家发改委根据国家产业政策、行业发展规划和宏观调控需要确定的企业债券重点支持行业、最低净资产规模以及发债规模的上、下限；符合相关法律法规的规定。

此外，企业还应注意：企业发行债券应当公布经审批机关批准的发行章程，可以向经认可的债券评信机构申请信用评级；企业发行债券的总面额不得大于该企业的自有资产净值；企业发行债券用于固定资产投资的，依照国家有关固定资产投资的规定办理；企业债券的利率不得高于银行相同期限居民储蓄定期存款利率的40%。

鉴于此，企业债券拟发行人在债券发行的准备阶段应做到：

（1）向相关部门进行全方位的有关债券发行方面的咨询，包括制度和操作两个层面的咨询；

（2）严格自查债券发行的主体资格；

（3）必须熟知国家针对企业债券的年度计划规模和规模内的各项指标，了解国家发改委的各项审批制度；

（4）严格自查债券发行的主体资质。

企业债券发行规模违反规定的法律风险

我国立法对企业债券的发行规模和数量有着严格的限制，采取的是中央集中计划并审批的原则。

《企业债券管理条例》第10条规定："国家计划委员会会同中国人民银行、财政部、国务院证券委员会拟定全国企业债券发行的年度规模和规模内的各项指标，报国务院批准后，下达各省、自治区、直辖市、计划单列市人民政府和国务院有关部门执行。未经国务院同意，任何地方、部门不得擅自突破企业债券发行的年度规模，并不得擅自调整年度规模内的各项指标。"

第11条规定："企业发行企业债券必须按照本条例的规定进行审批；未经批准的，不得擅自发行和变相发行企业债券。中央企业发行企业债券，由中国人民银行会同国家计划委员会审批；地方企业发行企业债券，由中国人民银行省、自治区、直辖市、计划单列市分行会同同级计划主管部门审批。"

《国家发改委关于进一步改进和加强企业债券管理工作的通知》第 2 条规定："国家发改委依照规定的职责和国务院确定的企业债券发行总规模，会同有关部门，批准企业发行债券，并对其相关行为进行监督管理。未经国家发改委批准，任何单位和个人不得擅自发行或者变相发行企业债券。企业发行债券不得突破批准的发行规模。"

基于这些规定，我国立法确立了相应的罚则，《企业债券管理条例》第 26 条规定："未经批准发行或者变相发行企业债券的，以及未通过证券经营机构发行企业债券的，责令停止发行活动，冻结并责令退还非法所筹资金，处以相当于非法所筹资金金额 5% 以下的罚款。"

第 27 条规定："超过批准数额发行企业债券的，冻结并责令退还超额发行部分或者核减相当于超额发行金额的贷款额度，处以相当于超额发行部分 5% 以下的罚款。"

一般情况下，国家发改委会根据《企业债券管理条例》，按照先核定企业债券的发行规模，再批准企业债券发行方案的方式，组织和实施企业债券发行审批工作。按照《国家发改委关于进一步改进和加强企业债券管理工作的通知》要求，国家发改委根据市场情况和已下达债券发行规模发行情况，不定期受理企业债券发行规模申请，并对企业的发债规模申请进行审核，符合发债条件的，核定发行规模和资金用途，报经国务院同意后，统一下达发债规模并通知有关事项。

企业债券违规交易的法律风险

企业债券违规交易的法律风险系指因债券承销商违规进行债券交易，债券发行人没有进行有效的监督，致使债券发行人无法达到融资目的的风险。

企业债券违规交易的形式主要包括：承销商在债券发行和交易

过程中不履行法定程序、承销商挪用客户交易结算资金、承销商非法进行债券回购交易等行为。实质上，这些行为都在国家发改委、中国人民银行、中国证监会等证券监管部门的监管范围内。

鉴于此，债券发行人应对债券承销商进行有效的监督，并配合监管部门对债券承销商进行有效的监管，在和承销商签订的合同中明确双方的权利义务。

◎违反企业债券监管规定的法律风险

企业债券监管的主要目的是为规范企业及承销商在企业债券发行和交易过程中的各种行为，并使其合法化。

依据《企业债券管理条例》的规定，中国人民银行及其分支机构和国家证券监督管理机构，依照规定的职责，负责对企业债券的发行和交易活动进行监督检查。

《国家发改委关于进一步改进和加强企业债券管理工作的通知》第 13 条指出，为了进一步加强企业债券监督管理工作，国家发改委依法对企业债券的发行、托管、兑付、信息披露、募集资金使用等以及在证券交易所之外其他合法交易等相关事项进行监督管理，维护企业债券市场秩序。

监管机构主要检查监督企业债券发行和交易的合法性以及募集资金使用的合法性。《企业债券管理条例》第 20 条规定："企业发行企业债券所筹资金应当按照审批机关批准的用途，用于本企业的生产经营。企业发行企业债券所筹资金不得用于房地产买卖、股票买卖和期货交易等与本企业生产经营无关的风险性投资。"

对此，《企业债券管理条例》第 30 条、第 31 条也规定了相应罚则："未按批准用途使用发行企业债券所筹资金的，责令改正，没收其违反批准用途使用资金所获收益，并处以相当于违法使用资金金额 5% 以下的罚款”；“非证券经营机构和个人经营企业债券的承销或者转让业务的，责令停止非法经营，没收非法所得，并处以承销或者转让企业债券金额 5% 以下的罚款”。

企业债券的监管行为对企业债券的发行和交易过程异常重要，应当引起债券发行人的注意。

股权融资的法律风险与防范

以增资方式进行股权融资的法律风险与防范

对投资方来说，通常会通过设计一定的风险规避机制（如先决条件、退出安排或补偿安排等），以确保投资的安全并能够获得预期收益。以下具体分析增资扩股融资协议及股权质押融资的法律风险以及防范措施。

一、关于未实缴注册资本的缴纳

根据目标公司注册资本金额及资金需求规模的大小，投资方拟对目标公司进行增资的增资价款一般被分为两部分，一部分体现在工商登记里注册资本的增加额，一部分计入公司资本公积。由于很多公司的实缴注册资本都低于注册资本，投资方通常会要求公司的原始股东在一定期限内解决未实缴注册资本的缴付问题。因此对融资方来说，需要在限定的时间内将未实际缴纳的注册资本缴纳完毕。

二、关于股权的“代持还原”

很多公司存在股权代持的问题，投资方为避免潜在的股权纠纷，会要求目标公司的代持股东与被代持股东进行“代持还原”，即要求代持股东与被代持股东签署解除代持协议，并办理完毕股权转让变更的工商登记手续。股权变更过程中会产生相应的税费，融资方应提前对该部分股权转让所产生的费用及税收负担做出合理安排。

三、关于交割的先决条件

在金额较大的增资款项的支付过程中，投资方一般会要求分期支付及交割，并在增资协议中约定每一次交割的先决条件，其内容可能涵盖财务、法务、经营管理、知识产权、人事等诸多方面，一般条件都相对严格。如果融资方没有十足的把握能够达到约定的交割先决条件，又不能确定在交割条件未成时就得到投资方的书面豁免文件，则融资方应与投资方就交割先决条件进行协商，以免启动增资程序后发生争议导致进退两难。

“对赌协议”的法律风险

“对赌”条款又称估值调整条款，是投资方与融资方在达成协议时，双方对于未来不确定情况的一种约定。“对赌”分为与公司对赌、与股东对赌，其中一种常见类型为股权回购条款。投资人与公司约定股权回购条款的情形，由于涉及目标公司的减资，并且各个地方的市场监督管理部门对减资的实际操作方案不一致，所以在设计公司回购条款时需要格外慎重。

对赌协议具有相当大的法律风险。对赌协议是我国资本市场中被大量使用的一种保障投资人权益的融资模式。对赌产生的根本目的在于保障投资安全并激励融资方，促成企业高额利润或上市目标的实现，进而实现投融资双方的互利共赢。然而对赌失败的案例亦大量存在。目前，在商事纠纷中，全国各地法院和仲裁机构也受理了大量涉及对赌协议的纠纷案件。对赌协议纠纷的审判或仲裁，在一定程度上给法院商事审判或仲裁机构的裁决带来了挑战。作为一种附生效条件的多功能资本运作契约，如果不存在合同无效的情形，应当认定对赌协议的合法性和法律效力。

在法律性质上，对赌协议应当认定为当事人平等协商的附生效条件的合同。依照《民法典》的相关规定，当事人对合同的效力可以约定附条件，附生效条件的合同，自条件成就时生效。即当事人可以对合同或者合同中部分条款之生效在条件上做出进一步的约定，如果达到某一约定的条件，该合同或条款才发生效力。在对赌协议中，并非其中所有条款均在合同成立时生效，就估值调整条款中的补偿及回购条款而言，约定的对赌目标是否达成，系判断是否履行调整机制的唯一标准。即若目标公司达到约定要求时，相关回购和补偿条款不发生效力；反之，没有达到承诺目标时，调整机制自动发生效力，融资方需对投资方履行协议中所约定的回购和补偿义务。对赌协议的法律性质可以用“附生效条件之合同”来很好地诠释，使当事人对未来不确定的情况进一步细化，明确彼此的权利和义务，以产生当事人所预期的法律后果，是当事人意思自治的充分体现。

对赌协议可视为我国目前资本市场中平等商事主体之间意思自治的产物，不宜以违反公共利益为由或以损害债权人利益为由轻易否定其效力。应在充分尊重商事主体意思自治、风险自负原则的基础上，确定对赌协议有效。将对赌协议认定为有效，肯定投资方与股东之间、投资方与公司之间的对赌效力，能够促使投资人、股东、公司在对赌时更为审慎，尤其是促使目标公司对自身的定位更为合理，避免因盲目对赌业绩而使公司陷入僵局，出现欲速则不达的情况。

对此，应当把握如下处理规则：投资方与目标公司订立的“对赌协议”在不存在法定无效事由的情况下，目标公司仅以存在股权回购或者金钱补偿约定为由，主张“对赌协议”无效的，人民法院不予支持；但投资方主张实际履行的，人民法院应当审查是否符合《公司法》关于“股东不得抽逃出资”及股份回购的强制性规定，判决是否支持其诉讼请求。

股权质押融资的法律风险及防范

由于股权资产的特殊性，股权质押融资风险易受企业经营状况、企业流动资金等因素的影响，主要包括股权价值下跌的风险、股权质押的道德风险、股权处置风险及现行法律不完善导致的法律风险。

一、股权价值波动下的市场风险

股权质押与股权转让类似，质权人接受股权质押就意味着从出质人手里接过了股权的市场风险。而股权价格波动的频率和幅度都远远大于传统用于担保的实物资产，如固定资产。无论是股权被质押企业的经营风险，还是其他的外部因素，其最终结果都会转嫁在股权的价格上。

当企业面临经营困难出现资不抵债时，股权价格就会出现下跌，转让股权所得价款很有可能不足以清偿债务。虽然法律规定质押物变价后的价款不足以清偿债务时，不足部分仍由债务人继续清偿。但根据企业的现实状况，贷款人就算继续追讨，最终的成本和收益往往不成正比。

二、出质人信用缺失下的道德风险

（1）股权质押融资的道德风险，是指股权质押可能导致公司股东“二次圈钱”，甚至出现掏空公司的现象。由于股权的价值依赖于公司的价值，股权价值的保值需要质权人对公司进行持续评估，而未上市公司的治理机制相对来说不是很完善，且信息披露也不透明。

（2）第三方股权公司不是合同主体，质权人难以对其生产经营、资产处置和财务状况进行持续跟踪和控制，容易导致企业通过关联交易，掏空股权公司资产。

三、法律制度不完善引起的法律风险

由于股权质押融资制度存在许多缺陷，给质权人带来了多种风险。

（1）优先受偿权的特殊性隐含的风险，股权质押制度规定的优先受偿权与一般担保物权的优先受偿权不同，具有特殊性。

（2）涉外股权瑕疵设质的风险，《外商投资企业法》规定允许外商投资企业的投资者在企业成立后，按照合同约定、法律规定或核准的期限缴付出资，实行的是注册资本授权制，即股权的取得并不是以已经实际缴付的出资为前提，外商投资企业的股东可能以其未缴付出资部分的股权设定质权，给质权人带来风险。

投资的法律风险防范

企业投资的法律风险及其防范

一、如何确保出资财产评估的真实、合法

与合作伙伴联营或合资办企业，每一个出资人（联营方、股东）出资财产的真实性、合法性事关每一位出资人及未来注册的联营体或公司的利益。

出资财产的真实性是指财产价值的真实性，合法性是指评估机构及评估程序的合法性。以欺骗手段隐瞒财产真实价值，虚报价格，虚假注册，出资股东有行政和刑事责任；其他股东有补交差额的民事责任，而且是一种连带责任；根据虚假注册情节轻重及危害性后果，公司也可能承担行政（罚款）及刑事责任。

二、出资财产是否具有法律可行性

实物、现金、工业产权均可作为出资财产，但以这些财产出资仍要注意一些法律风险。

1. 集体土地不许擅自转让。

集体土地须经国家依法征收后才能进入二级市场买卖，补缴国家土地收益之后，所剩余额才能用来偿债。如果所剩余额不足以偿债，此时联营对方（村队经济组织）再没有别的财产，城市企业作为联营一方承担连带责任，债务余额由城市企业承担，这意味着城市企业又要增加偿债份额。

2. 商标专利使用权不可作为出资财产。

商标专利使用权能否作为出资财产，目前法律无明文规定。虽有学者主张可以用商标专利使用权作为出资财产，但从目前我国企业登记方面有关法规及实践来看，并不具备实际操作的可行性。所以目前商标专利使用权尚不可作为出资财产。

3. 股份出资要真实、合理。

目前《公司法》并未规定股份可以作为出资标的，但实践中，特别是国有企业改组中已有以股份出资的情况。如果以股份作为出资标的，在操作上特别要注意确保股份出资的真实性、合理性及有效性。比如，应考虑到股份与现金相比其价值具有相当的弹性，过高评估股份价值将会侵害资本充实原则，必须慎重评估股份价值，规范股份出资评估作价及调查程序。

应由法定验资机构对股份出资出具验资报告，股份出资应为公司章程的必要记载事项，必须将股份出资者姓名、出资标的股份及其价格，以及由此确定的出资股数据等情况记载于公司章程，否则不能以股份出资。

此外，股份出资的履行应遵守股份转让的有关规定，必须交付转移。比如，公司成立时作为出资的股份的实际价格与公司章程规定的价格明显不符，应由该股份出资人补缴其差额，以确保成立后的公司资本充实。

三、兼并、收购别人要弄清债务黑洞

企业兼并的成功率不高，失败的原因之一，就是兼并与被兼并方信息不对称，兼并方无法弄清被兼并方的真实债务和财产状况，兼并后又无端生出大量债务，替被兼并方还债，难以有资金注入新项目导致兼并失败。不能仅从资产负债表或账目上反映的情况简单核实。许多报表与账目是虚假的。许多潜在债务并不能真实完全反映在报表和账目上。如企业白条、签章送货单、赊欠货款、质量案赔。还有的财产清单与实物财产并不相符。所以要核实财产清册，核实凭证是否真实、合法、完整。考察被兼并方的各种对外合同，如买卖、担保、代理、租赁、承揽、供货、商标专利及劳动合同中所包含的债权债务。兼并合同中应明确约定只承担债务清单上已列明的债务，自交割日、收购日或约定的接收日后兼并方（收购方）概不承担被兼并方（目标公司）的债务。实践中为规避无法测算核实目标公司的债务黑洞，也有的兼并方企业先与目标公司联营、合资、承包、托管、租赁，经过一段时间磨合，再谈目标公司产权的整体转让，即承包租赁的有效延伸，兼并的温和过渡。

风险投资的法律风险识别

风险投资主要是一种以股权的方式参与投资，通常投资额占公司股份的30%左右。风险投资投资企业的目的是为了退出获利，而不是为了管理或经营企业，一般不持有企业的控股权。

风险资本分期分批投入或者一次性投入融资企业。由于投资对象属于高风险企业，因此风险投资项目的操作具有极强的专业性与程序性，更潜藏着大量的法律风险，主要包括：

一、信息不对称的法律风险

在风险投资决策中，风险投资者往往无法全面了解风险企业的具体情况，包括该企业的真实性，股权结构，项目的可行性，投资与回报的可能性，企业管理团队能力问题，融资企业知识产权状况，是否存在核心技术无专利权问题或者侵权问题，企业技术的产权究竟归谁所有，是否存在权利瑕疵问题，企业技术人员是否存在竞业禁止问题，专利技术是否具有专利权证书，技术所对应的股权比例有多大等。

二、风险投资协议签署过程中的法律风险

诸如风险投资签署过程中的保密问题，尤其涉及企业商业秘密

保护问题，协议需要对企业的产权、公司治理结构、风险资本的退出方式和时间、退出机制的问题进行约定。

三、风险投资投入后的法律风险

风险投资者投入资本后，存在资金使用方面的法律风险，资金使用是否高效；其次，在公司的治理结构方面，存在着风险投资者能否真正参与企业的重大经营决策的制定与实施的法律风险。

四、风险投资退出过程中的法律风险

融资企业如果准备上市很可能最后无法上市，如果融资企业与风险投资者在投资协议中约定采取股权回购的方式退出，很有可能存在股东无法回购股权的法律风险。

风险贯穿于投资活动的全过程，任何投资活动都有其特定的投资风险。因此，风险投资者需要做好投资风险的成因分析，制定出能够防范、控制、管理投资风险的具体措施，以达到收取高额利润的投资目的。

股权收购的法律风险与防范

一、目标公司或有债务风险

囿于收购方对目标公司企业文化、治理结构、商业信誉等方面的了解限制，在股权收购各阶段均可能发生某些潜在的或有债务风险。

1. 员工离职的债务风险。由于股权收购并不改变目标公司的法人主体，原有员工的劳动合同在股权收购后依法可继续履行。收购方极易忽略在股权收购中乃至收购后可能会发生的员工集体离职的情况。

为防范此类风险，需由出售方承担股权收购过程中公司管理权及经营权的平稳过渡、顺利交接责任，及时安抚员工因公司股东及管理层变动所产生的消极情绪，妥善回应员工诉求。同时还应考虑全体员工的离职补偿费用，由出售方预留在目标公司账户。

2. 经济合同的或有债务风险。若因出售方缺乏充分的法律意识、商业诚信有意隐瞒的，抑或是基于对客观事实的固有认识缺陷造成的判断失误，均会造成收购双方对于此类重要信息的知情权严重不对称，披露不完全的风险情况。

对此类风险，收购方要重点核查与正常业务范围、业务量不符的合同，明显偏离市场公允价格的合同，合同主体与实际履约方不符的合同；进行询证调查，要求合同相对方配合出具关于已履约、未履约合同的具体情况确认；在收购协议中就目标公司经济合同或有债务风险的责任归属及救济措施做出妥善设定并留置风险金。

二、股权转让的税赋风险

有关税赋承担及缴纳方式在收购协议中应约定详细方案，一是避免后续履行过程中双方发生关于税款缴纳的争议纠纷导致收购搁置；二是避免因未能及时完税而影响股权转让登记的风险情况发生。

三、情势变更风险

股权收购从尽职调查开始直至交割完成，一般约需一年以上时间，在此过程中随时可能发生影响股权收购的情势变更风险。情势变更风险事项若发生在公司交割前，则收购方可依情势变更原则主张解除收购协议；若发生在交割后，收购方将面临收购目的无法实现、收购利益严重损失的极其不利局面。

情势变更风险的预防要注意：

1. 在尽职调查时即向目标公司所在地的政府部门开展全方位询查，包括与目标公司主营业务及核心资产有关的区域发展规划、产业结构布局、生态环境整治等，向政府部门询查的范围不应仅从行政管理的权重来考量，还有必要包括国土、建委、规委、水利、消防、环卫等部门，因为在实践中，往往是与经营关联不大甚至无交集的政府部门的政令实施导致收购失败。

2. 对主营业务的国内外市场情况进行调研，关注是否属于反垄断反倾销的范围、产能饱和度、是否存在足以影响经营的不合法隐患、所属行业的发展态势及市场地位、纵向的上下游企业以及横向的同类企业之间的关联关系和经营秩序等。

非上市公司的股权收购，存在交易过程不透明、收购双方意思自治约束力弱的特征，通过对收购过程中各类风险的防范，可有效达成规范交易秩序，保护收购各方权益，形成经营协同效应，促进市场资源配置整合的良性目标。

四、股权收购中常见法律问题的风险防范

1. 收购前进行调查和评鉴。

收购企业在进行股权收购之前，要对被接收企业的状况进行深入的调查，并对企业的运行状况与资金状况进行评估，对于企业存在的债务危机以及潜在的风险要充分重视，必要时可以要求被接收企业出具书面承诺，以防止企业原有的风险给新股东带来损失。

收购企业不能听信被接收企业的一面之词，要对其各方面因素进行综合考虑。如果发现实际情况与其描述有严重出入，收购企业必须要采取一定的措施，比如，签订保密协议，约定任何一方不得将各方在收购过程中获得的信息向第三方提供；股权收购的双方企业要本着诚实有信的原则进行谈判，双方要对自身的情况进行充分、真实的介绍，保证不会让对方产生重大误解，并对自身情况作出书面承诺；信息审查评鉴与风险评估等，从而尽量减少法律风险。

收购企业要有足够的法律意识，即使双方签订了股权收购协议，也不意味着自己成了被收购企业新的实际股东，只有被接收企业进行了实际的股权转让，并进行了过户办理，才算法律意义上完成了股权转让的过程，收购企业才对新的企业具有了法律上的控制权。

2. 详细约定债务风险防范与股权瑕疵。

首先，重点突出合同审查。除了审查有无违反法律法规或国家利益及社会公共利益的法律风险，还应当对企业的运行状况进行审查，确认没有限制经营等条款，企业有没有重大赔款、巨额投资或者不良信贷等，是否存在签订长期合同向雇员承诺高额回报，将某项关键性经营许可，以非公平价格授予他人等恶意内容，有无利用关联交易将目标公司的利润转移给关联公司的不公平交易行为等。

其次，要详细约定资产的审计与评估、付款方式、债务承担范围与风险担保措施、合同的生效条件等。为更好地防范风险，可由受让方先将股权转让金交付给银行，由该银行作担保，在股权过户手续办理完毕时，再由银行将该款项给付出让方，这样就能较好地保护受让方的利益。

3. 严格遵守相关规定。

在涉及国有资产转让的股权收购中，应遵守《国有资产监督管理条例》和《企业国有资产转让管理暂行办法》的有关规定，严格履行相关法定程序和手续，并经过相关机构审计之后才能进行，防止国有资产的流失。

在股权收购中，只要老板遵守相关规定，仔细审查，注意细节，对风险有所防范，就能减少法律风险，促进股权收购。

资产收购的法律风险与防范

一、资产收购的法律效力

1. 对收购方的效力。收购方向被收购方支付对价而取得被收购公司的资产。资产收购后，收购公司取得收购合同中规定的各种资产的所有权，可以用这些资产继续原营业。资产收购中收购方不承担债务，双方约定的特定债务除外。

2. 对出售公司及股东的效力。资产出售对出售公司的直接效力是取得购买公司的对价而让渡对所出售资产的所有权。资产出售本身解散的效力。一般来说，资产出售后，出售公司作为法律主体存在，但同出售前不同，它可以作为股东存在并保留其从购买公司处获得的作为资产对价的股票或其他有价证券，也可以在非全部资产出售时缩小范围，继续经营。

二、资产收购的债务承担

资产收购一般不承受出售公司债务，这是一般原则，但在下列情况下，购买公司要承担责任：

1. 购买方明示、默示承担出售方的债务责任。例如，购买方在其购买合同中明确约定承担一定的债务，或购买方已开始履行债务等。

2. 资产收购实质上是买卖双方公司的合并。只要交易实质上构成了合并，收购公司就要承担债务责任。

3. 购买公司纯粹是出售公司的继续，如果出卖公司解散，收购公司的资产继续从事出卖公司原从事的营业，并保留了出卖公司的人员（股东、董事、职员），要承担出售公司的债务。

4. 如果购买公司支付了公平的对价，它对出卖公司的债权人就不承担责任。如果购买公司没有支付充分的对价，则要承担一定的责任。

◎增资扩股收购的法律风险与防范

企业增资扩股是指企业为扩大经营规模，拓展业务范围，提高资信程度，依法增加注册资本金的行为。根据规定，通过增资扩股实施改制的企业，应当通过产权交易市场、媒体或网络等公开企业改制有关情况、投资者条件等信息，择优选择投资者。要求国有企业在增资扩股过程中做到程序公正，遵循“公开、公平、公正、竞争”的原则，通过公开竞价、招投标等方式来选定投资者，以切实维护国有企业出资人、相关债权人、职工等的合法权益，确保国有资产保值增值。

企业增资扩股工作应当遵循的基本程序主要包括：

（1）增资扩股方案按照规定履行决定或批准程序。

（2）按照规定清产核资。企业实施改制仅涉及引入非国有投资者少量投资，且企业已按照国家有关规定规范进行会计核算的，经本级国有资产监督管理机构批准，可不进行清产核资。

（3）开展财务审计和资产评估。资产评估报告按照规定予以核准或备案。

企业要严格控制企业管理层通过增资扩股持股，这是遵循了相关利害关系人应当“回避”的原则，以避免企业管理层利用自身职权和便利，通过违规的关联交易损害企业权益，从而达到牟取个人私利的目的。

根据规定，企业管理层成员拟通过增资扩股持有企业股权的，不得参与制订改制方案、确定国有产权折股价、选择中介机构，以及清产核资、财务审计、离任审计、资产评估中的重大事项。涉及管理层通过增资扩股持股的改制方案，必须对管理层成员不再持有企业股权的有关事项做出具体规定。管理层不得向包括本企业在内的国有及国有控股企业借款，不得以国有产权或资产作为标的物通过抵押、质押、贴现等方式筹集资金，也不得采取信托或委托等方式间接持有企业股权。

在非上市国有企业增资扩股的全过程中，应当做到程序公开、公正、公平，实现平等、有序竞争，以切实保障各相关方的合法权益。

第九章
老板的知识产权法律课

企业商标法律风险

◎商标注册申请的法律风险

根据商标保护地域性的规定，商标一旦抢注成功，被抢注商标的企业就不得在该国或该区域内使用此商标。因此，不论被抢注商标的企业放弃原商标另创品牌，还是高价回购，或者通过法律途径撤销被抢注的商标，都将增加企业的经营成本，延缓其产品占据市场的时间，降低市场份额。

我国商标保护采用注册原则和申请在先原则，未经注册的商标不具有专属权利。被他人使用时，无法进行权利保护。而且当他人抢先注册后，还可能面临着企业将不能继续使用商标或标识的风险。该法律风险造成的损害不仅使企业投入的各种品牌建设付之东流，还会让企业为重新树立品牌投入大量的费用。

被他人抢注商标的法律风险属于企业的高风险。同时，企业还面临着同一商标在不同类别被抢注的风险。这是因为《中华人民共和国商标法》（简称《商标法》）赋予普通注册商标的专用权并不能够跨类别限制他人的商标注册，商标注册申请人在不同类别的商品上申请注册同一商标的，应当按商品分类表提出注册申请。为防范上述风险的发生，企业可以采用保护性注册和申请驰名商标认定等方法。

在目前现行法律制度框架内，对于商标抢注的纠纷，一般通过四条路径可以寻求解决方法：

（1）另创：重塑品牌。商标一旦在国内外被抢注成功，被抢注商标的企业就不得在该国或该区域内使用此商标，否则就构成商标侵权。此种情况下，就必须另起炉灶，重塑品牌。

（2）赎回：由双方协商确定价格，当事人一方向商标抢注方购回商标所有权。但是，鉴于重塑品牌难度很大，或者担心相同品牌的产品对消费者造成误导，为维持原有的商业信誉和影响力，只有找到商标持有人谈判，考虑付出高昂代价赎回。

（3）合作：由双方共同使用商标，其中一方以商标权作价入股或者转让使用。商标一旦遭到抢注，反抢注追回的难度非常大；如果是同行竞争者抢注，追回商标将异常棘手；同时抢注者并非都是为眼前利益，有的抢注者或许有更长远的谋划，在别无选择之时也可考虑双方合作，以作价入股或者转让使用等方式实行互利共赢。

（4）裁判：当事双方协商无果，只好诉诸法律。如果是恶意抢注，尚可通过法律途径追回。企业商标一旦遭遇抢注，除了赎回或合作外，谈判或许能帮助企业实现维权。

按照《商标法》第 31 条规定，申请商标注册不得损害他人现有的在先权利，也不得以不正当手段抢先注册他人已经使用并有一定影响的商标。《商标法》第 41 条规定，已经注册的商标，如果违反了《商标法》其他部分条款规定的，都可以请求商标评审委员会做出裁定。

商标使用和管理的法律风险

商标使用和管理的法律风险主要有：

1. 商标权人要依法使用商标，注册商标的使用不得超过指定范围，也不得擅自改变注册商标的图样，如果想修改已注册商标的图样，应当重新申请注册，或者在不侵犯他人商标权的前提下，作为未注册商标使用。

2. 按照《商标法》第 23 条的规定，注册商标需要变更注册人的名义、地址或者其他注册事项时，应依法提出变更申请。

3. 转让注册商标的，按照《商标法》第 39 条的规定，应当签订转让协议，并向商标局办理转让注册申请，受让人应当保证使用该注册商标的商品质量。转让注册商标经核准后，予以公告。受让人自公告之日起享有商标专用权。该规定是对商标转让的强制要求，如有违反，则需承担相应的法律责任。《商标法实施条例》第 25 条还规定，转让注册商标的，商标注册人对其在同一种或者类似商品上注册的相同或者近似的商标，应当一并转让；未一并转让的，由商标局通知其限期改正；限期不改正的，视为放弃转让该注册商标的申请。

4. 办理注册商标使用许可也须按照《商标法》第 40 条和《商标法实施条例》第 43 条、第 44 条的规定履行特定的法定程序。

5. 注册商标有效期满，需要继续使用的，应当在期满前 6 个月内申请续展注册，在此期间未能提出申请的，可以给予 6 个月的宽限期。宽限期满仍未提出申请的，商标局可注销其注册商标。

商标侵权的法律风险

商标侵权的法律风险主要有：

1. 假冒或仿冒注册商标行为，主要是指未经商标注册人的许可，在同一种商品或者类似商品上使用与其注册商标相同或者近似的商标的行为。这类行为对注册商标专用权人的利益构成了极大的损害。情节严重的，将构成假冒注册商标罪。

2. 销售侵犯注册商标权的商品，注册商标专用权人可追究其侵权责任，消费者也可要求其承担买卖合同的违约责任。情节严重的，将构成销售假冒注册商标的商品罪。

3. 伪造、擅自制造他人注册商标标识或者销售伪造、擅自制造注册商标标识。对于这类专门从事有关非法注册商标标识的生产、销售的经营者，同样应承担严厉的法律责任。情节严重的，将构成非法制造、销售非法制造的注册商标标识罪。

4. 反向假冒行为，是指未经商标注册人同意，更换其注册商标并将该更换商标的商品又投入市场的行为。这种行为非法阻碍了原注册商标与特定商品或服务质量相对应的事实，从而间接地对原注册商标专用权造成了损害，故而为法律所禁止。

5. 给他人的注册商标专用权造成其他损害的行为。包括在同一种或者类似商品上，将与他人注册商标相同或者近似的标志作为商品名称或者商品装潢使用，误导公众的；故意为侵犯他人注册商标专用权行为提供仓储、运输、邮寄、隐匿等便利条件的；将与他人注册商标相同或者相近似的文字作为企业的字号在相同或者类似商品上突出使用，容易使相关公众产生误认的；复制、模仿、翻译他人注册的驰名商标或其主要部分在不相同或者不相似商品上作为商标使用，误导公众，致使该驰名商标注册人的利益可能受到损害的；将与他人注册商标相同或者相近似的文字注册为域名，并且通过该域名进行相关商品交易的电子商务，容易使相关公众产生误认的。

企业专利法律风险

◎ 专利申请的法律风险

专利权不需要申请人按照法律规定的程序向有关专利机关提出书面申请，经审查合格，才能获得。《中华人民共和国专利法》（简称《专利法》）对授予专利权的条件、专利的申请以及专利申请的审查和批准都予以规定。

发明创造的保护有两种途径，申请专利、作为商业秘密进行保护。企业保护发明创造应当根据发明创造本身的特点选择恰当的方式。对于专利权的授予条件，《专利法》明确规定，授予专利权的发明和实用新型，应当具备新颖性、创造性和实用性。授予专利权的外观设计，应当不属于现有设计，也没有任何单位或者个人就同样的外观设计在申请日以前向国务院专利行政部门提出过申请，并记载在申请日以后公告的专利文件中。与现有设计或者现有设计特征的组合相比，授予专利权的外观设计应当具有明显区别。授予专利权的外观设计不得与他人在申请日以前已经取得的合法权利相冲突。

在申请专利前，企业应当评估发明创造是否可申请专利。如果企业准备申请专利的发明创造并不符合法律规定的条件，但仍然进行了专利申请，则不仅申请会被驳回，而且还会给该发明创造的保护造成威胁。因为在申请专利时，需要将专利文件和有关专利材料公开，经初步审查认为符合法律要求的，自申请日起满 18 个月，还需要公布。这意味着竞争对手可通过公开合法的渠道获得企业的技术开发情况。

此外，企业应当根据发明创造的特点选择最有利的保护形态，专利保护具有期限性，在保护期终止后，专利即进入公共领域，不再受到保护。因此申请专利的发明创造最好能够不断升级更新，以使其在保护期终止后自然丧失保护的价值。

专利权属的纠纷也是专利法律风险的重要方面，多表现为职务发明与否、共同发明创造的权利归属、发明人设计人的确定等。

对于职务发明的权属，《专利法》第6条规定："职务发明创造申请专利的权利属于该单位；申请被批准后，该单位为专利权人。非职务发明创造，申请专利的权利属于发明人或者设计人；申请被批准后，该发明人或者设计人为专利权人。利用本单位的物质技术条件所完成的发明创造，单位与发明人或者设计人订有合同，对申请专利的权利和专利权的归属作出约定的，从其约定。"

关于共同发明创造，《专利法》第8条规定："两个以上单位或者个人合作完成的发明创造、一个单位或者个人接受其他单位或者个人委托所完成的发明创造，除另有协议的以外，申请专利的权利属于完成或者共同完成的单位或者个人；申请被批准后，申请的单位或者个人为专利权人。"

用好专利进攻战略和专利防守战略

企业能否赢利，通常取决于三个条件——机会、特权和运营得当。而专利就是一种特权，拥有特权获利会更加具有竞争力。

专利是知识产权的重要组成部分，也是企业实力的标志。那些大型跨国企业每年的专利申请量都在千件以上，拥有如此众多的专利，企业就可以利用法律的力量保障对新技术的垄断，维护其在竞争中的优势地位。

专利权需要申请人按照专利法律的程序和手续向专利机关提出书面申请，经审查合格，才可获得。专利权是法律赋予申请人实施其发明创造的专有权，任何人要实施专利，除法律另有规定外，必须得到专利权人的许可，并按双方协议支付使用费，否则就会构成侵权。

获得专利权后，企业可以利用其进行生产经营。在专利权的使用过程中，最大的法律风险是专利侵权。不仅有专利权人遭到他人的侵权，也有专利权人不当使用专利时侵犯其他人的专利权的情况。专利侵权的构成条件有四：第一，有被侵犯的有效专利权存在；第二，未经专利权人许可；第三，侵权行为以生产经营为目的；第四，行为不属于法律另有规定的情形。

在现有的法律保护与激励手段中，专利权的取得、维护及保护是企业技术竞争能力最为安全可靠的保护措施。专利的法律风险已经不仅仅是简单地运用不当或合同问题，专利战略失误给企业造成的损害有时是无法估量的。

因此，老板不能忽视对企业专利的管理，熟练运用专利战略，将赢得知识产权斗争的胜利。企业专利战略，是指在专利的创造、管理、保护和运用中，为提高企业的核心竞争力和谋求最佳经济效益，运用已有的专利制度进行的整体性规划和采取的一系列策略及方法。掌握企业专利战略可以帮助企业有效避免与专利有关的法律风险。

企业专利战略包括专利进攻战略与专利防守战略。前者是指积极、主动地申请专利并取得专利权，以使企业在激烈的竞争中占得先机，赢得更大的经济利益的战略。后者是指防御竞争对手的专利进攻或反抗其他企业的专利对本企业的阻碍，而采取的一种保护本企业并将损失降低到最小限度的战略手段。

专利侵权的法律风险

专利侵权风险是专利法律风险中较为严重的一种。专利侵权的构成要件有：有被侵权的有效专利存在；未经专利权人的许可；侵权行为以生产经营为目的；行为不属于法律另有规定的情形。下面列举几种在实践中常见的专利侵权行为：

（1）制造他人专利产品的行为。《专利法》对专利产品的制造行为的保护是绝对的，不论制造者在主观上是否知道属于他人的专利产品，只要在客观上制造了专利产品就构成专利侵权。

（2）使用专利侵权产品的行为。如果使用者在主观上不知道他所使用的产品是侵权产品，则不承担侵权赔偿责任。该行为只适用于发明专利和实用新型专利，在任何情况下，使用外观设计专利侵权产品的行为均不构成侵权。

（3）销售专利侵权产品的行为。如果销售者在主观上不知道该产品是侵权产品而销售，则不承担侵权赔偿责任。

（4）进口他人专利产品的行为。这是保护专利的进口权。由于专利权具有地域性，在专利权获得领域以外生产的专利产品不构成专利侵权，但只有专利权人同意才能将该产品输入到专利权保护区域，其他人擅自进口行为构成侵权。

（5）使用他人专利方法的行为。专利方法使用范围的保护是由权利要求书确定的。一种方法可能有多种用途，甚至可能有跨技术领域的用途。如果第三人把专利方法应用于其他领域，而且又不是相近的技术领域，在专利权人的权利要求书中未记载这种跨领域的用途，所实现的技术效果在专利说明书中也没有记载，则第三人使用该方法的行为不构成侵权。

著作权的法律风险

◎企业著作权保护的法律风险

著作权包括人身权和财产权。企业应根据作品的特点及技术性质就著作权权利来源的合法性进行审查。有关著作权方面的法律风险主要有以下几方面：

（1）著作权侵权风险。著作权侵权是指权属清楚，只是受害人要求侵权人承担民事责任的诉讼。侵犯著作权的行为主要是指《中华人民共和国著作权法》（简称《著作权法》）第46条和第47条规定的行为。

（2）著作权权属认定风险。在一般情况下，谁是作者谁就是著作权人，权属是明确清晰的。但因著作权主体的合并、变化，作品产生方式的不同，著作权客体的多样化，使著作权经常出现归属不清的现象。这类纠纷常见的有：因合著作品著作权的归属，单位与其工作人员对职务、非职务等作品的归属，汇编作品的归属等多种情况。

（3）著作权合同纠争。根据《著作权法》的规定，使用他人作品主要通过双方当事人订立著作权使用合同和取得著作权使用许可进行。对不履行或不适当履行著作权合同引起纠纷的，当事人可依法提起诉讼。

（4）著作权给付报酬纷争。著作权具有财产权和人身权双重性质，使用者向著作权人给付使用报酬，是权利人实现财产权的重要方面之一。当使用者不按照法律规定给付权利人报酬时，著作权人有权向人民法院提起给付诉讼。

有效防范著作权引发的法律风险

防范著作权引发的法律风险，企业应做以下几方面的工作：

一、依法确定著作权权属

创作作品的公民是作者。由单位主持，代表单位意志创作，并由单位承担责任的作品，单位视为作者。两人以上合作创作的作品，著作权由合作作者共同享有。受委托创作的作品，著作权的归属由委托人和受托人通过合同约定。合同未做明确约定或者没有订立合同的，著作权属于受托人。

汇编若干作品、作品的片段或者不构成作品的数据或者其他材料，对其内容的选择或者编排体现独创性的作品，为汇编作品，其著作权由汇编人享有，但行使著作权时，不得侵犯原作品的著作权。

电影作品和以类似摄制电影的方法创作的作品的著作权由制片者享有，但编剧、导演、摄影、作词、作曲等作者享有署名权，并有权按照与制片者签订的合同获得报酬。电影作品和以类似摄制电影的方法创作的作品中的剧本、音乐等可以单独使用的作品的作者有权单独行使其著作权。

有下列情形之一的职务作品，作者享有署名权，著作权的其他权利由单位享有，单位可以给予作者奖励：主要是利用法人或非法人单位的物质技术条件创作，并由法人或非法人单位承担责任的工程设计、产品设计图纸及其说明、计算机软件、地图等职务作品；法律、行政法规规定的或合同约定著作权由法人或非法人单位享有的职务作品。

二、注意著作权行使的限制

准备合法利用他人作品前，老板应准确理解《著作权法》第 22

条的含义。比如，引用行为是指“为介绍、评论需要，在作品中适当引用他人已经发表的作品”，假如引用数量过多，引用行为不是为介绍、评论之需要，或者引用的是他人尚未发表的作品，都将构成侵权。

每一部作品都有发表权保护期，我国对公民发表权保护期为作者终生及其死亡后 50 年，截止作者死亡后第 50 年的 12 月 31 日；如属合作作品，截止最后死亡的作者死亡后第 50 年的 12 月 31 日。单位作品和影视作品发表权保护期为 50 年，截止作品首次发表后第 50 年的 12 月 31 日，但作品自创作完成后 50 年内未发表的，法律不再保护。

三、防止著作权的侵权行为

按《著作权法》规定，属于以下情形之一的，构成著作权侵权，应当根据情况，承担停止侵害、消除影响、公开赔礼道歉、赔偿损失等民事责任，性质严重的，可以由著作权行政管理部门给予没收非法所得、罚款等行政处罚：未经著作权人或合作者许可发表作品的；或以非法形式表演、播放、展览、发行、摄制电影、电视、录像或者改编、翻译、注释、编辑等方式使用作品的；在他人作品上署名的；歪曲、篡改他人作品的；剽窃、抄袭他人作品的；使用他人作品，未按照规定支付报酬的；未经表演者许可，从现场直播或公开传送其现场表演或录制其表演的；未经著作权人许可，复制发行其制作的录音录像、广播、电视节目的；制作、出售假冒他人署名的作品的行为。

视频分享网站著作权法律风险的独特性

一、网站著作权法律风险的发生必须与法律规定或合同约定有关

视频分享网站面临的著作权法律风险具有其他类型法律风险的

共性，也有其特殊性。网站著作权法律风险的产生前提是与著作权相关的法律、法规的存在。我国现已基本确立了数字网络环境下的著作权制度，法院可以依法审理网络著作权侵权案件。与视频分享网站著作权侵权纠纷相关的法律法规有《民法典》《著作权法》《信息网络传播权保护条例》及相关司法解释。如果视频分享网站没有遵守这些法律法规，则将导致企业著作权法律风险的发生。

二、著作权法律风险失控将导致网站承担法律责任

视频分享网站侵犯著作权，需要承担相应的民事、行政、刑事责任。《著作权法》第 48 条对侵权行为判定和归责进行了规定："未经著作权人许可，复制、发行、表演、放映、广播、汇编、通过信息网络向公众传播其作品的，应当根据情况，承担停止侵害、消除影响、赔礼道歉、赔偿损失等民事责任；同时损害公共利益的，可以由著作权行政管理部门责令停止侵权行为，没收违法所得，没收、销毁侵权复制品，并可处以罚款；情节严重的，著作权行政管理部门还可以没收主要用于制作侵权复制品的材料、工具、设备等；构成犯罪的，依法追究刑事责任。"发生著作权法律风险的后果可能会十分严重，往往会给企业造成重大经济损失。

三、著作权法律风险与其他风险密切联系，可能相互转化

在企业风险体系中，各类风险往往可能互相转化，存在交叉和重叠。其他各种风险与法律风险的联系最为密切，关联度最高。对于视频分享网站来说，政策是影响其发展的重要因素，如果不能适应不断变化的政策与法律法规，往往会带来较大的法律风险。法律政策的变化会引起法律风险，法律风险可以导致经营危机。例如，《互联网视听节目服务管理规定》的出台，让尚未走出赢利困境的视频产业突然面临着生死抉择。2008 年 3 月，国家广播电影电视总局发布《互联网视听节目服务抽查情况公告（第 1 号）》，公布了 62 家违规网站名单，并对这些网站处以关停、警告等处罚。可见，由于著作权法律风险主要是依据法定原因产生的，而遵守法律法规是视频分享网站在经营中最基本的要求。

四、著作权法律风险可以预见、控制和防范

视频分享网站著作权法律风险是基于法律规定或合同约定产生的。而法律规定或合同约定最基本的功能就是明确告诉当事人应该做什么、不应该做什么，以及相应的法律后果。对于视频分享网站来说，企业法律风险可以事先预见，即可以通过对法律规定或合同约定的解读，预先判断出哪些行为可能会给企业带来法律风险，以及风险产生后会给企业带来什么样的后果。

企业法律风险事前可以预见，也就可以有效防范和控制。引发视频分享网站著作权法律风险最为常见的原因，是企业作出某种违反法律的规定。在这种情况下，网站可以通过规范企业自身行为，使其符合法律规定，同时可以主动采取措施防止风险发生和演变，控制风险影响范围和影响程度，减轻和降低风险带来的后果，从而保证企业正常的生产经营管理秩序。

企业知识产权的保护

企业应做好知识产权的全方位保护工作

企业在经营管理过程中就必须促进防范知识产权法律风险管理，通过企业知识产权法律风险管理实践经验总结，企业老板应注意以下八个方面的防范工作：

1. 企业在产品研发立项前，注意对已有信息进行充分检索。一旦出现企业自主研发的成果可能早已是公知信息或早已由他人申请知识产权保护的情况，企业将遭受不必要的人力和资金损失。

2. 企业在产品研发过程中，由于研发尚未完成，尚不能申请专利保护，因此要特别注意对商业秘密的保护，以避免他人利用研究成果抢先完成产品研发，抢先申请专利。在产品研发完成后，请及时通过申请专利或采取保密措施进行商业秘密保护，否则将可能导致企业的技术被公开，或被他人抢先申请专利，造成损失。

3. 企业在生产过程中，注意对涉及商业秘密的技术信息资料以及生产流程加以物理隔离，以防因保密意识不强，任凭他人参观、拍照、摄像而遭受不必要的损失。委托他人加工时，企业的一些商业秘密必然会让对方知晓，应注意与对方签订保密协议加以约束。

4. 企业在技术研发过程中可能会与他人开展合作，务必注意在相关合作合同中对知识产权的权属及各方的权利、义务作出明确无误的约定。权属约定不明的疏忽往往十分致命，常常导致企业期望取得的专利技术、商业秘密或者该专利、商业秘密的独占许可不能获得，企业不能因此获得竞争优势。通过转让、许可等取得知识产权时，请务必注意审查转让人、许可使用人的权属证明文件。

5. 企业在培育商业标识过程中，注意及时进行商标注册，否则不能取得商标专用权，他人使用相同的商业标识不构成侵权，避免企业投入大量人力、物力、资金培育的商业标识轻松为他人所使用。

6. 企业在申请注册商标时，应当尽量避免使用地名、产品通用名称等作为商标的文字。商标的设计应当具有显著性特征且便于识别，臆造性文字是比较好的选择。在申请注册商标或登记企业字号前，注意对在先商标注册信息以及同行业企业字号进行充分检索，应充分避免权利冲突，切忌“傍名牌”。否则极有可能侵犯他人在先权利，或落入他人驰名商标跨类保护的范围，企业不仅会遭受损失，还可能会面临权利人的索赔。

7. 注意对软件、文字、图片、图案、花型等作品著作权的保护，作品完成后应及时到版权部门进行著作权登记。所形成的电子文档，应当尽量运用电子数据认证、加盖时间戳等现代网络技术手段加以固定，作为完成作品时间的证据。

8. 注意对他人著作权的尊重，避免在企业的产品上以及产品说明书、广告宣传册、企业网站上，使用他人享有著作权的产品图片、文字说明等内容。同时，在印制产品说明书、广告宣传册等企业宣传资料时，请务必注明印刷发行日期、印刷单位等信息，这些信息既可以作为企业进行著作权维权的证据，也可以作为企业进行不侵权抗辩的证据。文化创意企业还应注意在创作过程中，对他人作品的合理使用，以避免侵权。网络服务企业还应注意避免侵犯他人网络信息传播权。

◎网络销售中的知识产权保护

如今，网购已经成为人们日常购物的主要方式。以电商为代表的新兴商业模式已经开始颠覆传统商业模式，在这种情形下企业不得不思考拓展网络销售渠道的必要性。

但正是由于网络销售的低门槛，任何人都可以通过第三方网络销售平台开设店铺，网络销售中侵犯知识产权的现象也越来越严重。依照《商标法》第57条的规定，未经商标注册人的许可，在同一种或者类似商品上使用与其注册商标相同或者近似的商标的，容易导致混淆的，构成侵权。此外，销售侵犯商标专用权的商品，或者故意为侵犯他人商标专用权行为提供便利的，也构成对权利人的侵犯。

企业耗费大量人力、物力及财力打造的品牌，可能因为部分商家网络假冒销售，以及网络销售平台方未能及时对假冒销售信息采取屏蔽、删除等处理，给企业品牌造成难以挽回的损失。

◎企业涉外知识产权的保护

随着外贸环境的不断变化，国内企业涉外知识产权的问题也越来越多。老板要想在涉外知识产权纠纷中取得主动，拥有自主知识产权是根本。

为了增强企业的核心竞争力，在自主研发上必须加大投入，建立起强大的研发队伍，提高企业的研发实力，这样才能拥有更多的自主知识产权，在竞争激烈的国际市场中占得先机。

老板应加强涉外知识产权的防范意识，尽量做到未雨绸缪。在进行涉外贸易前，应对出口产品涉及的知识产权全面分析，弄清出口国对相关产品的知识产权保护情况及相关专利的保护范围，确定企业产品不存在侵权问题。在这一方面，老板要做好全方位准备，尽量减少知识产权诉讼的出现。

在涉外知识产权的纠纷中，面对不了解的情况，可以聘请专家和律师对涉及的问题进行分析，弄清是否有抗辩理由，以便在诉讼中占得先机。常见的抗辩理由有两种，一种是对方的知识产权无效或不可执行，另一种是根本不构成侵权。在涉外知识产权纠纷中，除了法庭解决方法，企业还可通过其他渠道寻求和解，尽量避免增加损失。

商业秘密的法律保护

◌ 商业秘密的法律保护与侵权责任

一、商业秘密的法律保护

《与贸易有关的知识产权协议》把商业秘密称为“未披露的信息”。商业秘密是一种信息，是一种能够带来经济价值的“无形财产”，国内外都将商业秘密纳入知识产权保护的制度中。《刑法》将“侵犯商业秘密罪”放在“侵犯知识产权罪”一节中，表明我国从立法上认为商业秘密权从属于知识产权。

二、商业秘密的类型

《反不正当竞争法》将商业秘密定义为，不为公众所知悉、具有商业价值并经权利人采取相应保密措施的技术信息和经营信息。所谓技术信息和经营信息，是指设计、程序、产品配方、制作工艺、制作方法、管理诀窍、客户名单、货源情报、产销策略、招投标中的标的及标书内容等信息。

三、商业秘密侵权的表现形式

法律对商业秘密的保护主要集中在商业秘密被侵犯后的司法救济。《反不正当竞争法》规定了下列四种侵犯商业秘密行为：

1. 以盗窃、利诱、胁迫或者其他不正当手段获得权利人的商业秘密。

2. 披露、使用或者允许他人使用以前项手段获取的权利人的商业秘密。

3. 违反约定或违反权利人有关保守商业秘密的要求，披露、使用或者允许他人使用商业秘密的，视为侵犯商业秘密。

4. 第三人明知或者应知上述所列违法行为，获取、使用或者披露他人的商业秘密。

四、侵犯商业秘密的法律责任

1. 违约责任。

如果合同当事人依合同约定应当承担保密义务而非法公开、使用或允许他人使用商业秘密的，则依《民法典》合同编的相关规定追究其违约责任。这种保护对合同当事人具有约束力，却不能约束合同之外的第三人。如果一方当事人违反合同中的保密条款把商业秘密泄露给第三人，权利人根据合同只能对违约泄密人提起诉讼，对第三人却无法追究责任，而对权利人来说，最重要的是如何制止第三人使用或披露其商业秘密。

2. 侵权责任。

如果商业秘密被他人非法获取、泄露或使用，其权利人可向工商行政机关申请查处侵权行为。权利人（申请人）认为其商业秘密受到侵害，向工商行政管理机关申请查处侵权行为时，应当提供商业秘密及侵权行为存在的有关证据。

被检查的单位和个人（被申请人）及利害关系人、证明人，应当如实向工商行政管理机关提供有关证据。对被申请人违法披露、使用、允许他人使用商业秘密将给权利人造成不可挽回的损失的，应权利人请求并由权利人出具自愿对强制措施后果承担责任的书面保证，工商行政管理机关可以责令被申请人停止销售使用权利人商业秘密生产的产品。

3. 刑事责任。

将侵犯商业秘密行为视为不正当竞争行为，依据《反不正当竞争法》追究其法律责任，其法律责任一般是刑事责任。一般说来，侵犯商业秘密行为应当主要承担民事违约责任和民事侵权责任。情节严重，构成犯罪的，则应当承担刑事责任。

谨防员工离职引发的商业秘密风险

根据《劳动合同法》的相关规定，员工提前30日以书面形式通知用人单位，便可解除劳动合同。对于员工离职，企业无权限制，老板应注意分析容易因离职而引发的法律争议及企业的防范、应对方法。

一、掌握商业秘密的员工离职

商业秘密有三个构成要件：一是该信息不能从公开渠道直接获取；三是该信息能为权利人带来经济利益，三是权利人对该信息采取了保密措施。

有关部门已经在着手制定《商业秘密保护规定》，目前只有《最高人民法院关于审理侵犯商业秘密民事案件适用法律若干问题的规定》和一些散见于《反不正当竞争法》《公司法》及《刑法》中的相关规定。企业作为商业秘密的直接受益者，应当认识到商业秘密的重要性、建立企业商业秘密保护制度及商业秘密被侵犯后寻求救济途径，从而正确处理企业员工跳槽所涉及的商业秘密保护问题。

老板应充分认识到商业秘密的重要性，对于涉密岗位的员工特别是核心员工，应当签订保密协议使员工更明确自身的保密义务。一旦发生员工泄密事件，应当立即采取措施要求员工停止侵权行为并赔偿损失。

二、负有竞业限制义务的员工离职

竞业限制，也称为竞业禁止，是限制企事业单位员工在任职期间及离职后一定时间内不得到与本企事业单位相竞争的其他企事业单位中就职的一种法律制度。《劳动合同法》第23条第2项规定：“对负有保密义务的劳动者，用人单位可以在劳动合同或者保密协议中与劳动者约定竞业限制条款，并约定在解除或终止劳动合同后，在竞业限制期限内按月给付劳动者经济补偿。劳动者违反竞业限制约定的，应当按照约定向用人单位支付违约金。

用人单位为维护企业利益、保证公平竞争，可以充分采用竞业禁止这一方式，限制员工在职期间及离职后从事与原工作相竞争的职业。公司与员工约定了竞业限制协议，可以依据合同追究员工的违约责任。竞业限制的人员仅限于负有保密义务的员工和公司高管，对于限制领域的规定应当具体明确，不能模糊不清。最重要的是，单位还应向劳动者支付竞业禁止补偿金，否则会损害、剥夺了劳动者利用其本身所具有的知识、技能和经验选择职业的权利。

建立和完善企业商业秘密的保护制度

企业对自己的商业秘密，要防患于未然，需要将事前防范、事中监督和事后救济相结合，建立和完善企业商业秘密保护制度。

一、加强对商业秘密本身的管理

1. 明确企业商业秘密的具体范围。一般分为两个方面，一是技术秘密，包括技术发明、新工艺、技术诀窍、替代技术的预测等；二是经营秘密，包括新产品的开发计划、市场开拓计划、营销策略和渠道、客户关系、生产成本等。企业要根据实际情况，准确、具体地划定本企业的商业秘密范围。

2. 可以对企业各项商业秘密划分为核心秘密、重要秘密和一般秘密三个等级，对商业秘密有重点地加以保护，确保安全。划分商业秘密等级的一般标准是：核心秘密是企业赖以生存的基础，一旦泄露会影响企业的兴衰成败；重要秘密泄露后会给企业带来巨大的经济损失；一般秘密泄露后会给企业造成一般的经济损失。

3. 明确各项商业秘密的保护期限。随着时间的推移和经济活动的变化，大多数商业秘密的保密价值会发生变化。失去了保密价值的信息如果继续保护，则企业的商业秘密就不容易区分，并且会在保护工作中造成人力和物力资源的浪费。

二、建立企业商业秘密的保护规章制度

企业可以参照国家保密部门已经颁布的一系列保守国家秘密的制度，结合商业秘密的不同特点，针对企业自身各种可能的泄密途径，制定一整套商业秘密的保护制度。具体包括公文管理、联络接待、宣传报道、人才流动、技术交流、科研论文发表、申请专利、通信、办公自动化、废弃文件管理等方面。企业也可以在内部设立必要的保密区域，限制涉密人员范围；制定员工保密守则，提高员工保护商业秘密的意识；建立泄密应急评估机制，使商业秘密泄露的危害性降到最低。

三、企业与员工签订保密协议

许多侵犯企业商业秘密的案件，是因为人才流动引起的。尤其是掌握企业商业秘密的核心技术人员或高层管理人员，离职时带走企业的商业秘密，以抬高自己的身价，却给原任职企业造成重大经济损失。对此，企业与员工签订保密协议可谓保护商业秘密的一种重要方式。

《劳动法》第 22 条规定："劳动合同当事人可以在劳动合同中约定保守用人单位商业秘密的有关事项。"《劳动合同法》第 23 条规定："用人单位与劳动者可以在劳动合同中约定保守用人单位的商业秘密和与知识产权相关的保密事项。"这些规定为企业与员工签订保密协议提供了法律依据。

签订保密协议，应具体明确员工保密范围、保密期限、违约责任等。

四、对外订立有关合同时设定保密条款

企业在对外经济往来中，几乎都是通过合同来完成的，商业秘密不可避免地会被合同相对人知悉和掌握，而企业内部的保密制度无法约束相对人。因此，企业应通过在对外合同中设定商业秘密保密条款，防止对方利用商务之便掌握商业秘密成为竞争对手，阻止其向第三方泄密。

五、签订竞业禁止协议约束离职员工

对企业而言，竞业禁止协议与保密协议相比，是更高一级、更为严格的保护商业秘密的措施，可以有效地减少企业商业秘密受到侵害的机会。但是，竞业禁止在一定程度上限制了劳动者的就业权，进而影响了劳动者的生存权。因此，企业在与员工签订竞业禁止协议时，力求做到保护企业合法权益与员工择业自由之间的利益平衡，应遵守相关法律、法规的规定。

六、在商业秘密侵权案件中重视证据

商业秘密在受到侵害时，采取诉讼途径进行保护是企业维护自己经济权益的常见手段。但是商业秘密的内容具有秘密性，侵权行为本身也十分隐蔽，使得企业在商业秘密侵权诉讼中的举证非常困难。因此，企业在日常工作中高度重视证据的收集在涉及商业秘密侵权的诉讼中具有十分重要的现实意义。

按照“谁主张，谁举证”的原则，商业秘密侵权案件的举证责任应当由提起商业秘密保护请求的原告方承担。

在实践中，多数企业在发生商业秘密侵权事件后才开始收集证据，可能由于证据形成时未有效保存导致举证不力，也可能由于事后的证据收集、组织而贻误诉讼时机。因此，企业应在日常工作中增强法律意识和证据意识，切实保障证据的提取、收集和保存工作，一旦发生商业秘密侵权诉讼，就能够快捷、有效地组织证据，保证自己在诉讼中立于不败之地。

第十章

企业的其他法律风险防范

企业侵权的民事法律风险

◎产品责任风险

承担侵权责任是老板在企业管理中经常遭遇的法律风险，主要包括缺陷产品责任风险、环境污染责任风险、职务侵权责任风险和安全保障责任风险等。通常表现为企业要向受损人承担民事损害赔偿责任。而且，这些风险经常要求企业承担严格责任或连带责任，甚至还要承担惩罚性赔偿责任，这些都会给企业带来很大的财务压力。因此，企业的管理者防范侵权责任风险也非常重要。

《民法典》和《中华人民共和国产品质量法》(简称《产品质量法》)规定，生产者对投入流通的缺陷产品要承担严格责任。所谓严格责任，是指不要求行为人有过失的责任，即只要因为产品的缺陷导致了损害结果的发生，生产者就应承担赔偿责任。《民法典》第1202条规定："因产品存在缺陷造成他人损害的，生产者应承担侵权责任。"也就是说，无论生产者主观上有无过错，只要损害后果与产品缺陷有因果关系，生产者均应承担严格责任。消费者只需证明受到了损害，且损害是由该缺陷产品造成的即可。

对于索赔对象，《民法典》第1203条规定，产品缺陷损害他人，被侵权人既可以向生产者请求赔偿，也可以向销售者请求赔偿；如果缺陷是由生产者造成的，销售者赔偿后可以向生产者追偿；如果缺陷是因销售者的过错而致，生产者赔偿后也有权向销售者追偿。

而且，《民法典》第1206条还规定，产品进入流通后发现存在缺陷的，生产者、销售者应当及时采取停止销售、警示、召回等补救措施；未及时采取补救措施或者补救措施不力造成损害扩大的，对扩大的损害也应当承担侵权责任。依据前款规定采取召回措施的，生产者、销售者应当承担被侵权人因此支出的必要费用。

同时，《民法典》还规定了上不封顶的惩罚性赔偿制度。《民法典》第1207条规定："明知产品存在缺陷仍然生产、销售，或者没有依据前款规定采取有效补救措施，造成他人死亡或者健康严重损害的，被侵权人有权请求相应的惩罚性赔偿。"

面对《民法典》中规定的缺陷产品惩罚性赔偿，企业必须不断自我检验，改进现有技术，企业中负责生产或销售的经理应对产品质量严格把关，防止危险产品流入市场。根据《产品质量法》及《民法典》的侵权责任规定，承担产品惩罚性赔偿的责任主体既可能是产品的生产者、也可能是产品的销售者。如果产品的缺陷是在生产过程中产生的，则生产者是最终的赔偿义务主体；如果产品的缺陷是销售者的过错引起的，则销售者是最终赔偿责任主体。

此外，《民法典》以法律的形式明确了精神损害赔偿。该法第1183条规定："侵害自然人人身权益造成严重精神损害的，被侵权人有权请求精神损害赔偿。因故意或者重大过失侵害自然人具有人身意义的特定物造成严重精神损害的，被侵权人有权请求精神损害赔偿。"这进一步加大了侵权企业的赔偿义务。

消费者越来越注重保护自己的权益，并懂得运用法律武器对制造商、销售商提起产品责任索赔或诉讼。随着《民法典》的实施，企业将承担更大的责任，一起索赔和诉讼就可能使企业面临财务压力，甚至可能导致财务危机，责任成本加大是大势所趋。无论从履行社会责任，还是从维护企业经济利益角度来说，企业都应重视对产品责任风险的管理与防范。

◎环境污染责任风险

《民法典》第 1229 条规定了因污染环境、破坏生态造成他人损害的，侵权人应当承担侵权责任。这说明环境污染侵权责任实行无过错的归责原则。只要污染物造成的环境污染给他人造成损害的，污染者就应当承担相应的侵权责任，不论排污企业有无过错，污染物的排放是否超过标准。

同时，《民法典》规定了环境污染侵权案件实行举证责任倒置的原则。《民法典》第 1230 条规定："因污染环境、破坏生态发生纠纷，行为人应当就法律规定的不承担责任或者减轻责任的情形及其行为与损害之间不存在因果关系承担举证责任。"也就是说，当环境污染存在争议时，排污者应承担举证责任，如果不能证明免责事由或者排除因果关系，就应承担赔偿等侵权责任。这将使企业在诉讼中处于十分不利的地位。

环境污染责任的承担方式包括停止侵害、恢复原状、赔偿损失等。环境侵权一旦发生，仅仅赔偿损失、治理污染、恢复原状、接受处罚并不能消除企业未来产生的环境污染，企业如果不认真对待环境污染问题，可能直接面临关停并转的危险。

《民法典》第 1233 条规定："因第三人的过错污染环境、破坏生态的，被侵权人可以向侵权人请求赔偿，也可以向第三人请求赔偿。侵权人赔偿后，有权向第三人追偿。"由此强化了企业环境风险的连带责任。企业的环境诉讼风险大大增加。

环境行政处罚并不是污染事件的终结，除了要承担行政罚款和限期治理，还要承担高额的民事赔偿责任。构成环境犯罪的，同时还要承担相应的刑事责任。因此，污染型企业一定要重视环境侵权风险，以防范相关的侵权法律风险。

◎职务侵权责任风险

职务侵权的风险在《民法典》侵权责任编中也有相应的规定。《民法典》第1191条的规定：“用人单位的工作人员因执行工作任务造成他人损害的，由用人单位承担侵权责任。用人单位承担侵权责任后，可以向有故意或者重大过失的工作人员追偿。劳务派遣期间，被派遣的工作人员因执行工作任务造成他人损害的，由接受劳务派遣的用工单位承担侵权责任；劳务派遣单位有过错的，承担相应的责任。”

另外，企业在未签订劳动合同的雇佣用工中，按照《关于审理人身损害赔偿案件适用法律若干问题的解释》第11条的规定，雇员在从事雇佣活动中遭受人身损害，雇主应当承担赔偿责任。雇佣关系以外的第三人造成雇员人身损害的，赔偿权利人可以请求第三人承担赔偿责任，也可以请求雇主承担赔偿责任。当然，雇主承担赔偿责任后，可以向第三人追偿。雇员在从事雇佣活动中因安全生产事故遭受人身损害，发包人、分包人知道或者应当知道接受发包或者分包业务的雇主没有相应资质或者安全生产条件的，应当与雇主承担连带赔偿责任。

老板必须重视职务侵权风险的防范。在防范自身职务侵权的同时，也要注重防范和处理所属企业员工的职务侵权风险。

1. 在劳动合同中应明确约定工作内容及权限，在劳务派遣中，被派遣人员在工作时造成第三人损害时，由用工单位承担责任。但有证据证明派遣单位有过错的，派遣单位应承担补充责任。

2. 在安排员工执行公务时，应对员工工作进行监控与指导，并进行必要的安全教育，做好安全事故防范工作。

3. 风险发生时，要及时处理，保护好证据，以避免在解决纠纷中处于不利的境地。

◌ 安全保障责任风险

安全保障责任风险是指负有安全保障义务的管理人未尽到安全保障义务而导致他人遭受人身损害需要承担责任的风险。《民法典》第 1198 条规定："宾馆、商场、银行、车站、机场、体育场馆、娱乐场所等经营场所、公共场所的经营者、管理者或者群众性活动的组织者，未尽到安全保障义务，造成他人损害的，应当承担侵权责任。因第三人的行为造成他人损害的，由第三人承担侵权责任；经营者、管理者或者组织者未尽到安全保障义务的，承担相应的补充责任。经营者、管理者或者组织者承担补充责任后，可以向第三人追偿。"

实际上，负有安全保障义务的单位不只是该规定提到的这几类企业。所有开放性场所的经营者、所有者都具有这种不可推卸的安全保障义务和责任。为了降低这方面的风险，企业应对经营管理场所内的公共活动场所应进行防范措施处理，进行定期不定期的安全排查，障碍物的清理，对企业公共区域外漏的电线和需要维修的电线杆进行维修，对下水管道缺失的井盖、护栏及时进行报失、添置和维修等，设置警告牌明示使用者风险等。企业在组织群体性活动时，应当在事前做好"突发事件处理预案"，给参与人员事先购买相应的补充保险；事中做好安全的管理工作；出现问题时，应及时处理，对第三人加害时，应及时控制第三人，并固定相应证据。

强调对受害人的救济是当代侵权法的重要价值追求，所以《民法典》很多规定增加了经济地位占优势的企业承担赔偿责任的风险。但也明确了一定条件下的免责事由。例如，《民法典》第 1173 条规定："被侵权人对同一损害的发生或者扩大有过错的，可以减轻侵权人的责任。"第 1174 条规定："损害是因受害人故意造成的，行为人不承担责任。”第 1175 条规定：“损害是因第三人造成的，第三人应当承担侵权责任。”

在存在这些免责事实的侵权纠纷中，企业要充分利用这些免责条款来维护自己的权益。只要企业能够防患于未然，就能将各种侵权风险降到最低，使企业能更安全地开展各种生产经营活动。

市场竞争要合法

谨防陷入不正当竞争中

《中华人民共和国反不正当竞争法》(简称《反不正当竞争法》)列举了应禁止的11种不正当竞争行为，这些具体行为即构成了不正当竞争行为的红线。

以下对不正当竞争行为进行分析：

(1)商品混同行为。即采用欺骗性标志从事交易的行为，是指经营者以种种不实手法对自己的商品或服务做虚假表示、说明或承诺，或不当利用他人的智力劳动成果推销自己的商品或服务，使用户或消费者产生误解，扰乱市场秩序、损害同业竞争者的利益或者消费者利益的行为。

(2)公用企业限制竞争，独占排挤行为。指公用企业或者其他依法具有独占地位的经营者，限定他人购买其指定的经营者的商品，以排挤其他经营者的不公平竞争行为。

(3)滥用行政权力限制竞争行为。指政府及其所属部门滥用行政权力，限定他人购买其指定的经营者的商品，限制其他经营者正当的经营活动，或者限制外地商品进入本地市场、本地商品流向外地市场。

(4)商业贿赂行为。指企业和其他经营者为了推销自己的产品向交易对方的采购人员、负责人、代理人等对经营有影响力的人员提供报酬和其他好处，以促成交易排挤别的竞争者，进而占领市场的行为。

（5）虚假广告宣传行为。指经营者利用广告或其他方法，对产品的质量、性能、成分、用途、产地、价格，以及企业的历史渊源和规模等所作的引人误解的不实宣传。

（6）侵犯商业秘密行为。商业秘密是指不为公众所知悉，能为权利人带来经济利益，具有实用性并经权利人采取保密措施的技术信息和经营信息。侵犯商业秘密行为是指以不正当手段获取、披露、使用他人商业秘密的行为。

（7）低价倾销行为。指经营者不得以排挤竞争对手为目的，以低于成本的价格销售商品。低价倾销违背企业的生存原理及价值规律，在市场竞争中往往引发价格大战、中小企业纷纷倒闭等恶性竞争事件，甚至导致全行业萎缩的严重后果。

（8）强行搭售或附加不合理条件销售行为。强行搭售是指经营者出售商品或者提供服务时，违背对方的意愿，强行搭售其他商品，或者附加其他不合理条件的行为。“其他不合理条件”是指除搭售以外的不合理的交易条件，比如，限制转售区域、限制技术受让方在合同技术基础上进行新技术的研制开发等。

（9）违法有奖销售行为。指经营者在销售商品或提供服务时，以欺骗或其他不正当手段，附带提供给用户和消费者金钱、实物或其他好处，作为对交易奖励的行为。不正当的有奖销售很可能导致不正当地吸引顾客，损害公平竞争的市场环境。

（10）诽谤竞争对手、诋毁商誉行为。诋毁商誉行为是指经营者捏造、散布虚假事实，损害竞争对手的商业信誉、商品声誉，从而削弱其竞争力的行为。

（11）串通招投标行为。串通招投标是指投标者串通投标，抬高标价或者压低标价；投标者与招标者相互勾结，以排挤竞争对手公平竞争，获取非法利益的行为。

另外，《反不正当竞争法》第11条列举了四种例外情况：

（1）销售鲜活商品；

（2）处理有效期限即将到期的商品或者其他积压的商品；

（3）季节性降价；

（4）因清偿债务、转产、歇业降价销售商品。

垄断的法律风险

一、垄断协议

垄断协议是指排除、限制竞争的协议、决定或者其他协同行为。垄断协议的核心是共谋，不论其有无书面形式。协议可以是书面的，也可以是口头的，同时还包括限制竞争的协调性行为，即当事人虽然没有明确订立限制竞争的协议，但是他们出于限制竞争的目的，彼此心照不宣地协调其市场行为。

垄断协议可以分为横向垄断协议和纵向垄断协议。前者是指处于同一环节的两个或多个竞争者之间签订的限制竞争的协议，竞争者通过协议划分市场、竞争者之间达成统一的价格协定、联合拒购和拒销、联合排斥新的竞争对手进入市场、招投标中招标人和投标人串通投标；以合作型、合伙型联营的方式在竞争者之间进行业务的垄断合并。后者是从产业链角度，不同环节的经营者之间签订的垄断协议。

二、滥用市场支配地位

市场支配地位是指经营者在相关市场内具有能够控制商品价格、数量或者其他交易条件，或者能够阻碍、影响其他经营者进入相关市场能力的市场地位。

滥用市场支配地位行为的认定有四个步骤：

（1）对案件所涉相关市场、市场支配地位进行认定，以确定行为的主体；

（2）对具有市场支配地位的企业具有滥用市场支配地位的行为进行认定；

（3）企业进行抗辩；

（4）判断企业是否需要承担法律责任。

三、经营者集中

经营者集中又称为企业合并、企业集中、企业结合，是指两个或两个以上的经营者合并、经营者通过取得股权或者资产的方式取得对其他经营者的控制权、经营者通过合同等方式取得对其他经营者的控制权或者能够对其他经营者施加决定性影响的行为。

《中华人民共和国反垄断法》（简称《反垄断法》）第 21 条规定："经营者集中达到国务院规定的申报标准的，经营者应当事先向国务院反垄断执法机构申报，未申报的不得实施集中。"如果申请集中的经营者之间存在实质控制关系，比如，参与集中的一个经营者拥有其他每个经营者 50% 以上有表决权的股份或者资产被同一个未参与集中的经营者拥有的，那么可以不向国务院反垄断执法机构申报。

四、反垄断审查

审查流传：商务部就经营者集中反垄断审查。

审查期限：包括初步审查（30 天）、深入审查（90 天）、延长审查（60 天）三种类型。

审查结果：

（1）允许集中，集中不会产生排除、限制竞争效果；

（2）限制允许（附条件许可），集中总体上利大于弊，但是仍然具有损害竞争的可能性；

（3）禁止集中，集中具有或者可能具有排除、限制竞争效果，在限制允许情形下，执法机构往往附加减少集中对竞争产生不利影响的限制性条件来允许经营者集中，经营者接受附加的限制性条件是执法机构批准集中的前提。

◌ 企业反垄断合规法律风险

反垄断合规风险是指企业违反《反垄断法》造成不利后果的风险。《中央企业合规管理指引（试行）》第13条明确规定，反垄断是市场交易中的合规重点。《企业境外经营合规管理指引》第7条规定，企业在境外投资中要掌握反垄断等方面的具体要求；第9条规定企业在境外日常经营中掌握反垄断等方面的具体要求。

企业违反《反垄断法》的，国家市场监督管理总局或其授权的地方市场监督管理部门可以对企业处以罚款，没收其违法所得。另外，违法行为导致企业缔结的合同无效，需要企业赔偿供应商或经销商因此遭受的损失。反垄断处罚和赔偿会减少企业的市场价值，损害企业的声誉，损害企业长期和可持续的发展。

一、反垄断合规风险分类

反垄断合规风险可能在企业横向和纵向合作中产生，也可能在企业实施单方商业行为时，引发反垄断法合规风险的问题。垄断行为发生之后，企业如何应对违规行为以缓解反垄断风险和减少损失，也是反垄断合规管理的组成部分。

以反垄断合规风险涉及的具体法律问题为标准，反垄断合规风险有三类，分别是垄断协议的合规风险、滥用市场支配地位的合规风险以及经营者集中控制的合规风险。

二、合同

合同的商业条款有可能属于排除、限制竞争的条款，被《反垄断法》禁止。《反垄断法》规制的条款包括竞争者之间和非竞争者之间达成的协议。当然，竞争者之间的合同构成垄断协议的风险，要比非竞争者之间的高很多，是反垄断合规的中心。

常见的垄断行为是企业通过协议协调商品价格、数量等方面的竞争因素。企业从事研发、采购、销售、竞标等活动时，以合作的方式从事联合经营的行为也是市场经济的常态。但这些应当得到鼓励的合作行为也有反垄断风险，主要是因为这类合作行为本身排除了合作企业之间的竞争。

三、分销

企业往往会借助经销商或中间商销售其商品。供应商和经销商达成的销售商品的协议属于分销协议，即非竞争者之间的协议。典型的分销协议会对诸如商品销售价格、区域、客户、售后服务等进行限制，而这些限制可能会排除、限制相关市场的竞争，产生反垄断风险。

四、兼并与收购

企业通过兼并与收购的方式取得对另一个企业的控制权、对后者的经营政策施加决定性的影响或拥有指示权。正是因为兼并与收购导致两个或多个企业融为一体，市场上的竞争者数量变少，这对整个市场的竞争可能产生不利的影响，所以，《反垄断法》要求企业实施兼并与收购之前必须到商务部申报。企业规划和执行这些交易和投资时，应对合规风险进行评估。

五、单方面的商业行为

具有市场支配地位的企业，有能力在不与竞争者联合或无视交易伙伴的情况下，单方面决定交易条件。在这种情况下，具有市场支配地位的企业制定的涉及价格、数量、搭售等方面的商业政策可能会违反《反垄断法》，产生反垄断合规风险。

企业要建立竞争合规制度

竞争合规的含义主要包括：企业及其员工主动遵守公司总部所在国和经营所在国的竞争法律规定；企业员工主动遵守企业制定的竞争合规制度。

一、竞争合规的益处

建立竞争合规制度，意味着企业必须付出一定的甚至较高的制度制定成本及制度运行成本，如培训、审计费用的增加、必要的交易机会的放弃等。如果竞争合规制度是合理的，那么它必然满足合规收益大于合规成本、合规收益大于违法收益的法则。对企业来说，由此获得的经济收益亦是十分明显的。

有效的合规制度能够帮助老板正确识别、准确评估潜在反垄断法律风险，对其可能的非法行为予以预警，降低其陷入法律制裁的概率，避免因此遭受的声誉损失；而且还能够教授其与执法机构进行“博弈”的技巧，最终实现控制反垄断法律风险的目的。有效的竞争合规制度既能帮助老板们避免潜在的不利后果，也能给老板们带来多种潜在优势，这种收益是综合性的，它不能够用传统的成本—收益的会计方法来计算。在反垄断法律责任不断加大、反垄断执法不断严格的背景下，除了做出合规承诺，企业没有其他更合理的选择。

二、如何实现合规

1.“企业四步合规法”。企业自主建立反垄断合规制度是企业做出合规承诺的主要表现形式。推荐企业参照“企业四步合规法”（图10–1）来完成这项工作。“企业四步合规法”的运行原理在于：企业及其员工必须能够识别反垄断法律风险，然后才能在此基础上准确评估法律风险，如何控制法律风险，而这三个步骤都建立在企业开展内部审计的基础上。

2. 企业竞争合规“四环节”。有效的合规制度是以设计良好的规则为基础的，能够让企业产生认同感的、设计合理的制度是反垄断合规制度有效的必备要件。依上述“企业合规四步法”，企业自主建立与运行竞争合规制度必须紧盯“四大环节”（图10–2）。

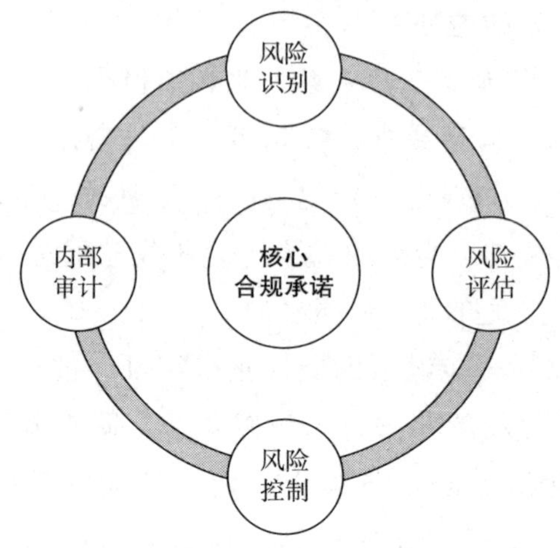

图 10-1　企业四步合规法

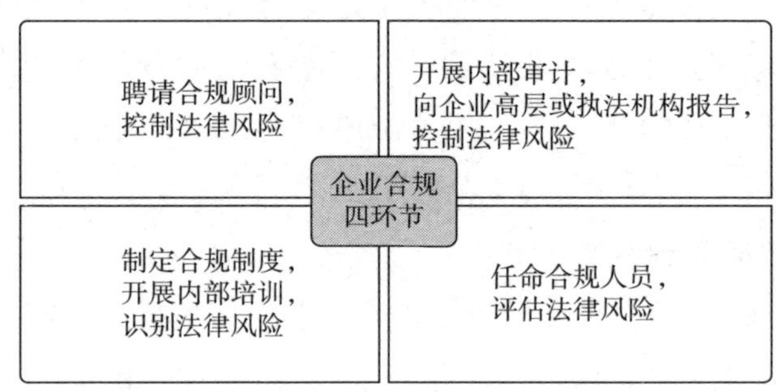

图 10-2　竞争合规制度必须紧盯“四大环节

企业发布广告应避免出现的违法行为

广告违法事件并不鲜见。通过广告宣传，扩大企业的影响力，是市场营销中的重要手段。在这个过程中，管理者需要避免出现广告违法行为。

一、发布虚假广告及其法律责任

虚假广告是指以欺骗方式进行广告宣传。发布虚假广告包括：

商品或服务本身即是虚假的；自我介绍的内容与实际不符；对产品、服务的部分承诺是虚假的。

《广告法》规定，利用广告对商品或者服务做虚假宣传的，由广告监督管理机关责令广告主停止发布，并以等额广告费用在相应范围内公开更正消除影响，并处广告费用一倍以上五倍以下的罚款；对负有责任的广告经营者、广告发布者没收广告费用，并处广告费用一倍以上五倍以下的罚款；情节严重的，依法停止其广告业务。构成犯罪的，依法追究刑事责任。

二、发布违禁广告及其法律责任

对发布违禁广告的行为，《广告法》规定："由广告监督管理机关责令负有责任的广告主、广告经营者、广告发布者停止发布、公开更正，没收广告费用，并处广告费用一倍以上五倍以下的罚款；情节严重的，依法停止其广告业务。构成犯罪的，依法追究刑事责任。"

三、发布有产品获奖广告及其法律责任

《广告管理条例》第 11 条第 2 项规定："标明获奖的商品广告，应当提交本届、本年度或者数届、数年度连续获奖的证书，并在广告中注明获奖级别和颁奖部门。"第 3 项规定："标明优质产品称号的商品广告，应当提交政府颁发的优质产品证书，并在广告中标明授予优质产品称号的时间和部门。"

《广告管理条例》第 26 条规定："广告客户违反本条例第 11 条规定，伪造、涂改、盗用或者非法复制广告证明的，予以通报批评，处 5000 元以下罚款。广告经营者违反本条例第 11 条第 2 项和第 3 项规定的，处 1000 元以下罚款。为广告客户出具非法或虚假证明的，予以通报批评，处 5000 元以下罚款，并负连带责任。"

四、发布无合法证明或证明不全的广告及其法律责任

根据《广告法》的规定："广告经营者代理、发布无合法证明或证明不全的广告，由广告监督管理机关责令负有责任的广告主、广告经营者、广告发布者停止发布，没收广告费用，并处广告费用一

倍以上五倍以下的罚款。”

五、伪造、涂改、盗用或擅自复制广告证明及其法律责任

根据《广告法》第44条规定：“广告主提供虚伪证明文件，由广告监督管理机关处以1万元以上10万元以下罚款。伪造、变造或者转让广告审查决定文件的，由广告监督管理机关没收违法所得，并处1万元以上10万元以下的罚款。构成犯罪的，依法追究刑事责任。”

要想使广告远离法律风险，老板要做到以下三点：

（1）如实宣传。对产品品牌的广告宣传，应本着实事求是的态度，如实地宣传本企业的产品品牌，而不可采取夸大其词等虚假手段去宣传。诚实是最好的宣传方式。

（2）表里如一。不要在缺斤短两上做文章，而是通过切实提高产品质量，提升产品销量来促进利润的增加。

（3）售后服务要符合广告承诺。说到就要做到，这是赢得消费者信任的一个重要因素。

老板刑事责任的防范

◎ 老板刑事责任高频风险点

《刑法》第30条规定："公司、企业、事业单位、机关、团体实施的危害社会的行为，法律规定为单位犯罪的，应当负刑事责任。"第31条规定："单位犯罪的，对单位判处罚金，并对直接负责的主管人员和其他直接责任人员判处刑罚。本法分则另有规定的，依照规定。"

在司法实践中，对单位构成犯罪的，大多数也是实行双罚制，即对单位判处罚金，同时对其直接负责的主管人员和其他直接责任人员判处刑罚。即使实行单罚制的罪名，也要对直接负责的主管人员和其他直接责任人员判处刑罚。总之，单位犯罪，无论如何高管人员都要承担刑事责任。

一、刑法规定单位犯罪的范围分布及罪与非罪的界限

（1）单位犯罪的范围分布。单位犯罪涉及最多的罪名有：生产、销售伪劣商品罪，妨害对公司、企业管理秩序罪，破坏金融管理秩序罪，金融诈骗罪，危害税收征管罪，侵犯知识产权罪，扰乱市场秩序罪，职务侵占罪，挪用资金罪，拒绝支付劳动报酬罪，扰乱公共秩序罪，虚假诉讼罪，掩饰、隐瞒犯罪所得、犯罪所得收益罪，拒不执行判决、裁定罪，破坏环境资源保护罪，单位受贿罪，对有影响力的人行贿罪，对单位行贿罪，单位行贿罪。

（2）犯罪与非犯罪的界限。《刑法》第13条规定："一切……破坏社会秩序和经济秩序，侵犯国有财产或者劳动群众集体所有的财产，侵犯公民私人所有的财产，侵犯公民的人身权利、民主权利和其他权利，以及危害社会的行为，依照法律应当受刑罚处罚的，都是犯罪，但是情节显著轻微危害不大的，不认为是犯罪。”

从犯罪概念来看，区分犯罪与非犯罪的界限是以违法行为情节轻重为标准。违法行为分为一般违法行为和严重违法行为，只有严重违法行为才构成犯罪。区分罪与非罪的条件还有很多，其他方面还有诸如行为人的动机、目的是否明确、主观上是否存在故意或过失、危害程度的大小、后果是否严重以及行为是否符合“主客观相一致原则”、是否符合犯罪构成要件，等等。

二、老板高频刑事法律风险点

从企业内部建设看，企业从设立时的虚报注册资本、虚假注册行为起直到企业破产清算时的妨害清算、虚假破产行为止，企业所有行为都有可能触犯《刑法》规定。其中犯罪行为多发领域为企业安全生产、劳动保障、财务收支、资金使用、发票管理、产品质量等各个部门和各个方面。

从企业外部关系看，企业作为市场经济的主体，不可避免地会与行政机关、其他企业、个人以及社会之间发生各种经济往来，其中犯罪行为多发生在合同签订、投资融资、缴纳税收、环境污染、知识产权、行贿受贿等方面。

《刑法》和《刑法修正案》中，共有 118 条罪名规定为单位犯罪，占《刑法》全部条文的 26%，占《刑法》分则具体罪名数量的 33.6%，从分则条款数量看，几乎每三个条款中就有一个条款是为单位犯罪而规定的。可见，企业从成立到注销的整个发展过程中的行为几乎被《刑法》全部覆盖。因此，老板应当对刑事法律引起足够重视，才能有效地避免企业和老板因违法而受到刑事处罚。

《2019—2020 企业家刑事风险分析报告》显示，2020 年共检索有效企业家犯罪案例 2602 件，企业家犯罪总次数 3245 次（其中，国有企业家犯罪次数为234次，民营企业家犯罪次数为3011次），涉罪企业家总人数为3063人（其中，国有企业家涉罪人数187人、民营企业涉罪人数2876次）。对比2019年，涉罪国有企业负责人下降5%，但涉罪民企负责人却上升2.2%。非法吸收公众存款罪是企业家最易触犯的罪名，且多发于民企融资活动中，经济犯罪风险仍是民企面临的重要风险形态。非法吸收公众存款罪和腐败犯罪仍是企业刑事风险的高发源头。

数据显示，2020年企业家触犯频次最高的前五个罪名分别为：非法吸收公众存款罪、职务侵占罪、拒不支付劳动报酬罪、虚开增值税专用发票罪和合同诈骗罪，五个罪名占2020年度企业家犯罪频次总数的67.18%。

报告同时显示，2020年国有企业家触犯频次最高的前五个罪名分别为：受贿罪、贪污罪、虚开增值税专用发票罪、行贿罪、挪用公款罪，五个罪名占2020年度国有企业家犯罪频次总数的60%以上。国有企业家高频罪名前五名的罪名基本是与不当履行职务行为所密切相关的犯罪，即主要是腐败犯罪。而民营企业在经营管理活动中涉及刑事风险的范围与频次更大，不少罪名如非法吸收公众存款罪、集资诈骗罪、非法经营罪、拒不支付劳动报酬罪、污染环境罪等几乎成为民营企业家的专有罪名。

三、老板刑事法律风险意识的缺失是导致犯罪的根源

刑罚是所有法律责任承担方式中最严厉的制裁方式，轻者可以使犯罪分子失去人身自由，重者会剥夺犯罪分子的生命。改革开放40多年来，无数老板因在商业经营过程中不知不觉触犯了《刑法》而身陷囹圄，更有甚者为此付出了生命的代价。他们在创造了企业辉煌的同时，也被自己曾经漠视的法律关进了囚笼。他们都有一个共同点，就是犯罪之后一致表明自己“不懂法”“法律意识淡薄”。其实，究其根源他们真正不懂的、淡漠的是《刑法》对企业的重要性以及主观上对刑事法律意识的极度缺失。

◎老板高频罪名TOP10的法律风险分析

一、非法吸收公众存款罪

非法吸收公众存款罪有四个构成要件：一是未经有关部门批准或者假借合法的经营形式来吸存，二是以媒介、短信、推荐会等形式公开吸存，三是通过私募、股权等其他手段来承诺还本付息或者回报，四是向社会公众即不特定的人吸存。

对于已经构成非法吸收公众存款罪的，如果还存在挥霍性投资或者消耗性支出导致财产不能偿还的情形，就构成了集资诈骗罪。

二、虚开增值税专用发票，用于骗取出口退税及抵扣税款发票罪

1. 串通不法生产销售企业，非法获取虚开、代开的增值税专用发票。在这一环节中，犯罪分子用贿赂企业工作人员和“优惠”的开票价格等手段，取得这些不法企业开出的没有实际商品购销活动的虚假增值税专用发票。开票的单价通常远远高于实际商品价格。有的犯罪分子直接或间接地与国内不法生产、销售企业建立联系，从企业获取空白增值税专用发票自行填开，或坐地收购不法企业虚开、代开的增值税专用发票。

2. 串通不法商人与外贸企业非法调汇，从中获取非法利益。由银行出具的出口收汇单，是标志外贸企业完成商品出口的重要凭证，是犯罪分子实施骗取出口退税犯罪行为中必须完成的步骤，也是犯罪分子实际获取非法利益的关键环节。在这一环节中，犯罪分子与境内外不法商人相勾结，以向国内投资需要人民币等为由，借用境内外企业的外汇与外贸企业进行非法调汇。最终，只有国家的出口退税蒙受巨大损失。

三、单位行贿罪

单位行贿罪是指单位为谋取不正当利益而行贿，或者违反国家规定，给予国家工作人员以回扣、手续费，情节严重的行为。依附权力的老板靠权钱交易发家致富，靠利益输送获取利益，其所面临的刑事风险也显而易见，自身“经营”上的“纰漏”，尤其是他们所攀附政客的任何官场“损失”都会“殃及池鱼”，迅速引爆其前期不法行为所制造的刑事风险。近年来，随着反腐败的深入，各个层级的“老虎”“苍蝇”相继被打，与他们存在非法政商交易的企业家纷纷卷入其中，政治生态变化对企业家刑事风险的影响极为直观。这就要求企业家必须具有合法合规的行为模式，具备良好的新型政商关系。

四、职务侵占罪

职务侵占罪是民营企业老板最容易触犯的一种犯罪，但是，许多企业家对此并不重视，因此被判入狱的，也不在少数。现代公司的治理中，企业内部的权力制衡是企业治理结构的核心。单纯依靠企业内部监督机制防范企业负责人腐败，具有一定的局限性。企业中公司权力层级覆盖，上命下从，内部审计和监督很容易被顶层操控，尤其是老板或大股东的内部监督更为困难。从这个角度讲，公司治理也需要结合外部公权力的有效监督。

五、受贿罪

受贿类犯罪是企业家、总经理犯罪适用频率较高的罪名，也是国有企业董事长、总经理犯罪最常见的罪名。近年来，国家坚持“零容忍”严惩腐败犯罪，国企特别是央企成为“主战场”，随着反腐力度不断加大，涉嫌受贿犯罪的国企高管们不断被调查，涉案人员众多，涉案高管的级别高。国企企业家代表国家管理经营国有资产，其权力行使具有公共事务管理的性质。正因为如此，国企企业家利用合法垄断的优势，陷于钱权交易的风险较高，受贿罪是他们所面临的首要风险罪名。

六、合同诈骗罪

很多老板一开始有履约能力，并不重视合同相关条款，等到突然遭遇经营困难时，就可能招致“明知没有履约能力而签订合同”的诈骗罪名。因此，老板签订合同时，考虑到合同未来的履行风险，需要注意在合同签订之初，让对方在一定程度上了解这种风险，同时留存书面资料，这样在日后能够证明自己于合同签订之初就没有任何欺骗的恶意。

七、贪污罪

近几年，企业家、总经理触犯“贪污贿赂罪”的占比上升较明显。治理国有企业中预防腐败犯罪的关键在于预防和惩治收受贿赂，通过规章制度合理限制国企管理人员的各项权力，提高国企经营活动的公开度与透明度。

八、拒不支付劳动报酬罪

《刑法》在2011年修订时增设了“拒不支付劳动报酬罪”,《刑法修正案（八)》规定:“拖欠劳动者劳动报酬的用人单位只有被查证具备以下三个要件，才有可能被认定为拒不支付劳动报酬罪：有支付能力；故意不支付；经有关部门责令后仍不支付。”触犯拒不支付劳动报酬罪的多为民营企业的企业主要负责人，以初中以下学历的老板居多，相关的老板需要对这一罪名引起足够的重视，防患于未然。

九、挪用资金罪

根据《公司法》的相关规定，公司与公司股东均是各自独立的法律主体，公司与公司股东之间的财产当然也是互相独立的，公司与公司股东之间应避免出现财产混淆。很多老板并未注意到这一风险，想当然地认为公司是自己创立的，故公司的一切都是自己的，随意支配、占有和使用公司的财产，随意从公司账户提取资金，任意处分公司资产，忽视了公司财产的独立性、公司的公众性。最终因涉嫌挪用资金罪、职务侵占罪等罪锒铛入狱。

缺乏严格的企业内部财务监管和审计，容易发生“公私混同”,

为公司董事长、总经理挪用或者侵占公司资产提供空间，与此同时，这类侵占公司财务的行为还为公司内部大股东争夺公司控制权提供了“契机”，往往成为这些大股东相互攻击对方的“撒手锏”。

十、行贿罪

行贿罪是指为谋取不正当利益，给予国家工作人员、集体经济组织工作人员或者其他从事公务的人员以财物的行为。民营企业因生存环境压力，不惜通过商业贿赂获得交易机会；在高压反腐态势下，个人行贿向单位行贿转变，以规避行贿风险是企业家行贿的重要原因。一些老板不能意识到行贿公权力机关人员的法律后果的严重性。就刑事法律风险的管控来说，一旦行贿行为“木已成舟”，往往就“覆水难收”了。

回顾一些案例，许多老板原本完全可以避免违法犯罪，或者即使违法犯罪，也不至于如此严重。因此，正在创业或谋划发展的老板必须加强针对企业家犯罪现象的分析和研究，从中获得必要的法律提示，揭示老板犯罪的根源和规律，避免重蹈覆辙。

刑事法律风险防范措施

预防和防范刑事犯罪，身为老板应考虑和尝试如下做法：

一、培养法律思维

在法治社会，法律就是保护公民合法权益的有力武器。无论任何活动，都离不开法律的规范，都必须在法律许可的范围内进行。老板的活动和行为更与法律密切相关。老板要避免法律的陷阱，就必须学习、增强法律意识，培养法律思维，习惯在了解和掌握法律的基础上作出决策和判断。

老板未必都要成为法学专家，但起码要懂得什么问题可能涉及法律，什么时候需要咨询法律专家，倾听法律专家的意见。要习惯在法律规定的范围内进行决策，依法办事。

二、摆正自己位置

一些国企企业家，经营管理着成千上万乃至数亿、数十亿元的资产，天天与天文数字的巨款打交道。国企企业家区分清楚自己的职务和身份，时刻自我提醒，自己是国有资产的经营管理者，而不是国有资产的所有者，自己是受国家委派从事公务的人员，而不是企业的“老板”。

而民营企业老板无论自己身价多高，何种身份地位，都应该知道一句话：法律面前人人平等。应该始终保持对国家法律的敬畏之心。在面临巨大经济利益得失时，除了要考虑企业经济利益得失，更要考虑自己的人身安全和自由。如果不惜以违法犯罪为代价冒险追求高额经济利益，即使暂时获得了巨额利益，也可能要为自己的违法行为付出高昂的代价。

三、建立违法行为监督机制

国有企业基本上都有纪检监督机构，而民营企业则没有类似的机构。为了更好地预防违法犯罪行为的发生，老板应该在内部成立一个预防违法犯罪的部门，时刻给高管人员、技术人员、关键岗位人员等普及法律知识，并建立企业行为的事前宣传、事中监督、事后回访的监管流程。强有力的监督制度是有效防止违法犯罪行为发生的重要手段。

四、推行法制化管理

治理企业，如同治理一个小王国。当国家已经实行依法治国的时候，老板也应该顺应潮流，实行法制化管理模式。现代企业管理制度也是法制化管理制度。企业法制化管理包含了两层含义，一是企业和企业家必须严格遵守国家法律法规，避免从事任何违法犯罪活动，避免企业和企业家受到刑事追究，保证企业始终行进在合法的轨道上；二是按照法治的精神和要求规范企业的各项管理制度，企业重大决策实行集体决策，采用多数表决制；决策过程制度化、程序化。

五、健全法务机构

当企业走向规模化之后，企业经营、管理的各个环节都可能涉及法律事务，而且企业任何员工在工作中发生的法律问题，老板都必须对之承当相应的责任。老板应当对企业法律事务工作给予必要的重视。并将企业法律事务工作前置，即在策划、决策、工作开展之前就理顺相关法律关系，做好防范法律风险方面的工作，而不应只在企业发生了法律问题之后才交给法律事务工作机构去处理。老板应养成事前咨询法律问题的习惯，尽力将法律纠纷或者法律风险消灭在萌芽状态。

第十一章

老板法律风险的应对与破解

老板在法律风险应对中的认识

几种错误应对法律风险的认识

法律风险应对中的风险认识是指老板在法律风险发生后，对法律风险后果和外部法律环境变化的认知程度、认知能力和适应能力，以及对法律风险所造成的负面法律后果的应对能力。这种认识是老板在潜在风险发生后，对随之而来的对自己和企业的不利法律后果的认识。

法律风险应对中的风险认识是法律风险应对过程中的“主导思想”。错误的认识会直接影响应对措施实施的方向，导致风险的扩大和加深，对法律风险的控制极为不利。所以，老板对法律风险应对中的风险认识与对自身风险的破解密不可分、高度关联。同时，风险认识的程度也决定着企业及其自身的前途和命运。

不断加剧的竞争态势、日趋严苛的监管环境、海量信息的不断冲击和各类不确定因素的滋扰，使老板面临的法律风险不断增加，对法律风险应对认识的潜在要求也在不断提高。近年来，大量的企业因为风险应对不力而遭受灭顶之灾，众多老板因为法律风险应对中的认识错误而身陷囹圄。

一、盲目乐观的风险应对态度

由于缺乏基础的法律知识，老板没有认识到法律风险后果的严重性。特别是部分取得较大成就的企业领导由于前期的经营之路较为顺利，在应对法律风险时盲目乐观，抱持错误的态度应对。常见的有：

（1）认为以自己的人脉、方式和经验，一定可以“摆平”风险，对已经发生的法律风险抱着轻视，甚至不屑一顾的态度。

（2）法律意识淡薄，认为人情的作用高于法律。在企业经营管理中很少用法律的思维来判断和决策，一旦发生法律风险，一股脑甩给法务部门，认为出现问题有律师和法务人员挡着，根本不会危及自身。

（3）为了尽快实现其“市场战略”或“个人抱负”，大施资本运作手段，虚假出资、抽逃出资、挪用资金、偷逃税款。自欺欺人地认为违法活动即使被发现，也无非交些罚款了事。

（4）认为企业是自己个人办起来的，视企业为自己的私有财产，以个人意志影响企业决策，随意动用企业资金，认为公司是自己创立的，自己的财产可以随意支配。

（5）盲目自大，因为“不知道自己不知道”的错误酿成企业和个人的损失。

（6）认为风险是非常态的事件，认为危机的发生是偶然的、临时的，对危机的发生抱有侥幸心理。

基于这种错误认识，很少有老板将危机管理计划纳入企业经营管理计划中，没有对危机管理相关知识进行系统的学习培训，企业危机管理能力处于较低的水平。

二、消极悲观的风险应对态度

与盲目乐观的态度相对，有的老板将法律风险认定为一种一旦发生就不可逆且无回旋余地的情形，对法律风险的应对持消极悲观的态度，表现在：

（1）认为风险一经发生，只能听天由命。这使很多老板在面临法律风险时手忙脚乱，甚至躲避、拖延、隐瞒，推卸责任。这样不仅无益于危机的解决，还会使企业处于更加不利的地位。

（2）有的老板在遭遇法律风险后心灰意冷，认为牢狱之灾不可避免，企业也可能一蹶不振，于是自我封闭，面对流言蜚语也不正面回应，消极应对司法机关和各方利益相关人。

（3）对自身失去希望，不积极寻求解决之道，因而错过应对风险的最佳时机，任由风险加剧，使危害后果不断迁延，最终摧毁其全部事业和个人生活。

基于这种认识，很多企业认为危机无法预测和控制，能够做的只是事后补救工作，没必要为危机管理设立常设机构。因此，一旦危机发生，就会给企业带来较大的损失。

三、不科学、不理性的风险应对态度

不少老板在应对风险时，采取不科学、不理性的态度进行风险应对，面临风险，不是正面解决，而是走歪路，指望靠钱、名、利、色等贿赂手段拉拢政府官员。少数人被固有的人情观念限制，盲目自信自己所营造的关系网络，片面依赖自己构筑的官商利益格局，在法律风险发生时，忙于“找关系”，并认为这才是事情的关键。

在法治社会中，并非有“后台”就可以一手遮天。在老板身陷囹圄的情况下，与之有联系的“官员”为了避免自身事发或受到牵连，避之还唯恐不及，又怎会伸以援手？若贿赂行为东窗事发，不仅坐实了相关罪名，并且贿赂等罪行还会罪上加罪，数罪并罚，反而害了自己。

树立正确的法律风险应对观

树立正确的风险意识应当把重点放在以下几点：

一、强化意识，端正态度

强化法律风险应对意识和端正应对风险的态度是老板识别风险、化解风险的前提，也是在风险来临的第一时间筑起“防火墙”观念的思想基础。老板必须具有强烈的法律风险意识和高度重视风险的态度，要认识到，法律风险一旦发生，会给企业带来严重的后果。

坚决不能采用上述盲目乐观、消极应对或不科学、不理性等错误的法律风险应对意识。应对法律风险要有端正的态度，既要警钟长鸣，时刻保持重视，又要理性面对，不夸大不慌乱；摒弃能够以钱权或以违法行为来应对法律风险的想法。切莫试图用新的违法行为来摆平旧的违法行为，只有通过正常的途径行使权力才能够得到最好的风险应对效果。

二、积极应对，控制风险

法律风险是企业的“疾病”，优秀的老板就像是一个医术超群的医生，在面对严重的急症时，应积极应对，力求发挥最高超的能力挽救病人的生命。

在法律风险发生时，老板应注重防范风险的进一步迸发，注重对相关法律知识的学习，借助法律人才的力量，把法律风险的伤害尽最大可能降至最小，同时以控制风险为契机，建立健全企业的法律风险防范机制，完善法律风险防范工作体系。可以合理地利用成熟的关系网和第三方力量，但要结合亲友、律师，借助法律团队的力量，与自身构建的应对机制相呼应，而不能仅仅寄希望于其他人或外力的虚无缥缈的干预。

法律风险的发生也可能迫使企业管理者关注和查找导致危机发生的根源，并更新观念、创新思维，找出解决自身问题的办法，重新审视和改进企业中那些习以为常的错误做法、价值观念和经营理念。企业还能在危机管理中，因为诚恳的态度，积极的处理措施，在公众中树立起良好的形象，使企业获得一个新的发展。

三、加强修养，遵守法律

老板在应对法律风险的过程中一定要遵循两个原则，一是道德原则，二是法律原则，切忌使用突破道德底线，甚至违反法律的手段应对风险，否则只会越走越远，罪上加罪。

有人说，驾驭风险的能力就是驾驭经济市场的能力，老板在企业经营的过程中冒险的决策无处不在，许多老板仅仅重视法律风险防范，却忽视了更为重要的风险发生后的风险应对。风险发生后合理的防控可以最大限度地减小损害，树立正确的风险应对意识，态度端正、积极地进行法律风险的应对和破解，是老板在法律风险发生后的首要任务。

法律风险应对方式的确定

法律风险接受

老板应基于风险评估得出的结论，对症下药，针对不同的法律风险采取不同的措施和破解方法。具体方式需要结合具体的风险评估结果得出。总体上法律风险应对和破解有风险接受、风险避免、风险减低和风险转移等不同的策略和应对措施。

老板法律风险应对的过程，是一个风险识别和评估的过程，也是从中找到最佳的风险规避方法、实现风险控制的过程。

通过风险评估可能发现某些法律风险必须接受。这种接受型的法律风险应当满足三个要件：第一，这种风险是必然面临的和不能替换的；第二，接受这种风险有其合理原因，并且在一定程度上是不能避免的和不能控制的；第三，对这种法律风险持接受的态度有利于老板对法律风险责任后果的承担，在一定程度上减小责任范围，避免风险应对资源的浪费。

常见的法律风险接受有两种：一种是证据确凿、定性明确的法律风险，面对这样的法律风险应及时做好心理准备，不要抱有太多的侥幸心理；另一种是可以通过对较轻的法律风险的接受而避免承担波及范围更大、更得不偿失的法律风险。

◎ 法律风险避免

与可接受的法律风险不同，有些法律风险完全可以避免。法律风险发生后并不是直接引发责任的承担，而是存在相应的免责情形。比如，某些涉及老板的法律风险在查明情由的过程中，如发现老板未在发生法律风险的决议书上签字，具有免除责任的事项，就可以避免这一法律风险。但这就需要律师通过其法律上的敏锐观察力来应对破解。

◎ 法律风险减低

大多数法律风险在发生后如果得到积极的应对，责任的承担均可以得到一定程度的减低。如何减低风险是法律风险应对中最有效和最实际的策略。一般来说，只要老板前瞻性地建立了相应的法律风险防范和应对机制，那么法律风险发生时，在预防机制启动、危机管理、公共关系管理和法律团队风险应对的多效手段之下，都会使得法律风险得到相应的减低。

◎ 法律风险转移

随着公司制度的不断发展完善，为适应市场机制的各种配套制度也不断发展，如保险制度。保险公司推出的董、监、高职业责任险等险种是为企业高管在履行职务时的过失等责任“量身定做”的商业保险，这将使企业在法律风险发生后能够转移一部分风险和责任，起到分担风险的作用。

◎法律风险破解基本原则

法律风险所涵盖的具体情况各有不同，只有针对自身不同的特点，才能够制定出真正的解决方法。不论何种破解方案，必须坚持以下基本原则：

（1）针对关键。这要求应对组织迅速找出主要的风险点和关键因素，只有以此为基础，才能够做到集中力量，有的放矢。主要的风险得以控制，其他相关问题自然也就迎刃而解。

（2）冷静决策。面对危机，风险应对小组成员和老板应保持冷静，从全局思维的角度出发来解决问题。

（3）行动果断。风险一经发生，就会迅速扩张。风险的应急处理应当果断、有力，争取在风险的不良结果扩大前控制其发展势头。

（4）坚持不懈。有些风险应对措施往往不能在短时间内奏效，这就需要坚持不懈直到看到转机，只有这样才能最大限度地发挥破解方案的作用。

风险评估和紧急处理是在风险爆发后的非正常状态下进行的，且风险的具体发展变化多样，所有的应急、评估和破解机制只是法律风险应对时的一般机制，其内容不该是僵化和一成不变的。这一切都要视老板面对法律风险的具体情况而定。

对个人与企业事务的应急安排与管理

◎ 对个人事务的应急安排与管理

老板如与刑事法律风险“狭路相逢”，那么无论是家庭还是企业都要受到负面影响。应对不同性质的法律风险，无论是对个人事务的安排还是对企业事务的提前处理，在内容和侧重上均有不同与侧重。在老板遭遇法律风险之时，安排一个稳定、不因老板涉险而慌乱无措的“大后方”，能为企业最终渡过这个“坎”增加许多胜算。

一、选定个人事务代表人

老板在刑事风险雷区触雷，将面临行动自由受限、相关财产资金被冻结的情况发生。如果是敏感的重大案件，甚至外围社会关系都会被执法者梳理、监控。当老板处于隔离状态时，外面不知道里面的情况乱成一锅粥，里面更因事先没有安排而心乱如麻，不知所措。这时就显出提前选定个人事务代言人的好处来了。

代言人的选择，应该至少有三个评价指标：

（1）忠诚，在家族和朋友中有威信，社会评价较高。

（2）有机动处理事务的能力。

（3）与目前涉及的案件没有任何瓜葛。

二、赶在事发前厘清个人财产边界

案发前，老板要对个人家庭资产要做一个很好的梳理，最大限度地将个人的未受法律风险波及的财产独立出来进行保全，并留出合理的费用供法律风险应对机制的运转。

事先对财产进行厘清，有助于对办案人员说明案情，防止非涉案财产被查封、冻结甚至处置。事发前对财产的厘清会使得近亲属尤其是在妻儿与父母之间做一个很好的财产分界安排，有助于避免家庭成员因为财产问题产生矛盾和摩擦，不能集中精力围绕案件处理开展工作。

三、将法律风险及其造成的影响与家庭成员有效隔离

法律风险尤其是刑事法律风险的发生不仅对老板影响重大，更可能对其家庭和家人造成影响。如何将家人与法律风险之间进行有效“隔离”，是老板个人事务处理中的重点之一。在被限制人身自由前，老板一定告诫家庭成员，不管发生什么事情，要采取低调、回避、不回应的处理原则。不要把减轻消除刑事法律风险的事让家庭成员去做。不能让他们为自己提供什么便利或帮助，不能教唆亲友隐匿、毁灭、伪造证据来为自己开脱，他们不涉案是对老板的最大帮助。

四、与亲人、朋友之间的及时沟通

老板面临法律风险，有种“盲人骑瞎马，夜半临深池”之感。而自己的近亲属，包括配偶、父母、子女、同胞兄弟姐妹等，可以作为法律风险应急小组的主干成员，也可以担负整理案件资料、择选律师等责任。因此，老板在出事之后要注意与亲友、同事的沟通和协调。让他们对你的情况有所了解，并且能够针对你的情况做出相应的救济。在法律风险中，亲属作为直接的关系人也会受到一定的牵涉，此时老板及其家人、企业内部人员在某些事情上会力所不及，但朋友可能不受到风险事件的牵连。为了更好地应对风险，可以寻求朋友的帮助。

◎对企业事务的应急安排与管理

企业事务的安排与管理有两个目的：一是在老板涉险时，保持企业的正常运转，避免企业的实质控制权旁落；二是在单位犯罪时，安排非涉案高管组织资源，有效“狙击”司法机关的刑事追索。应急安排的内容包括职务、负责权的交接，对企业的托管等。

一、承继者选任是企业控制权不至于旁落及经营方略得以延续的关键

有关企业控制权不至于旁落及经营方针理念是否能够延续的问题，归根结底还是一个承继者选任的问题。承继者选任问题是老板经营管理的重中之重。

二、刑事法律风险应对是老板安排企业事务的重要内容

无论是老板个人涉案，还是单位涉案，继任者都能在协助老板“脱困”上大有作为。如个人涉嫌犯罪，公司继任团队可以以公司名义向司法机关反映董事长或总经理被羁押后给公司经营造成的影响，以及涉及员工、供货商、下游、银行等一连串的连锁反应。单位涉嫌犯罪的，可能有许多高管涉案，继任者更要将阻击法律风险作为安排企业事务的主要内容。此时应该有企业法律顾问或专业律师参加，从专业角度分析解读企业涉案行为及应对方法。

三、股权托管是权力的持续

老板可以将所有的股权进行托管，委托他人代行其在企业股东会的权利。被老板委以这项重任的人选一般会由其配偶代为行使或者子承父业。但因为股权代表了企业对老板的所有权，未参与企业管理运营的家族成员可能无法有效地发挥股权作用，所以老板有时也会委托其所信任的更为了解企业具体运营情况的现任企业内部人员来行使股权。